KB148501

알아두면 쓸데 있는
유쾌한 상식사전

— 사라진 세계사 편 —

알아두면 쓸데 있는
유쾌한 상식사전 - 사라진 세계사 편 -

초판 1쇄 발행일 2024년 7월 10일

지은이 조홍석
펴낸이 박희연
대표 박창흠

펴낸곳 트로이목마
출판신고 2015년 6월 29일 제315-2015-000044호
주소 서울시 강서구 화곡로 68길 82, 강서 IT 밸리 1106-2호
전화번호 070-8724-0701
팩스번호 02-6005-9488
이메일 trojanhorsebook@gmail.com
페이스북 https://www.facebook.com/trojanhorsebook
네이버포스트 http://post.naver.com/spacy24
인쇄 · 제작 ㈜미래상상

ⓒ조홍석, 저자와 맺은 특약에 따라 검인을 생략합니다.

개별 ISBN 979-11-92959-35-1 (04030)
세트 ISBN 979-11-87440-35-2 (04030)

알아두면 쓸데 있는 유쾌한 상식사전

– 사라진 세계사 편 –

조홍석 지음

트로이목마

*일러두기

1. 이 책에 사용된 어휘는 대부분 국어사전의 표기법을 따랐으나, 일부 표현과 표기법은 재미를 위해 구어체 그대로 표기했음을 밝힙니다.

2. 이 책에서 영어 original을 한글 '오리지널'이 아닌 '오리지날'로 표기한 이유는, 저자가 쓰는 용어인 '가리지날(가짜 오리지날)'과 대응하는 용어로 쓰기 위함임을 밝힙니다.

3. 이 책에 사용된 이미지는, 모두 직접 촬영하거나, 무료 이미지사이트에서 다운로드하거나, 유료 이미지사이트에서 구입하거나, 저작권 프리(free) 이미지이거나, 저작권료를 지불하고 저작권자에게 구입하거나, 저작권자 연락처를 찾아 허락을 구하고자 했으나 찾을 수 없어 출처 표기로 대체한 것들입니다. 혹시 이미지 저작권자가 추후에 나타나는 경우, 별도 허락을 구하도록 노력하겠습니다.

안녕하세요. 조홍석입니다.

지난 10여 년간 지인들에게 보내던 글을 모아 2018년부터 출간 중인 《알아두면 쓸데 있는 유쾌한 상식사전》 시리즈의 여덟 번째 이야기, '사라진 세계사 편'을 발간하게 되었습니다.

'가리지날'이란, 오리지날이 아님에도 오랫동안 널리 알려져 이 제는 오리지날보다 더 유명해진 것을 의미하는 제 나름의 용어입 니다. 일부에서는 여전히 제가 만든 신조어인 줄 아시는데, 해방 이후 등장한 이 단어의 유래는 제6권, '우리말·우리글 편'에 소개 했답니다. 🐻

이 시대는 각 분야가 지나치게 전문화된 사회여서 각자 자신의 분야는 잘 알지만 전체를 통찰하는 거대 담론이 사라지다 보니, 서로가 자기의 입장에서 이야기할 뿐 타인의 시각이나 입장을 이해하기까지 오랜 시간이 걸리기도 합니다. 결국 이 세상 학문은 서로 연관되어 있고, 의외의 곳에서 서로 만나기도 하는데 말이죠. 🐻

우리가 세계사를 접하는 계기는 대부분 학창시절 세계사 교과서가 첫 만남일 겁니다. 요즘에는 선택과목이어서 세계사를 아예 배우지 않는 경우도 허다하지요. 제가 개인적 흥미와 관심 때문에 역사 관련 정보를 모으며 늘 안타까웠던 것은, 우리나라 세계사 책 저자들의 관점이 대부분 서구 선진국의 시각에서 저술된 내용을 무비판적으로 받아들이다 보니 강대국들의 역사만 부각될 뿐 주변 지역과 약소국에 대한 내용이 매우 부족하고, 세계사 내용 중 우리나라 역사와 관련 있는 사례에 대한 연관성을 다루는 경우도 드물다는 것이었습니다.

그래서 지난 제4권 '한국사 편'에서는 특별히 세계사 관점에서 우리 역사에 대한 새로운 시각을 보여드렸는데, 이번 제8권 '사라진 세계사 편'에서는 부족하나마 제가 그간 공부하고 나름대로 분석한 자료를 토대로 세계사 속에 잘 알려지지 않은 이야기, 우리 역사와도 관련된 이야기를 풀어보았습니다. 🐻

1부에서는, 기록이 남겨져 있지 않지만 최근 과학적 분석을 통해 드러나는 역사 이전 시기의 세계사를 소개합니다.

2부는, 잘 알려지지 않았거나 새롭게 밝혀지고 있는 고대 문명에 관한 내용을 소개합니다.

　메소포타미아, 이집트, 그리스, 인더스 문명의 잘 알려지지 않은 이야기와 함께 이들 문명이 우리나라 역사에 어떤 영향을 끼쳤는지도 알아봅니다.

　3부에서는, 중세 시절 숨기고 싶은 각국의 흑역사를 알아봅니다.

　중국과 북방 유목민족 간의 기나긴 혈투와 흔적 지우기, 중국에는 약자로서 대항했지만 정반대로 참족에게는 너무나 가혹했던 베트남의 두 얼굴을 알아본 뒤, 영국 왕가의 족보 바꿔치기 이야기와 잘 알려지지 않은 중세 시절 수많은 십자군 이야기를 소개합니다.

　4부에서는 아메리카 대륙 발견의 진실에서 시작해 아메리카와 아프리카 문명을 파괴한 유럽 대항해 시대의 잘 알려지지 않은 이야기와 미국과 멕시코 간 아픈 역사를 알아봅니다.

　마지막 5부는, 제2차 세계대전 전후에 벌어진 아이슬란드, 알제리 두 나라의 독립 과정을 통해 잘 알려지지 않은 영국, 덴마크, 프랑스의 현재 진행형 폭력을 이야기하며, 언제 어느 국가에서나 기회만 있으면 행해지는 잔혹한 갑질의 역사를 알아봅니다.

　저는 해당 분야의 전문가가 아니어서 오류가 있을 수 있습니다. 하지만 복잡하고 어려운 지식을 쉽게 전하는 빌 브라이슨과 같은 지식 큐레이터로서 우리 사회의 발전에 조금이나마 기여하고자 합니다.

이번 '사라진 세계사 편'을 통해 세계 역사 속에서 잘 드러나지 않았던 각종 사건과 사연을 다양한 시각으로 바라보고, 앞으로 우리 인류가 이런 오류를 범하지 말고 모두가 평화롭고 이성적으로 잘 살아나갈 방법을 찾는 데 조금이나마 인사이트를 얻으시길 바랍니다. 🐻

흔쾌히 책자 발간을 승인해주신 삼성서울병원 권오정 명예원장님과 박승우 원장님, 구홍회 전 커뮤니케이션실장님과 이상철 심장뇌혈관병원장님, 박희철 커뮤니케이션실장님 및 여러 보직자분들, 늘 격려해주시는 삼성글로벌리서치(옛 삼성경제연구소) '소정(素正)' 성인희 상임고문님, 6권 집필 시 '고약해'라는 인물 에피소드를 알려주신 삼성생명 임영빈 상임고문님, 매번 인트라넷 칼럼에 댓글 남기고 응원해주시는 삼성서울병원 케어기버 및 커뮤니케이션실 동료 여러분, 책자 발간을 처음 권해주신 삼성글로벌리서치 유석진 부사장님, 늘 든든한 인생의 멘토이신 에스원 서동면 상임고문님, 실제 책자 제작의 첫 단추를 끼워주신 MUUI(무의, 장애를 무의미하게) 홍윤희 이사장님, 여러 의견을 주셨으나 끝내 연을 맺지 못해 아쉬운 윤혜자 실장님, 저를 전폭적으로 믿고 책자 발간을 진행해주시는 트로이목마 대표님, 책자 발간을 응원해주시는 부산 남성초등학교 17기 동기 및 선후배님, 연세대학교 천문기

상학과 선후배동기님들, 연세대학교 아마추어천문회(YAAA) 선후배동기님, 성균관대학교 경영대학원 교수님들과 EMBA 94기 2조 원우님들, 삼성SDS 커뮤니케이션팀 OB, YB 여러분, 마피아(마케팅-PR 담당자 아침 모임) 회원님들, 매번 대량 구매해 지인에게 나눠주신다는 이인섭 마스트엔터테인먼트 부사장님, 우리나라 병원 홍보 발전을 위해 고생하시는 한국병원홍보협회 회원님들, 저에게 많은 인사이트를 주시는 강재형 미디어언어연구소장님, 일본 현지에서 많은 지식을 공유해주고 있는 우승민 작가님, 늘 콘텐츠 구성에 많은 의견을 제공해주는 오랜 벗, 연세대학교 지명국 교수, MBC 김승환 국장, 극지연구소 최태진 박사(전 남극 장보고기지 대장), 안혜준 회계사, 그 외에도 응원해주시는 많은 친척, 지인분들께 거듭 감사드립니다.

시간을 비워준 아내와 아이들에게도 고마움을 전하며, 영원히 제 마음 속 별이 되신 아버지, 장인어른께 이 책을 바칩니다.

목차

| 1부 | 역사 이전 시대, 사라진 이야기를 찾아서

| 2부 | 고대 문명, 숨겨진 이야기를 찾아서

|3부| 중세 시대, 숨기고 싶은 이야기를 찾아서

| 4부 | 제국주의 시대,
슬픈 이야기를 찾아서

| 5부 | 현대,
여전히 끝나지 않는 갑질의 역사

기록이 남겨져 있지 않지만 최근 과학적 분석을 통해 드러나는 역사 이전 시기의 세계사를 소개합니다.

전 세계 신화 속에 남아 있는 대홍수의 역사적 실체를 알아봅니다.

그후 찾아온 대가뭄이 이집트 고왕국 시대의 종말을 가져오는 등 세계 문명에 끼친 영향을 알아봅니다.

역사 이전 시대, 사라진 이야기를 찾아서

01
대홍수의 추억 –
그들이 산으로 간 까닭은?

안녕하세요, 독자 여러분.

저 역시 제가 쓴 책들을 읽으며 대체 어떻게 이런 글을 쓴 건지 문득문득 감탄하고 있는 조홍석입니다. 《알아두면 쓸데 있는 유쾌한 상식사전》 가리지날 시리즈 여덟 번째 이야기 '사라진 세계사 편'을 시작합니다. 🐻 '가리지날'이란 오리지날이 아님에도 오랫동안 널리 알려져 이제는 오리지날보다 더 유명해진 것을 의미하는 '가짜 오리지날'의 줄임말입니다. 🐻

이번 편은 실제 발생했으나 대다수가 모르고 있는 '사라진 세계사'에 관한 이야기를 해볼까 합니다.

우리가 학교에서 배우고 일상에서 접하는 세계의 역사는, 유럽과 중국, 인도, 미국 등 강대국 역사가 중심이다 보니 주변 국가 이야기나 강대국의 흑역사 등, 중요하지만 필요에 의해 감춰져 잘 알려지지 않은 이야기가 많답니다. 또한 세계사 속에서 우리의 역사와 맞닿아 있는 사건이지만 정작 우리는 잘 알지 못하는 내용도 많기에, 우리 역사 속 연결 고리도 함께 찾아보았습니다.

따라서 이번 이야기들은 여러분이 처음 들어보는 내용일 수도 있고 아프고 슬픈 내용일 수도 있는데, 최선을 다해 최대한 쉽게 풀어보고자 합니다. 왜냐고요?《알아두면 쓸데 있는 유쾌한 상식 사전》이니까요. 🐻

본격적으로 인간 세상의 사라진 세계사 이야기를 시작해봅시다.

가장 먼저 소개할 내용은, 대홍수 이야기가 적합할 것 같네요. 세계 곳곳에는 신의 노여움으로 발생한 대홍수를 이겨낸 다양한 신화가 존재하고 있는데, 이 신화 속 대홍수가 실제 역사일 가능성이 매우 높답니다. 🐻

거대한 배가 등장하는 대홍수 신화

① 노아의 방주

대홍수 이야기 중 가장 잘 알려진 내용은 아마도 '노아(Noah)의 방주(方舟, Ark, 네모난 배)'일 거예요. 기독교 신자가 아니더라도《성경》창세기에 기록된 대홍수 이야기를 대략 알고 있을 텐데요.

노아의 방주 상상화 (Edward Hicks 작) (출처 _ 위키미디어)

'노아의 방주' 이야기를 간단히 요약하면 다음과 같습니다.

하나님이 아담과 하와(이브)를 창조한 이래 번성하기 시작한 인간 세계가 타락하자 신은 이를 심판하고자 합니다. 다만 노아가 선함을 아시고 미리 알려주시니, "이 세상을 물로 쓸어버릴 것이니 너는 배 한 척을 만들어라. 방을 여럿 만들고 안과 밖을 역청으로 칠하고 모든 생명체를 태우거라."라고 이릅니다. 이에 방주를 만들었고 실제로 대홍수가 일어나니 모든 세상이 물에 잠기지만 노아의 가족 8명과 동물들이 탄 배(방주)만 무사했다고 합니다.

노아와 동물들은 1년 이상 배에 머물게 되는데 세상의 물이 다 빠졌는지 확인하기 위해 까마귀를 먼저 날렸지만 돌아오지 않았다고 합니다. 이후 다시 비둘기를 날리자 올리브 가지를 물고 돌아와 물이 빠진 것을 알게 되어 아라랏산 정상에 배를 대고 땅으로 나와 감사의 제사를 올립니다. 그러자 하나님이 노아에게 "다시는 물로 세상을 심판하지 않겠다."며 그 징표로 무지개를 만들어주었다고 합니다.

뭐 일부에서는 노아의 방주가 초고대 문명 기술로 만든 잠수함이었다고도 하고, 다른 주장에서는 공룡들을 실은 두 번째 배가 가

라앉았다고도 합니다만⋯. 🐻 어쨌거나 지금도 Noah는 유럽에서 아들 이름으로 인기가 많다고 하죠. 🐻

② 수메르 〈길가메시 서사시〉

1849년에 메소포타미아 니푸르 (Nippur) 지역에서 수메르 유적을 발굴하던 영국 레이어드(Austin Henry Layard) 박사 발굴팀이 수많은 점토판을 찾아내고, 1872년 영국인 고고학자 조지 스미스(George Smith)가 이를 해석한 결과, 마른 땅을 찾아 까마귀를 날렸지만 돌아오지 않아 다시 비둘기를 보낸 '노아의 방주'

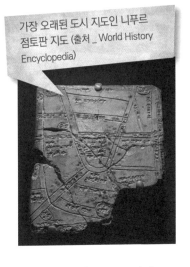

가장 오래된 도시 지도인 니푸르 점토판 지도 (출처 _ World History Encyclopedia)

이야기와 거의 동일한 내용이 새겨진 부분을 확인하고는 드디어 오리지날 기록을 찾았다고 기뻐합니다. 그런데 1914년 아르노 푀벨(Arono Peobel)이 미국 펜실베이니아대학 박물관이 보관 중인 점토판을 판독하다가, 사실 그 내용이 '길가메시 서사시'의 일부라는 사실이 드러나지요. 🐻

〈길가메시 서사시(Epic of Gilgamesh)〉는 BC 27세기까지 거슬러 올라가는데, 현재까지 알려진 인류 최초의 대홍수 기록이기도 합니다. 어쩌다 보니 요즘에는 마블 유니버스에서 우리나라 배우 마

〈길가메시 서사시〉 점토판 (대영
박물관 소장) (출처 _ 위키피디아)

동석의 캐릭터 이름으로 알려져 있지만, 실제로는 수메르 도시국가 중 하나인 우루크(Uruk) 제1왕조 5번째 왕이었던 길가메시에 대한 설화예요. 〈길가메시 서사시〉를 요약하면 이렇습니다.

세상에서 가장 힘 센 임금 길가메시는 친구 엔키두(Enkidu)가 죽자 충격을 받고 영원히 살 수 있는 방법을 찾고자 여행을 떠나게 됩니다. 그는 여행 도중 대홍수 당시 많은 생명들을 구해 신들로부터 영생을 선물받은 우트나피쉬팀(Utnapishtim)을 찾아가 비결을 묻지요. 이에 우트나피쉬팀이 자신이 겪은 옛날의 대홍수 이야기를 해주면서, 대홍수 이전에 이 지역에 5개의 도시가 번성했다고 언급합니다. 하지만 자신의 사연을 전한 뒤 길가메시에게 "영생을 갈구하지 말고, 모두에게 찾아오는 죽음을 평화롭게 받아들이라."고 조언해줍니다. 하지만 영생을 포기할 수 없었던 길가메시는 다시 길을 떠나 온갖 고행 끝에 영생할 수 있는 풀을 구하는 데 성공하지만, 뱀이 이를 훔쳐 먹는 바람에 결국 죽음에 이르고 말았다고 합니다. 🐻

③ 바빌로니아 〈아트라하시스 서사시〉

그후 바빌로니아 〈아트라하시스 서사시(Atra-Hasis Epic)〉가 발견되는데, 〈길가메시 서사시〉에 포함된 대홍수 이야기의 더 오리지날 이라는 사실이 밝혀집니다. 그런데 그 내용은 더 충격적이에요. 내용인 즉, 인간은 외계인이 노예로 부려먹기 위해 창조한 존재였다는 겁니다. 🐻

태양계 12번째 행성 '니비루(Nibiru)'에서 온 외계인들인 아눈나키(Anunnaki) 신들이 지구를 지배하면서 젊은 신들에게 강바닥을 파서 운하를 파고 수로를 뚫게 하는 등 노역을 시킵니다. 하지만 노동에 지친 젊은 신들이 반란을 일으켜 신들의 왕, 엔릴(Enlil)을 권좌에서 끌어내리려 합니다. 이때 엔키(Enki) 신이 중재에 나서 이들 대신 일할 노예로서 인간을 점토를 빚어 만들었다고 하네요. 🐻

엔릴 : "어이 거기 젊은 신들, 강바닥을 파서 운하도 만들고 수로를 뚫거라. 라잇 나우~!"

젊은 신들 : "저희가요? 지금요? 왜요?"

엔릴 : "너님들이요. 바로요. 확 그냥! 요새 MZ 신들은 말이 많아!"

젊은 신들 : "저 틀딱 신을 확 끌어내려? 투쟁, 투쟁, 단결 투쟁~ 너와 나~ 너와 나~ 철의 젊은 신~."

엔키 : "워워~, 릴렉스. 내가 인간이란 노예를 만들 테니까 걔네한테 시키면 어떨까?"

젊은 신들 : "거러췌~. 콜!"

그런데 인간들이 증가하면서 시끄럽다고 짜증이 난 엔릴이 그만 대홍수로 다 멸종시키려고 합니다. 🐻 하지만 인간을 창조한 엔키는 몰래 인간 중 똑똑한 지우수드라(Ziusdra, 생명을 보는 자, 수메르 신화의 우트나피쉬팀)에게 방주를 만들게 하지요. 이에 지우수드라는 엔키 신의 명령을 충실히 따라 인류를 구원하니 그 공로로 영생을 얻어 천국인 딜문(Dilmun)에 가서 살게 되었다고 〈길가메시 서사시〉보다 더 자세히 기록되어 있습니다.

즉, 집필 시기를 따져보면 가장 먼저 쓰진 '아트라하시스 대홍수 이야기'가 〈길가메시 서사시〉에 한 에피소드로 포함되었고, 이후 《성경》 속 노아의 방주 이야기로 이어진 것으로 본다고 합니다. 또 딜문이라는 지명은 훗날 바레인 섬을 지칭하는 단어로 쓰였는데, 에덴 동산이라는 개념의 오리지날이 아닐까 한다네요. 🐻

훗날 무슬림들은 스리랑카 섬이 에덴 동산이라고 여기기도 했어요. 또 길가메시가 뱀 때문에 영생을 놓친 이야기 역시 에덴 동산에서 쫓겨나게 된 아담과 이브 이야기와 매우 흡사합니다. 🐻

이처럼 메소포타미아 지역에서는 이미 《성경》의 노아의 방주와 유사한 대홍수 이야기가 여러 형태로 전해지고 있던 것이죠.

④ 인도 《베다》 마누 대홍수 설화

이와 유사하게 인도에서는 《베다(The Vedas)》 경전에 나오는 마누(Manu) 대홍수 설화가 유명하지요.

물고기를 구한 마누 (출처 _ https://kestrelhum.wordpress.com)

세상이 창조된 후 시간이 흘러 우주의 질서가 어지러워져 악귀가 날뛰고 세상이 타락하고 오염되자 유지의 신, 비슈누(Vishnu)가 다시금 세상을 정화해야겠다고 결심합니다. 이때

배를 타고 홍수를 피한 마누 (출처 _ https://kestrelhum.wordpress.com)

태양신의 아들이자 드라비다(Dravida) 왕국의 임금, 마누('사티야브라타'라고도 함)가 홀로, 바늘 방석에 앉아 3천 년간 수행하고, 다시 두 손을 모으고 한 발로 선 채 3천 년간 고행을 수행하고, 또다시 음식과 물을 거의 먹지 않고 호흡도 거의 멈춘 채 3천 년간 명상하던 어느 날, 수행에 지친 몸을 강물에 씻고 있는데 작은 물고기 한 마리가 나타나 "큰 물고기가 나를 잡아먹으려고 하는데 구해 달라."고 합니다.

이에 그 물고기를 구해주고 정성껏 돌봐주었더니 점차 크게 자라나더랍니다. 그래서 더이상 키울 수 없어 바다에 풀어주자 물고기가 마음껏 헤엄치고 바다를 한 바퀴 돌고 와서는, 마누에게 조만간 오염된 세상이 깨끗한 물로 정화될 것이며 끝도 없는 물이 세상의 모든 생명을 거두어갈 것이라고 예고하며, 튼튼한 배를 만들어 모든 씨앗을 싣고 기다리라고 말하고 사라집니다. 🐻

그 말을 듣고 마누가 배를 다 만들자 갑자기 물이 하늘에서 폭포처럼 쏟아져내리고 땅에서 분수처럼 솟아올라 온 세상이 물바다가 되어 마누의 배만 홀로 망망대해에 떠 있는데, 거대한 물고기가 솟아올라와 배를 자기 수염에 밧줄로 단단히 묶으라고 하고 폭풍우가 몰아친 바다를 오랫동안 헤엄쳐 유일하게 물 위로 솟아올라 있는 히말라야 산봉우리에 이르렀다고 합니다. 그러자 그 물고기가 말하길 "나는 시작도 없고 끝도 없는 비슈누이니라. 나는 오염된 세상을 정화하기 위하여 물로 세상을 멸하였느니라. 이제 그대는 배를 히말라야의 봉우리에 잡아매고 이 환란에서 벗어나라. 그리고 물이 다 빠지면 다시금 그대가 새로운 세상을 만들도록 하라. 그대는 혹독한 고행을 견뎌 왔으니 이 일을 훌륭히 이루어낼 수 있을 것이니라."라고 정체를 드러냈다고 합니다.

이후 마누가 땅에 내려와 씨앗을 뿌리니 물로 정화된 순결한 땅에 씨앗이 닿자 마자 세상의 온갖 동물들과 식물들이 요술처럼 피어나 대지에 가득차게 되었고, 마누가 새로이 태어난 현 인류의 조상이 되었다고 합니다.

앞서 본 노아의 방주 이야기와 너무 유사하지요? 🐻

⑤ 그리스 신화 데우칼리온 이야기

이 같은 스토리는 그리스 신화에도 등장합니다.

신이 인간을 만든 뒤 황금의 시대, 은의 시대, 청동의 시대, 철의 시대로 시간이 흐를수록 인간들의 품성이 나빠지자 제우스(Zeus)가 분노하여 대홍수로 세상을 없애려 했답니다. 그러자 프로메테우스(Prometheus)가 성실하게 살고 있던 아들 데우칼리온(Deucalion)과 판도라(Pandora)의 딸인 며느리 피라(Pyrrha)에게 미리 배를 만들라고 알려줍니다. 이에 제우스의 명령으로 남쪽 바람의 신 노토스(Notus)는 비를, 바다의 신 포세이돈(Poseidon)은 큰 파도를 일으켜 모든 세상을 물에 잠기게 하지만, 데우칼리온의 방주가 파르나소스

(Parnassaus) 산에 올라가 무사히 생명들을 지켜냈고 신탁을 받아 다시금 인류를 재창조했다고 나옵니다.

유럽에서는 그리스 신화 속 데우칼리온 이야기 외에는 아일랜드 전승 기록만 남아 있는데, 이유는 빙하기 당시 유럽은 지중해 일대를 제외하고는 빙하가 덮여 사람이 거의 살지 않았던 지역이라서 그렇습니다. 피라미드 등 다른 고대 유적에 비해 좀 아쉬운 스톤헨지(Stone Henge)로 영국이 그렇게 호들갑을 떠는 것도 유럽에 있는 유적이라고는 그 정도뿐이라 더 각별히 여기기 때문이에요. 🐻

남매가 살아남은 아시아 대홍수 신화

① 해와 달이 된 남매 이야기

이처럼 중동 및 그리스, 인도에서는 신이 선택한 선량한 인간이 거대한 배를 만들어 대홍수에서 살아남았다는 이야기가 존재하는 반면, 동아시아 지역에서는 배는 등장하지 않고 한 남매만이 살아남아 다시 새로운 세상을 만들었다는 이야기가 여럿 존재합니다.

우리나라를 비롯해 중국, 일본에서 전해져 오는 '해와 달이 된 남매 이야기'도 대홍수 이야기의 영향을 받은 내용입니다. 호랑이가 "떡 하나 주면 안 잡아먹지~."라며 엄마를 잡아먹은 뒤 남매까지 잡아먹으러 왔지만 동아줄을 잡은 남매는 하늘로 올라갔지요. 이 내용은 다들 알고 있지만, 가장 중요한 핵심은 오빠가 달이 되고 여동생이 해가 되었다는 점입니다. 🐻 비록 대홍수 이야기는 빠져 있지만 둘만 남겨진 남매가 새로운 세상을 만들었다는 우리식의 천지 재창조 신화입니다.

② 중국 복희와 여와 남매 이야기

복희와 여와 남매
(출처 _ 국립중앙박물관)

중국에서는 삼황오제 중 첫 번째로 등장하는 복희(伏羲)에 대한 여러 이야기 중, 인류가 대홍수로 절멸한 가운데 살아남은 복희가 여동생 여와(女瓦)와 결혼해 다시 인류를 번창케 했다는 이야기가 존재합니다. 이후 복희가 대홍수로 엉망이 된 세상을 바로잡고자 치수 작업을 성공리에 진행한 우(禹)를 후계자로 삼았다고 하지요.

게다가 복희와 여와는 상반신은 사람이지만 하반신은 뱀인 특이한 형상이었다고 하고, 여와는 여호와, 야훼와 발음이 비슷해 '기독교 창조 신화와 연관이 있지 않느냐?' 하는 주장도 존재합니다. 🐻

③ 바이먀오족 남매 이야기

중국 쓰촨성(四川省) 남부 소수민족인 바이먀오(백묘, 白苗)족은 장례식 때, 장례를 주관하는 지로사(指路士)가 망자에게 조상님들의 영혼이 살고 있는 '세상의 근원'을 찾아갈 때 길을 잃지 말라는 의미로, 염을 하면서 우주와 인류의 기원에 이어 대홍수에서 살아남은 남매의 결혼 이야기를 한다고 합니다. 🐨

④ 일본 이자나기와 이자나미 건국 신화

일본 역시 《고사기(古事記)》 내 건국 신화 중에 쌍둥이 남매인 오빠 이자나기(イザナギ)와 여동생 이자나미(イザナミ)가 결혼해 일본의 여러 섬을 낳았다고 전해지고 있습니다.

이자나기와 이자나미 상상화
(출처 _ 나무위키)

세상이 창조되고 하늘과 땅이 분리된 후 하늘나라 다카마가하라(たかまがはら, 고천원, 高天原)에는 가장 높고 위대한 신, 아메노미나카누시(アメノミナカヌシ), 다카미무스비(タカミムスビ), 카미무스비(カミムスビ)가 태어났는데, 이 하늘의 세 신이 이자나기와 그의 여동생 이자나미에게 세상을 창조하라며 하늘 옥으로 만든 창을 주

었답니다. 이에 남매는 창을 찔러 넣고 휘저은 후 들어올리자 그 끝에서 소금물 몇 방울이 떨어져 섬이 되는 것을 보더니 서로 신체를 합친 뒤 돌면서 일본을 이룬 많은 섬과 다양한 신을 낳았답니다.

곡식의 신, 강의 신, 바람의 신, 들의 신, 산의 신, 배의 신, 집의 신, 농사의 신, 음식의 신 등을 낳은 뒤 마지막에 불의 신 카구츠치(カグツチ)를 낳다가 아내 이자나미가 불에 타 죽자 저승으로 내려가 아내를 다시 데려오려 합니다. 그런데 아내는 이미 저승의 음식을 먹어서 안 된다고 거절하자 이자나기가 저승 신들을 설득해 지상으로 데려오던 중 호기심에 불을 비췄다가 썩고 구더기가 들끓는 아내의 얼굴을 보고 놀라 홀로 도망쳐 나와서는 지옥으로 가는 문을 아예 바위로 막아버렸답니다. 그러고 나서 부정한 것을 보았다며 목욕을 하면서 눈을 씻었는데, 그때 왼쪽 눈에서는 태양신 아마테라스(アマテラス), 오른쪽 눈에서는 달과 농경의 신 츠쿠요미(ツクヨミ), 코를 씻을 때 바다와 폭풍의 신 스사노오(スサノオ) 등 각종 신들이 튀어나왔다고 합니다. 🐻

해와 달이 된 남매 이야기보다 더 복잡하고 엽기적이죠? 🐻

보통 이런 류의 복잡한 신화는 원형이 되는 신화를 베끼고 첨삭하면서 생기는 현상이긴 합니다. 죽은 아내를 찾으러 간 부분은 그리스 신화 속 오르페우스(Orpeus) 이야기와도 유사하지요. 실제로 일본 신화 중에는 그리스 12신이 사는 올림포스(Olympos) 산을 연

상시키는 다카마가하라라는 신들이 사는 산이 등장합니다. 우리나라에서는 고천원이 경남 고성 대가야를 가리킨다고 주장하는 경우도 있어요. 🐻

⑤ 베트남 므엉족 투 타, 투 티언 남매 이야기

베트남 북서부의 소수민족인 므엉족(Mường)의 창세서사시 《땅과 물의 기원(Te tắc te dắc)》에서도, 50일간 이어진 대홍수 이후 한 나무가 하늘까지 치솟았는데 하늘을 찌른 나뭇가지에서는 남신 '투 타(Thu Tha)', 어지러이 늘어진 가지에서는 여신 '투 티엔(Thu Tien)'이 탄생해 부부가 되었다고 이야기합니다.

이후 여신은 두 개의 알을 낳았고 여기서 두 아들이 나왔는데, 하늘의 선녀들이 늦게까지 놀다가 하늘문이 닫히는 바람에 두 아들과 결혼했고, 12자녀 중 11째, 12째는 새로 태어나 1919개의 알을 낳았고 여기서 각종 동·식물이 나왔다고 전해지고 있습니다.

순다 랜드 문명 전파 경로 상상도 (© Dhani Irwanto, 2017) (출처 _ alantisjavasea.com)

⑥ 인도네시아 바탁족 산으로 도망간 남매 이야기

또한 인도네시아의 소수민족 바탁족(Batak) 역시 대홍수 신화가 전해지고 있는데, 창조신 데바타(Debata)가 낡고 더

러워진 지구를 깨끗하게 만들기 위해 대홍수를 일으키자 산으로 도망친 남매만이 살아남아 인간 세상을 다시 만들었고, 이들이 바탁족의 조상이 되었다는 신화가 이어지고 있다고 합니다.

인도네시아 구눙 파당 계단식 피라미드 유적 (© Arie Basuki) (출처 _ 위키미디어)

실제로 빙하기 시절 순다 랜드(Sunda Land)의 일부였던 인도네시아 자바 섬 구눙 파당(Gunung Padang)의 계단식 피라미드는, 무려 2만 년 이상 전에 만들어졌을 가능성이 높다고 알려져, 우리가 아는 고대 문명에 대한 상식을 완전히 뒤엎을 수도 있다고도 하네요. 🐻

새가 등장하는 아메리카 대홍수 신화

① 선더버드 이야기

반면 아메리카 대륙 태평양 해안 원주민 사이에서는 큰 새가 인간을 구해준 이야기가 전해집니다.

아메리카 원주민들이 하늘에 제사 지내는 소위 '인디언 기둥'인 토템 기둥이 있는데, 여러 동물이 새겨진 이 기둥 맨 위에는 항상 새가 새겨져 있습니다.

영어로 '선더버드(Thunderbird)'라 불리는 이 천둥새는, 날갯짓을 하면 천둥이 치고 눈으로 빛과 번개를 발사하며 비를 일으키는 신비로운 새로 추앙받았다고 해요. 그래서 원주민들은 비가 오지 않으면 기우제를 지내는데, 이 선더버드 기둥을 흔들며 선더버드가 강림하여 비

인디언 토템 기둥 위 선더버드
(© Ymblanter) (출처 _ 위키피디어)

를 내려주길 기원했다고 합니다. 미국 공군의 검고 날씬한 전폭기 SR-71의 애칭도 선더버드이지요. 🐻

이 새는 크기가 거대하며 구름 위 높은 산꼭대기에 살면서 들소는 물론 고래도 잡아먹는다고 하니 무시무시한 괴물 새 같지만, 미국 워싱턴 주에 주로 살던 퀼리어트족(Quileute)의 전설에서는 대홍수가 났을 때 이 새가 나타나 족장과 사람들을 산 위로 올려서 살려주었다고 합니다. 그래서 이 부족은 수천 년간 후손에게 기우제 때 선더버드를 부르는 춤을 배워 전수해주었고, 선더버드를 새긴 기둥을 족장 텐트에 세워 선택받은 부족임을 과시했다고 합니다.

② 페루 치무 문명의 산으로 도망간 이야기

반면 남아메리카 페루 해안 지역에 존재한 치무(Chimu) 문명에서는, 바다에서 큰 파도가 일어나 거주지가 파괴되었고 산으로 올라

페루 해안 치무 문명 유적 (© Veronique Debord)
(출처 _ Khan Academy.org)

간 이들이 살아남은 뒤 신의 노여움을 풀고자, 기후가 나빠질 때면 어린이들의 심장을 빼내어 공양하는 끔찍한 풍습을 이어갔다고 합니다. 이런 악습이 이후 마야, 아즈텍 문명 등에서 살아 있는 사람의 심장을 인신공양 하는 데 원인을 제공했을지도 모를 일이지요. 🐻

신화의 의미

인간이 지구 생태계 먹이사슬의 최상위 존재가 된 데에는 여러 원인이 복합적으로 작용했습니다.

그중 신체적으로는 오랜 시간 걸을 수 있도록 발달한 엉덩이 근육은 물론 성대의 발달로 인해 다양한 단어로 의사소통이 가능해지면서 집단 사냥에 나설 수 있게 된 것이 출발점이었습니다. 게다가 언어의 발달로 인류는 자손에게 지식을 전수할 수 있게 되어 다른 동물에 비해 월등히 우월한 지위를 차지할 수 있게 되었다는 것은 다들 잘 아실 거예요.

하지만 문자로 기록을 남기고 지식을 전수할 수 있게 된 것은 인류 전체 역사 중 아주 짧은 시기일 뿐입니다. 오랜 기간 인류는 부모가 자식에게 이야기 형태로 지식을 전해주었고, 세대를 거듭하며 그 이야기에 이야기가 더해져 지식을 발전시켜 왔지요. 호모 사피엔스에게 전멸당한 네안데르탈인들 역시 말을 통해 지식을 전수했고 죽은 자를 매장하고 애도하는 의식을 거행하는 등, 나름의 문화를 이루어 온 흔적이 발견되고 있습니다. 🐻

그렇게 전해져 내려온 지혜 중에서 대부분은 서사시 형태로 기록되었는데, 이는 그저 말하는 것보다는 흥얼흥얼 리듬을 타며 노래하는 것이 가장 기억에 잘 남기 때문이었습니다. 우리도 구구단을 처음 외울 때 마치 노래하듯이 했잖아요. "이일은 이, 이이는 사, 이삼은 육, 이사 팔, 이오 십, 이육 십이…." 🐻

이처럼 엄청난 대홍수에서 살아남은 인간들은 대홍수의 고통을 후대에 전하면서 늘 하늘을 쳐다보며 또 다른 재앙을 미리 알기 위해 애쓰게 됩니다. 그러면서 우리 눈에 똑같은 크기로 보이는 태양과 달을 통해 이 세상은 밝음과 어둠이 공존한다는 이분법적 사고가 절대적 진리로 받아들여지게 되었고, 문명이 발전하면서 선과 악이란 개념으로 발전해 종교, 철학, 도덕적 가치에 깊숙이 자리하게 되었습니다.

물론, 대홍수 이야기 외에도 이 세상에는 다양한 신화나 설화가 대대손손 이어져 오고 있습니다.

　이런 신화들은 문자가 생기기 이전부터 오랜 기간 전해져 왔고, 글자가 없는 소수민족 내에서는 지금까지도 입에서 입으로 수백 세대를 거쳐 끈질기게 전수되고 살아남아 무형의 인류 유산이 되었습니다. 지금도 그리스로마 신화가 큰 인기를 끌고 있고, 북유럽 신화 속 토르, 로키는 물론, 메소포타미아 신화 속 길가메시 등이 어쩌다 대서양 건너 미국 마블 유니버스에서 재해석되어 맹활약하는 등 다양한 세계 각국 신화들이 공유되고 있지요. 🐻

　한 신화 학자는 이렇게 말했다고 합니다. "신화는 사실에 입각한 정보를 주기 때문이 아니라 유효하기 때문에 진실"이라고요. 즉, 신화가 이렇게 오랜 기간 이어져 온 것은 쓸모가 있었기 때문이라는 건데요.

　우리가 역사시대라고 부르는 최근 1만 년은 문자 기록이나 유물 등으로 뚜렷한 증거가 남아 있기에 신화의 실체를 파악하기 쉬운 편이지요. 다만 그 이전 시기는 여러 지역에서 이어져 온 신화나 전설을 바탕으로 추정할 수밖에 없었지만, 다행히 과학 기술의 발달로 더 많은 인류의 옛 역사가 그 실체를 서서히 드러내고 있는데, 그 대표적인 경우가 바로 '대홍수 신화'라고 할 수 있습니다.

　이제, 조금씩 밝혀지고 있는 그날의 이야기를 풀어봅시다. 🐻

빙하기 종말기에 발생한 대홍수의 증거

600~700만 년 전까지 거슬러 올라가는 인류의 생존 시기 대부분은 빙하기 시기로, 사냥과 수렵을 하던 신석기 시절이 절대적으로 길었습니다. 그중 지금 우리의 직계 조상이 된 호모 사피엔스가 아프리카 에티오피아 고원에서 출발해 전 세계로 퍼져 나가던 시기는 7만 3천 년 전 인도네시아 토바(Toba) 화산이 폭발한 빙하기 말기로 추정하고 있습니다. (토바 화산 이야기는 《알아두면 쓸데 있는 유쾌한 상식사전》 제2권 '과학·경제 편'에 자세히 나와요. 🐻)

당시는 중부 유럽까지 빙하로 덮여 있었고 바다 깊이가 지금보다 100여 미터 낮았어요. 그래서 지금은 바다로 떨어져 있는 아시아와 북아메리카가 연결되어 있었기에 2만여 년 전 아시아에서 아메리카로 걸어서 이동한 이들이 아메리카 원주민(인디언, 인디오)이 되었죠. 동남아시아와 호주도 거대한 순다 대륙으로 연결되어 있었어요. 우리나라 주변 역시 서해와 남해 바다가 당시에는 육지였고, 동해는 거대한 바다 호수로 한반도와 일본 열도가 연결되어 있었으며, 대만도 중국과 땅으로 연결되어 있었다고 합니다. 🐻

그렇게 이어지던 1만 1천여 년 전 어느 날, 갑자기 빙하들이 녹기 시작하면서 해수면이 100미터 이상 올라갔으니 당시 해안가에 살던 이들은 궤멸적인 피해를 입었고, 이때의 생존자들이 후손들에게 그 무시무시한 대홍수의 경험을 이야기한 것이 여러 버전으로 지금까지 이어지고 있는 것이죠.

일부 대홍수 이야기에서는 남쪽에서 바람과 함께 거대한 파도가 일어났다는 내용이 전승되고 있는데, 아마도 남극을 덮고 있던 빙하가 어떤 이유로 인해 갑자기 대량으로 녹아 거대한 쓰나미가 전 지구를 덮쳤을 것이라고 합니다.

아직은 빙하가 갑자기 녹은 이유를 명확히 알지 못하지만, 아마도 당시 운석이나 혜성이 남극 인근 인도양 방향 바다에 떨어지지 않았나 한다네요. 당시는 황소자리 유성우의 극대기였다고 하는데, 최근에도 1908년 러시아 시베리아 퉁구스카(Tunguska)에 떨어진 운석 대폭발처럼 100여 년마다 한

퉁구스카 운석 대폭발 후 쓰러진 나무들
(© Leonid Kulik) (출처 _ NASA.gov)

번씩 대형 운석이 지구로 떨어지는 상황이니 전혀 근거가 없는 추정이 아닙니다.

이미 많이 알려진 유카탄(Yukatan) 반도의 운석 충돌에 의한 공룡 멸종 수준까지는 아니더라도, 1만 3천 년 전 그린란드 히아와타(Hiawatha) 지역에 운석이 충돌해 1500여년 간 영거드라이아스기(Younger Dryas)라는 한랭기를 맞이했음을 밝혀낸 바 있습니다. 하지

만 바다로 추락한 운석은 그 흔적을 찾기 어렵다고 봐야겠지요. 🐻

앞서 소개한 서아시아 일대의 방주 이야기는 실제 배를 타고 탈출한 사실에 기반했을 것으로 여겨지는데,《성경》에서 묘사한 도착지 아라랏산이 지금의 튀르키예(터키) 아라라트(Ararat) 산일 것으로 추정되고 있고, 대홍수 발생 지역이 메소포타미아 남쪽 해안인지 흑해 연안인지 논쟁도 이어지고 있습니다.

그런데 최근 연구 결과, 튀르키예 북쪽 바다, 흑해가 원래는 민물 호수였는데 어느 날 지금의 이스탄불을 가로지르는 보스포루스 해협(Bosphorus Strait)이 쓰나미에 무너지면서 바닷물이 흑해 호수로 폭포수처럼 쏟아져 호숫가 마을들이 몽땅 수몰되었음이 확인되고 있습니다. 그걸 어찌 아냐고요? 잠수정으로 흑해 해저를 탐사하던 중 깊은 바닷 속에 마을 흔적과 함께 민물조개 껍데기들이 대량으로 발굴되었거든요. 🐻

괴베클리 테페 유적 사진 (© Klaus-Peter Simon) (출처 _ 위키미디어)

또한 그동안 고대 문명 중 가장 먼저, BC 4000~3000년 전에 도시 혁명이 시작되었다고 믿어 왔던 메소포타미아 수메르 문명 이론은 이미 폐기 수순입니다. 튀르키예 아나톨리아(Anatolia) 고원 지대 괴베클리 테페(Göbekli Tepe)에서 무려 1만 2천 년 전부터 2천 년간 사용된 거대한 사원 유적지가 발견되어 고대 문명 발생 시기가 7천 년이나 더 거슬러 올라갔거든요. 게다가 2017년 티그리스 강 인근 하산케이프(Hasankeyf)에서도 같은 시대 유적이 발견

카라한 테페 유적 사진 (© Mahmut Bozarslan) (출처 _ 위키미디어)

되면서, 구대륙 최초의 문명이 아나톨리아 고원에서 시작되어 점차 티그리스, 유프라테스 강 유역으로 확장되어 왔을 것으로 보여집니다. 🐻

최근에는 그 근처의 카라한 테페(Karahan Tepe)에서 더 이전 시기의 기둥 250개가 발견되어 더 거대한 유적임이 드러나기 시작하면서, 빙하기 시기에 이미 문명이 시작되었을 수도 있다는 주장이 주목받고 있습니다. 실제로 수메르 점토판에서도 대홍수 이전에 5개의 도시가 강 하구에 존재했다는 기록이 남아 있고, 바빌로니아 기록에도 대홍수 이전의 도시에 대한 구절이 남아 있다네요. 🐻

아틀란티스 신화의 증거를 찾아서

또한 그리스에서도 플라톤(Plato)이 이집트에서 전해져 오는 이야

'사하라의 눈' 위성사진 (NASA 촬영) (출처 _ 위키피디아)

기라며 당시 기준 9천 년 전(지금은 1만 1천 년 전) 바닷속으로 사라진 아틀란티스(Atlantis) 이야기를 남겼지요.

그동안 아틀란티스 후보지에 대해 여러 의견이 분분했는데, 최근 아프리카 북서부 모리타니(Mauritania)의 '사하라의 눈(The Eye of Sahara)'이 지름 50킬로미터의 거대한 동심원 지형이고 북쪽은 산, 남쪽은 평원이라는 사실이 인공위성 관측으로 드러나면서, 플라톤이 서술한 지형과 일치하는 것으로 보이며 대홍수로 인해 파괴된 흔적이 아닐까 추정되는 등, 점차 그 실마리가 밝혀지고 있습니다.

응? 아틀란티스는 대서양에 있던 미지의 대륙 아니냐고요? 🐻

그건 플라톤이 '헤라클레스의 두 기둥' 바깥이라고 썼기 때문인데, 지금은 그 명칭이 지브롤터 해협(Gibraltar Strait)을 의미하니 그보다 바깥인 대서양이라고 생각하는 거예요. 고대 그리스인들이 생각한 '헤라클레스의 두 기둥'은 그리스 앞바다인 에게해와 지중해 사이였는데, 후대에 지리 개념이 확대되면서 지중해와 대서양의 경계지점으로 옮겨간 것이죠. 🐻 따라서 원래 의미는 대서양이 아니라 그리스를 벗어난 지중해 어딘가라는 의미였어요.

또한 '대륙'이라는 것도 오해인데, 현재 지리학에서는 그린란드보다 더 커야 대륙이라고 불러요. 당시 거대한 땅이라고 표현한 것을 번역하면서 와전된 것이죠. 그래서 한동안 몰타 섬, 산토리니 섬 등이 후보지로 거론되다가 최근 모리타니의 '사하라의 눈'이 아주 유력한 후보지로 떠오른 것이죠. 🐻

대홍수 이야기의 진실은 무엇일까?

이처럼 어느 날 갑자기 남극 빙하가 대량으로 녹으면서 거대한 쓰나미가 일어나 인도, 중동, 남아시아 순다 랜드, 태평양 쪽 아메리카 해안가 일대 촌락이 완전히 물에 잠기는 문명 멸망 수준의 피해를 입었고, 이 여파로 유럽과 아프리카 사이 지중해도 범람하면서 보스포루스 해협을 따라 담수 호수였던 흑해로도 바닷물이 넘치지 않았나 싶습니다.

　이 상황에서 아나톨리아 고원에 살던 어느 선구자가 대형 선박으로 피난에 성공할 수 있었고, 이후 이 방주 탈출 이야기가 여러 내용으로 다양하게 구전되다가 기록되었을 겁니다.

　반면, 아시아 남매 신화는 빙하기 당시 지금의 말레이시아, 인도네시아 등이 하나의 대륙, 순다 랜드로 존재했다가 해수면의 상승으로 상당수의 육지가 바닷물 속에 잠길 때, 산으로 올라간 이들이 살아남았다는 사실에서 그 기원이 짐작되고 있는 거지요.

　아틀란티스와 함께 초고대 문명 후보지로 거론되는 사라진 '무

(Mu) 대륙'이 실은 순다 대륙이 아니었을까 한다는데, 당시 순다 랜드에 살던 이들이 이후 동아시아, 남아시아로 진출했기에 어떤 남매가 산으로 올라가 살아남은 이야기가 아시아 전역으로 확산되었을 것으로 보입니다.

그리고 아메리카에서는 위기를 느낀 새들의 움직임을 좇은 이들이 산에 올라가 살아남았을 겁니다.

이처럼 다양한 방식으로 대홍수에서 살아남은 이들은 하루 아침에 벌어진 이 비극을 그저 신이 타락한 인간을 벌하고자 하셨다고밖에는 해석할 수 없었을 것이고, 그 이야기가 후손들의 입에서 입으로 수천 년간 이어져 오면서 지역마다 많은 변형이 일어난 것이겠지요. 🐻

제가 그렇게 판단하는 이유는 지리적 특성을 감안한 것입니다.

하와이나 캘리포니아 해안에서 큰 파도를 이용해 서핑을 즐기는 이들이 많은데, 이 큰 파도의 출발점은 남위 40~50도 사이 남극 주변 해역입니다. 무려 지구 반 바퀴를 돌아서 온다는 사실이 이해가 안 되겠지만, 남반구는 겨울이 되면 강풍이 불면서 엄청나게 큰 파도가 일어나는데 이 파도가 하와이까지 올 때 북반구는 여름이라 서핑하기 딱 좋은 시기가 되는 거예요. 🐻

하지만 우리나라 등 동아시아 해안에 이런 큰 파도가 오지 않는 이유는 호주와 인도네시아 섬들에 막히기 때문입니다. 반면 인도양의 경우 남극에서 인도나 중동 해안까지 중간에 막히는 부분이 거의 없어 큰 파도가 일어나면 곧장 북반구 인도나 중동 해안까지 올 수 있습니다.

또 하나의 증거는 호주의 2000 킬로미터 길이에 이르는 거대한 산호초 군락인 그레이트 배리어 리프(Great Barrier Reef) 위치에서 유추할 수 있습니다. 이 거대 산호초는 오스트레일리아 북동쪽 바다에만 존재하고 있는데, 대홍

그레이트 배리어 리프 위치(녹색 표시)
(© NeoGeneric) (출처 _ 위키피디아)

수 당시 쓰나미로 인해 남쪽 바다 산호초 군락은 붕괴된 반면, 북동쪽 바다 산호초 군락은 호주 대륙이 막아준 덕에 지금도 남아 있지 않나 한다네요.

따라서 쓰나미를 직접 겪은 중동과 흑해 인근, 인도, 동남아시아, 아메리카 해안가에서는 구체적인 대홍수 신화가 있는 반면, 한 발 비켜나 있던 동아시아 지역은 후대에 이야기가 전래되면서 천지창조 신화 또는 건국 신화에 녹아들어 가는 형태가 되었을 겁니다. 또한 대홍수를 접해보지 못한 유라시아 북방 유목민들에게는 대홍수 이야기는 없고 하늘에서 내려온 천손 신화가 대부분인 것도 이런 해석으로 이해되는 겁니다.

빙하기가 끝날 무렵 지구를 강타한 대홍수의 진실은 과연 무엇이었을까요? 🐨

02
대가뭄의 기억 –
왜 영웅은 해를 쏘아야만 했나?

앞서 대홍수 이야기를 해드렸는데요. 인류는 대홍수에 이어 대가
뭄의 시대를 맞이하게 됩니다. 🐻

　대가뭄의 기억 또한 각지의 신화나 설화로 여전히 기억되고 있
는데, 대부분 해를 쏘아 맞추는 스토리로 전개됩니다.

해를 쓰러뜨린 신화

① 그리스 신화 '파에톤' 이야기

가장 잘 알려진 이야기는 아무래도 그리스 신화 속 태양신 헬리오
스(Helios)의 아들 파에톤(Phaethon) 이야기라고 해야겠네요. 🐻

제우스(Zeus)가 아버지를 쓰러뜨리고 올림포스 산을 차지한 후 아들 아폴론(Apolon)에게 태양신 지위를 주지만, 아폴론이 태어나기 전부터 매일 아침마다 하루도 빠지지 않고 태양의 마차를 몰던 오리지날 태양신은 헬리오스였지요. 헬리오스는 제우스와 사촌지간이라고 하는데, 조카 아폴론에게 태양신 자리를 빼앗긴 이후에도 여전히 태양 마차를 몬 건 삼촌 헬리오스였습니다. 🐻

그렇게 바쁜 와중에도 헬리오스는 에티오피아 클뤼메네(Clymene) 왕비와의 사이에서 파에톤이란 아들을 낳게 됩니다. 하지만 몰래한 사랑 중에 태어났기에 파에톤은 자신의 아버지가 에티오피아 메로프스(Merops) 왕인 줄 알고 자라납니다.

그런데 제우스와 이집트 이오(Io) 왕비 사이에서 태어난 에파포스(Epaphus) 왕자가 자신은 반신반인(半神半人)인데 파에톤은 인간의 자식이라고 놀렸답니다. 이에 에티오피아 왕자라는 금수저였지만 다이아몬드수저로 태어난 이집트 왕자에게 열등감을 느낀 파에톤이 엄마에게 하소연하죠. 그러자 아들의 기를 죽이기 싫었던 엄마가 "실은 너는 태양신의 아들"이라는 출생의 비밀을 실토하고 맙니다. 🐻

이제 본인도 반신반인이란 걸 알게 된 파에톤이 직접 친아버지를 만나겠다고 길을 떠나고 말지요. 수많은 고생 끝에 드디어 태양신의 궁전에 도착해 아버지를 만난 건 좋았는데…. 아, 글쎄! 이 철없는 아들이 태양 마차를 몰게 해 달라는 생떼를 씁니다. 직접 태양 마차를 타고 제우스의 아들, 에파포스 왕자에게 자신도 '태양신의 아들'임을

추락하는 파에톤 (Peter Paul Rubens 작) (출처 _ 위키피디아)

자랑하고 싶었던 것이죠 🐻

하필 헬리오스도 너무 반가운 마음에 무슨 소원이건 들어주겠다고 덥석 죽음의 강, 스틱스(Styx)에 맹세한 터라 아들의 고집을 꺾지 못하고 마차를 몰도록 허락해 결국 사달이 나고 마는데…. 초보 운전수 파에톤

은 제대로 운전을 하지 못해 태양 마차가 지상으로 곤두박질치면서 온 세상이 엉망이 됩니다. 🐻

대지가 온통 불타 사하라 사막이 생겨났고, 이집트도 모래만 남게 되었고, 그의 고향 에티오피아 사람들은 피부까지 그을려 그때부터 흑인이 되었다나요? 🐻

결국 세상을 구하기 위해 제우스가 벼락을 쳐서 태양 마차를 떨어뜨려 열정의 중2병 파에톤이 숨지고 말았다는 이야기가 지금도 전해집니다. 🐻

이 이야기는 아마도 당시 선진국인 이집트를 방문했던 그리스인들이 전해 듣고 그리스 신화에 녹여내지 않았나 합니다. 이 이야기 말고는 태양신 헬리오스에 대한 상세한 이야기는 좀처럼 없는데, 애초에 이집트의 태양신 라(Ra)와 동일한 신이라는 주장도 존재하니까요. 아폴론도 원래는 소아시아 지역에서 믿던 태양신이라 다른 그리스 신들과 달리 샌들 대신 구두를 신고 있어요. 그래서 이집트에서 유래한 헬리오스와 태양신이라는 이미지가 겹쳐졌다고 하지요. 🐻

② 중국의 '예' 이야기

대가뭄과 관련된 태양 관련 신화는 아시아에도 여럿 존재합니다. 중국에서는 느닷없이 나타난 10개의 태양 중 9개를 떨어뜨린 명궁 '예(羿) 이야기'가 전해지죠.

요순 임금 시절 하늘에 갑자기 해가 10개가 솟아 오르는 사태가 벌어집니다. 태양은 옥황상제 제준(帝俊)의 아들들로 하루에 하나씩 번갈아가며 나와야 하지만, 어느 날 장난기가 도진 아들들이 나란히 손을 잡고 10명이 동시에 등장한 것이죠. 🐻

이에 나무들이 불타고 짐승이 쓰러지는 난리가 나자 사람들이 제발 하나만 나오라고 애원하지만 아버지 빽을 믿은 아들들이 더 지상으로 다가가는 행패를 부려 지상의 생물이 모두 타 죽을 상황이 전개됩니다. 이에 못난 아버지가 된 천제가 이 사태를 해결하고자 활 잘 쏘는 예를 지상에 내려보내기로 결정합니다. 이에 예는 아름다운 아내, 항아(姮娥)와 함께 땅으로 내려왔는데, 지상의 참상을 보고는 화를 못 참아 당초 겁만 줘서 집으로 돌아오게 하라는 명령을 어기고 옥황상제가 준 화살로 태양을 하나씩 맞추니, 떨어지는 태양은 심장에 화살

삼족오 해를 쏘아 떨어뜨리는 예
(蕭雲從 작) (출처 _ 위키피디아)

이 박힌 세 발 달린 까마귀, 삼족오(三足鳥)형상이었다고 하지요. 🐻

이에 놀란 요 임금이 급히 사람을 보내 예가 둘러맨 화살통 속 마지막 화살을 몰래 뽑아오게 하여 다행히 태양 하나는 남게 되죠. 천제는 혼만 내라고 했는데 그만 아홉 아들을 죽여버린 예와 부인 항아를 용서하지 않고 하늘로의 복귀를 거부합니다. 🐻

결국 지상에 남게 된 예와 항아는 어떻게든 하늘에서와 같이 영생을 누리려 애쓰다가 서쪽 곤륜산에 사는 옥황상제의 부인, 서왕모(西王母)가 불사약을 갖고 있다는 사실을 알게 되지요. 이에 불사약을 얻어 오겠다며 먼 길을 떠난 예는 모진 고생을 하며 곤륜산에 오릅니다. 그 정성에 감복한 서왕모는 마지막 남은 불사약을 주면서 "두 사람이 나눠 먹으면 지상에서 불로불사할 것이고, 한 사람이 먹으면 하늘로 올라가 신선이 될 수 있다."고 알려줍니다. 이에 애처가 예는 아내와 같이 나눠 먹을 생각에 불사약을 들고 집에 오지만 아내는 생각이 달랐습니다. 그래서 항아는 남편이 잠든 사이 하늘나라로 갈 욕심에 그만 혼자 먹고 하늘로 올라가기 시작합니다. 하지만 모든 과정을 지켜본 옥황상제가 그 꼴에 화가 나 항아를 달에 가둬버립니다. 예 역시 잠에서 깬 뒤 모든 사실을 알게 되자 화가 나서 달에 있는 항아에게 화살을 세 발 쏘지만 달 표면에 상처만 났을 뿐 항아는 토끼 옆에 두꺼비 모양으로 변신해 숨어 있다고 하네요. 🐻

③ 몽골 '에르히 메르겐' 이야기

몽골에서는 '에르히 메르겐(Erhii Mergen, '엄지손가락의 명사수'라는 의미)'이 해를 맞추는 이야기가 전해집니다.

어느 날 하늘에 7개의 태양이 떠올라 세상이 고통에 빠지자 사람들이 명사수 에르히 메르겐에게 도와 달라고 간청합니다.

그러자 자신감에 넘친 메르겐은 7개의 화살로 7개의 태양을 다 떨어뜨리겠다고 자신하며, 만약 실패하면 자신의 엄지손가락을 자르고 짐승이 되어 동굴에 들어가겠다고 호언장담합니다. 6개의 태양을 떨어뜨린 뒤 마지막 화살을 날리는데, 날아가던 제비가 맞았고 그때부터 꼬리가 두 개로 갈라지게 되었다고 합니다. 그러자 자신이한 약속을 지키지 못했다고 자책한 에르히 메르겐은 스스로 엄지손가락을 자르고 동굴로 숨었다고 하네요. 🐻

7개의 태양을 겨냥하는 에르히 메르겐
(출처 _ facebook/Monglia Live)

④ 만주족 '산인베즈' 이야기

만주족에서는 '산인베즈(三音貝子)'라는 명궁 이야기가 전해집니다.

어느 날 하늘에 해가 9개나 떴는데 산인베즈가 해를 쏘아 떨어뜨릴 결심을 합니다. 하지만 혼자 힘으로는 힘들어 장백산(백두산) 산주(山主, 산신령), 구렁이신, 토지신, 까치, 까마귀 등 여러 새들의 도움을 받아 하나만 남기고 다 떨어뜨렸다고 하지요.

이는 동아시아 공통 전설인 견우와 직녀 설화 속 까마귀, 까치와 유사한 느낌을 줍니다. 🐻

⑤ 대만 타이야족 이야기

대만 섬의 소수민족 '타이야족(泰雅族)' 신화 속에는 세대를 이어서 태양을 쏘아 맞춘 이야기가 존재합니다.

어느 날부터인가 두 개의 태양이 떠올라 농사를 망치게 되자 족장과 부족민이 의논해 3명의 용사를 태양의 땅으로 보내 더 큰 태양을 쏘아 없애기로 결정합니다. 이에 선발된 세 용사가 길을 떠나지만 너무나 먼 길이어서 세 용사는 갓난 아기를 하나씩 업고 출발했다고 합니다. 결국 이들은 가다가 숨겼고 장성한 아들들이 태양의 땅에 도착해 두 개 중 더 큰 태양을 쏘아 맞추지만, 태양이 흘린 피에 휩쓸

려 한 명이 죽고 남은 두 명이 다시 고향 땅으로 돌아오는 길에 숨졌다고 합니다. 🐻

그 이후로 죽은 태양은 달이 되었다네요. 🐻

⑥ 우리나라 '시루말 굿' 이야기

우리나라에도 태양을 쏘아 혼란한 세상을 바로잡은 이야기가 경기도 오산 지역 무속 굿거리 '시루말'로 기록이 남아 있습니다. 일제 강점기에 채록된 이야기는 이렇습니다.

하늘에 있는 궁전, 천하궁에 살던 당칠성이란 사내가 지상에 내려와 매화부인과 하룻밤을 보낸 뒤 올라가면서 두 아들이 태어날 것이라고 예언합니다. 이후 실제로 두 아들이 태어났고 애비 없는 자식이라 놀림받지만 어머니로부터 출생의 비밀을 듣고 아버지를 찾아 하늘로 올라가 아버지를 만나게 됩니다.

당칠성은 장남에게는 이승을, 차남에게는 저승을 맡기는데, 동생 후문(소별왕)이 형 선문(대별왕)을 속여 이승을 차지하자 해와 달이 두 개씩 떠올라 혼란이 생겼다고 합니다. 세상 질서가 어지럽혀져 이승에 살아야 할 사람과 저승에 살아야 할 혼백이 함께 지상에 살게 되었는데, 누가 사람이고 혼백인지 알 수 없는 지경이 된 것이죠. 이에 감당하지 못한 동생이 결국 형에게 부탁해 저승에서 올라온 형이 천근 활과 화살을 준비해 뒤에 떠오른 해와 달을 각각 쏘아 동해, 서해로 떨어뜨린 뒤, 지상의 생명체들을 하나씩 무게를 재어 백 근이 넘는 것은 사람으로, 백 근이 안 되면 귀신으로 분류했다고 합니다. 다만 귀신의 눈동자는 두 개씩 만들어 저승과 사람을 동시에 볼 수 있게 하지만, 사람은 눈에 눈동자가 하나여서 귀신을 보지 못하게 되었다고 하네요. 🐻

실제로 발생했던 '메갈라야' 대가뭄

이런 세계 각지의 여러 신화에서 동시에 수많은 해가 떠올라 위대한 영웅이 이를 물리쳤다는 내용이 공통되는 건, 과거 어느 날 닥친 대가뭄 경험이 이야기로 이어져 왔기 때문이라고 합니다. 당시 얼마나 가물었으면 하늘의 해가 여러 개 떠 있었다고 기억했을 정도일까요? 🐻

대홍수 이후 메소포타미아 일대는 9000년 전부터 농사와 가축화가 시작되어 이때부터 이미 강의 물을 끌어오는 관개 농업이 시작됩니다. 지금의 북아프리카 사하라 사막 역시 대홍수 이후 5천 년 전까지는 그린 사하라(Green Sahara)라고 불리던 시절이 있었습니다. 당시는 강과 호수가 있고 수많은 야생동물과 인류가 살았고 이집트 문명이 싹틉니다.

하지만 4200여 년 전인 기원전 2179년, 갑작스럽게 대가뭄이 닥처 무려 300년간 이어졌는데, 그 이유는 아직도 알 수 없다고 하네요. 비록 300여 년의 대가뭄 시기보다는 낮다지만 지금까지도 대가뭄 이전 시기에 비해 건조한 날씨가 이어지고 있기에, 대가뭄 이후 현재까지의 건조기를 '메갈라야(Meghalaya)기'라고 2011년에 지질학자들이 새롭게 지정했습니다. 🐻

메갈라야 동굴 석순 사진
(출처 _ iugs-geoheritage.org)

이는 인도와 방글라데시 접경지대인 메갈라야 주의 한 동굴 속 석순이 메갈라야 건조 기후를 측정하는 표준층으로 지정되었기에 이런 이름을 붙였다네요.

이 대가뭄 이후 북아프리카 대초원 지대는 북부 해안지대와 나일 강 유역을 제외하고는 사막이 되었고, 로마 제국 시기까지만 해도 제국민을 먹여살리던 밀 곡창 지대 카르타고(Carthago) 속주(현 튀니지 북부 해안)도 지금은 농사가 거의 불가능한 상황이지요. 🐻

앞서 소개한 것처럼 그리스 신화와 여러 아시아 신화 속에서는 수많은 태양이 뜬 이야기로 전해지지만, 실제 고대 문명권에서는 이 시기에 엄청난 격변이 벌어집니다.

이집트는 기원전 3100년경부터 천여 년간 고왕국 시기였는데, 밤 하늘에 가장 빛나는 시리우스(Sirius) 별과 태양과의 간격을 계산해 나일 강의 홍수를 미리 예언함으로써 살아 있는 신으로 추앙받던 파라오는 그런 권위를 내세워 거대한 무덤(피라미드)을 만들게 했는데, 가장 유명한 기자(Giza)의 대피라미드들은 제4왕조 시기에 만들어졌죠. 🐻

그렇게 잘 굴러가던 기원전 2179년 어느 날, 어라? 홍수가 뚝 끊어집니다. 🐱

이후 7년간 홍수가 발생하지 않는 대가뭄으로 인해 파라오가 더 이상 신의 아들이 아니라며 각지의 귀족들이 반란을 일으켜 고왕국 제6왕조가 멸망하고, 제7 ~ 10왕조 시기라는 수십 년간의 혼란 끝에 중왕국 시대로 바뀌는데, 이때부터 백성들이 더 이상 파라오를 신으로 여기지 않아 피라미드 건설 붐이 사라지게 됩니다. 🐻

메소포타미아 문명권도 아나톨리아 고원과 강 상류 북쪽 평원에서 농사가 불가능해져 수많은 이들이 남하하기 시작합니다. 당시 메소포타미아 남부에서는 수메르 도시국가들을 멸망시킨 인류 최초의 제국, 아카드(Akkad) 제국이 번성하던 중이었는데, 가뭄이 닥쳐 식량난을 겪게 되면서 제국 결속력이 서서히 무너지다가 북쪽에서 내려온 구티족(Guti)에게 BC 2154년에 멸망당하면서 다시금 혼란기에 접어들고, 잇따른 왕조 교체 사건이 벌어졌지요. 🐻

모헨조다로(Mohenjo-Daro) 등 인더스 문명권 도시들도 결국 이 같은 기후 변화를 못 버텨 버려졌고, 중앙아시아에서 내려온 아리아족(Aryan)이 인도 북부를 침입한 후부터는 갠지스 강 유역으로 중심지가 이동합니다.

동아시아 역시 대가뭄으로 인해 몽골 고비(Gobi) 지역이 사막화되기 시작하자 황하 중북부에 살던 화하족(華夏族)이 하류로 이동하면서 선주민이던 동이족(東夷族), 양쯔 강 유역의 가뭄으로 떠돌던 묘족(苗族) 등 기존 세력과 전쟁을 벌여 중원의 주류가 됩니다. 그와 더불어 서쪽에서 바람이 불면 고비 사막의 모래가 바람에 날리니, 매년 우리를 괴롭히는 황사가 이때부터 본격화됩니다. 🐻

지난 2020년 미국 어바인 캘리포니아대학(UCI) 지구시스템과학과 캐슬린 존슨(Kathleen R. Johnson) 교수팀이 그린 사하라의 종말과 대가뭄이 직접 연관돼 있다는 증거를 〈네이처 커뮤니케이션즈(Nature Communications)〉지에 발표한 바 있습니다.

재배벼의 전파
(출처 _ thegramounce.com)

이와 더불어 아시아 지역 식생활에도 큰 변화가 찾아오니, 쌀이 본격적으로 전파됩니다.

지금 인류가 먹는 벼는 찰기가 있는 '자포니카종 (Japonica)'과 풀풀 날리는 '인디카종 (Indica)' 이렇게 2개 종인데, 유전 분석 결과 우리나라와 일본 등에서 주로 먹는 자포니카종은 원래 8200년 전 중국 남부 주 강(珠江) 지역에서 야생벼가 개량되기 시작해 7000여 년 전 완성되었습니다. 이후 양쯔 강 유역에서 품종이 개량되던 중 이 대가뭄으로 인해 벼농사를 하던 집단들이 뿔뿔이 흩어지면서 아시아 일대로 전파되었고, 인디카종은 3900년 전 인도에서 자포니카종과 야생벼가 섞여 탄생했다는 결론이 나온 상황입니다.

당시 아직 기장, 조, 도토리 등을 주식으로 먹던 한반도에서도 대가뭄으로 급격히 인구가 감소하다가 3500여 년 전 벼농사 집단의 이주로 충남 송곡리 일대에서 본격적인 벼농사가 시작됩니다.

이런 내용은 제 뇌피셜이 아니라 지난 2019년 서울대학교 지리학과 박정재 교수팀의 '섬진강 하구 지층 분석 연구' 및 2020년 뉴욕대 연구팀의 '벼 전파 연구' 결과로 밝혀진 사실입니다. 🐻

가장 오래된 볍씨로 인정받은 청주 소로리 볍씨의 진실

그런데 이 이야기를 하면, 1997년에 우리나라 청주 소로리에서 1만 5천 년 전 빙하기 구석기 시대 볍씨 127톨이 발견되어 세계적인 고고학 교과서인 《Archaeology : Theories, Methods and Practice(고고학 : 이론, 방법 그리고 연구)》에 이 볍씨들이 '세계에서 가장 오래된 볍씨'라고 등재되었고, 'Oryza sative coreaca(오리자 사티바 코레아카)'라는 학명까지 부여받았으니, '한반도에서 농업 혁명이 최초로 시작되었다는 명백한 증거'라며 한반도가 고대 문명의 중심지라고 얘기하는 분이 있던데요. 하지만 말입니다…, 그건 가리지날입니다. 🐻

소로리 볍씨가 가장 오래된 볍씨인 건 맞지만, 이것이 농사를 지은 근거는 아니예요. 그저 자연 상태의 볍씨를 모아서 식량으로 보관했다는 증거라는 의미로만 받아들여야 합니다.

청주 소로리 볍씨 출토물 (출처 _ 중부일보)

발굴된 소로리 볍씨 중 표면이 지금의 벼와 달리 매끈한 유사벼가 109톨(85%), 도정하면 빨간색을 띠는 고대 벼가 18톨(15%)이며, 지금 개량해서 먹고 있는 하얀색 재배 벼와는 연관성이 없다는 것이 밝혀진 상황이거든요. 🐻

즉, 소로리 볍씨는 붉은색을 띠는 야생 벼의 채집 흔적일 뿐이며 그 전까지 가장 오래된 야생 벼였던 1만 년 전 중국 후난성(湖南省) 야생 벼 기록을 갱신했다는 의미입니다. 게다가 1만 5천 년 전 당시에는 중국, 한국, 일본이 모두 육지로 연결된 상황이었는데, 과연 당시 청주 소로리 땅에 살던 이들이 우리 민족만의 조상이라고 할 수 있을까요? 🐻

격동의 시대를 다시 부른 두 번째 대가뭄

이처럼 4200여 년 전 대가뭄이 고대 문명권의 변화를 촉진한 데 이어, 약 2800년 전 동아시아 지역에는 태평양 기후 변화로 인해 또다시 긴 가뭄이 닥칩니다. 🐻 이때 가뭄은 500년간 이어졌다는데, 동아시아 연간 강수량이 평균 35퍼센트 감소했다고 합니다. 🐨 결국 이로 인해 북방 유목민족들이 대거 남하하면서 주(周)나라가 수도를 동쪽으로 옮기고, 이후 세력이 약화되어 춘추전국시대(春秋戰國時代)로 접어들게 됩니다.

하지만 한반도는 더 극심한 피해를 입으니, 그나마 막 시작한 벼 농사가 불가능해지면서 다시금 수렵·채집 문화로 회귀하고 인구가 급감해 2300년 전 무렵에는 아예 거주지 흔적을 찾기 힘들 정도로 인구가 감소했다고 합니다. 고고학적 발굴로 밝혀진 이 같은 퇴

보는 인류 역사상 농경 문화를 영위하다가 수렵·채집 문화로 퇴보한 몇 안 되는 사례라고 하네요. 🐻

이때 금강 유역에서 번성하던 벼농사 거주민들은 계속 습윤한 땅을 찾아 영호남으로 남하하여 삼국시대 초기가 되어서야 다시 벼농사가 활성화되었다고 하니, 백제가 무주공산이던 한강 유역에 정착하고 마한 연맹의 수장이던 목지국(目支國)이 쇠퇴하던 이유 중에 이 같은 인구 유출도 한 원인이었다고 보입니다. 또한 이때 농경지를 찾아 남하한 일부는 바다 건너 일본 규슈에 다다르니, 야요이(やよい) 문화가 한반도에서 건너간 이들로부터 시작된 것이라는 결정적 증거가 드러나고 있습니다. 🐻

같은 시기, 아시아 북부에서는 시베리아 바이칼 호수 일대까지 북상했던 민족들이 다시 남하하여 '초원의 길'을 따라 유라시아 각 문명들을 연결해 그리스 북쪽 스키타이(Scythia) 금관 문화가 이어져 신라 금관이 탄생하게 되고, 요하 일대의 고조선 문명이 한반도로 내려오며 구석기 시절 한반도 원주민을 밀어내면서 우리 민족의 주류로 자리잡게 되니, 이런 다양한 역사적 격변이 기후 변화로 촉발되었다는 것이 최근 다양한 과학 연구 결과로 입증되고 있는 셈이죠.

서서히 밝혀지기 시작한 대홍수, 대가뭄 시절 이야기가 흥미롭지 않나요? 이제 역사 시대 초기 고대 문명들의 이야기로 넘어가 봅시다. 🐻

메소포타미아, 이집트, 그리스, 인더스 문명의 잘 알려지지 않은 이야기와 함께, 이들 문명이 우리나라 역사에 어떤 영향을 끼쳤는지도 알아봅니다.

2부

고대 문명,
숨겨진 이야기를
찾아서

01
메소포타미아 문명과 연결되는
신라 금관의 비밀

이제 본격적인 역사 시대 이야기를 해볼까 합니다. 🐻

인류가 지구에 태어나 살았던 시기 중 문명을 이루고 역사 기록으로 남은 기간은 1퍼센트에 지나지 않는데, 현재까지 학계 정설로 인정받은, 최초로 농업이 시작되고 문명이 시작된 지역은 메소포타미아 지역입니다. 이후 이집트, 인더스 문명이 시작되었고요.

왜 메소포타미아에서 문명이 시작되었나?

앞서 소개한 대홍수 이후 기후가 급변하며 매머드 등 다수의 동물이 멸종함에 따라 기존의 수렵·채집 생활이 점차 어려워지다 보니 그동안 보조 식품이던 과일과 야생 곡물로 눈길을 돌려 서서히 농경이 시작됩니다. 🐻 하지만 과일은 보관이 어렵고 탄수화물도 부족하다는 단점이 있죠. 결국 오랫동안 보관 가능하고 춥거나 더워도 잘 자라고 생산량도 많고 한 곳에서 계속 키울 수 있는 곡물이 가장 유력한 대안으로 떠오릅니다.

마침 야생 밀이 아나톨리아 고원(튀르키예 내륙), 자그로스(Zagros) 산맥(이란 서부) 등에 분포하고 있었는데, 아마도 야생 밀을 채집해 가져가다가 흘린 곳에서도 잘 자라는 것을 보고 의도적으로 키우게 된 것이 농경의 시작이 아닐까 한다네요. 하지만 최근에는 우연히 발효된 곡물즙, 즉 알코올을 마시고 기분이 좋아지자 술을 만들기 위해 농사를 시작했다는 주장도 큰 호응을 얻고 있다고 합니다. 🐻

또한 운이 좋게도 밀은 탄수화물뿐만 아니라 단백질, 무기질, 지방 등 다양한 영양성분으로 구성되어 생존에 유리하게 작용했지요. 보통 농사의 시작을 신석기 시대로의 진입으로 간주하는데, 이는 농사를 짓기 위해 예전보다 훨씬 더 정교하고 세련된 석기를 만들어야 했기 때문입니다.

때마침 아나톨리아 고원과 자그로스 산맥 지역은 밀 농사는 물론 개, 말, 소 등 가축으로 키울 만한 순한 동물도 많아 농업 혁명이 일어날 최적의 장소가 되었습니다. 이후 서서히 인구가 증가하자 점차 남쪽 평원 지대로 농경지를 찾아 이동한 결과, 드디어 5000여

메소포타미아 문명 지역
(출처 _ 위키피디아)

년 전 메소포타미아 하류 지역에서 메소포타미아 문명이 시작됩니다. 🐻

메소포타미아 (Mesopotamia)라는 지명은 티그리스와 유프라테스라는 두 강 주변의 비옥한 초승달 모양 지역으로, 그리스인들이 MESOS(가운데) + POTAMIA(땅) = MESOPOTAMIA (두 강 사이의 땅)이라고 부른 것에서 유래했어요. 이 지역은 야생동물과 나무가 부족한 건조한 기후대이지만, 풍족한 물로 농사짓기가 좋아 밀 한 톨에서 60~70개의 밀알 수확이 가능했다고 하네요. 이는 중세 유럽에서 밀 한 톨당 고작 5알 내외를 수확한 것보다 엄청난 생산량인데, 농구장만 한 땅만 있어도 4명이 1년간 먹을 식량을 확보할 정도로 비옥했던 겁니다. 🐻

다만, 이 같은 농업 혁명은 대다수 인간들에게는 더 나쁜 결과를 초래합니다. 언뜻 이해가 안 되겠지만 유골을 발굴해본 결과, 구석기 시대 평균 키가 남성 175센티미터, 여성 165센티미터였던 반면, 신석기 농경 시대는 영양 부족으로 남성의 평균 키가 160센티미터가 안 되었다는 충격적 결과가 드러난 겁니다. 🐻

이는 구석기 시대 인류는 수렵과 채집으로 고기와 과일, 야채를 골고루 먹어 균형 잡힌 영양소를 섭취할 수 있었기 때문이에요. 게다가 인구가 적어 사냥은 3~4일에 한 번, 채집은 하루 3~6시간 정도면 충분한 식량을 구할 수 있어 주 20시간 노동으로도 생존이 가능했습니다.

그러나 농경을 시작하면서 땅에 속박된 인간은 하루 종일 노동에 시달리게 됩니다. 실제 유골을 봐도 신석기인들이 구석기인들보다 무릎이나 척추 골격이 심하게 마모되어 있고, 탄수화물만 과다 섭취하고 비타민 등 영양소 부족으로 구루병, 빈혈 등이 증가하게 됩니다. 게다가 가축 바이러스가 인체에 적응하면서 신종 감염병이 유행해 집단 사망하는 비극은 21세기까지 지속되고 있지요. 🐨

하지만 농경에서 다시 수렵으로 못 돌아간 이유는, 영양은 부족하지만 어쨌거나 안정적으로 정착해 살 수 있게 되었고 몇 대가 지나면서 과거의 삶을 기억하는 이가 없어졌기 때문이라고 하네요. 그래서 농사가 가능한 지역은 속속 농민으로 탈바꿈했고, 열대나 극지방, 고립된 섬 등 농사가 불가능한 지역에서도 수렵 대신 목축을 하며 유랑하는 이들이 더 많아지게 됩니다.

이처럼 메소포타미아에서 시작한 농업 혁명이 아시아와 이집트, 유럽 등으로 확산되면서 문명이 발달하는 동안, 아메리카 대륙은 가축화할 동물이라고는 라마 정도였고, 농경할 곡식 자체가 부족한 지리적 한계 때문에 뒤처질 수밖에 없었다고 합니다. 🐨

실제로 빙하기 말기에 아시아에서 베링 해협(Bering Strait)을 거쳐 정착한 아메리카 원주민은 1만여 년 전 아메리카 대륙의 말을 다 잡아먹어 이동성이 현저히 약화되었고, 뒤늦게 멕시코 지역에서 돼지수수를 개량해 옥수수라는 유전체 변형 식물을 만들고 감자와 강낭콩을 재배합니다. 하지만 먹고살기에는 수확량이 부족해 여전히 반농반목 생활을 유지했고, 유럽인이 건너올 때까지 신석기 문명이었던 겁니다.

한편, 사하라 사막 이남 중남부 아프리카 역시 가축화할 동물이 없었어요. 그나마 만만한 얼룩말조차 길들이는 데 실패했거든요. 또한 농경할 작물도, 기후도 좋지 않았고, 문자도 발명하지 못해 이집트, 로마, 아랍에 이어 유럽인이 직접 방문하거나 풍문으로 들은 내용 외에는 상세한 기록 자체가 없어요. 🐻

이와 달리, 기가 막힌 자연 환경의 축복을 받은 메소포타미아 지역은 급속도로 인구가 늘었고 수확량도 많아 모두가 농사에 매달리지 않아도 풍족한 식량이 확보되면서 드디어 제빵사, 건축가, 목축업자 등 전문 직업군이 탄생합니다. 또 잉여생산물이 늘어나자 이를 빼앗으려는 부족 간 전쟁이 이어지고, 무사 계급의 수장이 권력자가 되는 도시 문명이 만들어지니, 지금의 이라크 남부 지역에 우르(Ur), 우루크, 에리두(Eridu), 니푸르, 라가시(Lagash), 움마(Umma) 등 수만 명 단위의 도시국가가 서로 경쟁한 수메르 문명이 번성하여 바퀴, 전차, 숫자, 문자, 범선, 법전, 점성술, 청동무기 등 다양한 발명품들이 최초로 만들어지게 되지요. 🐷

또한 수메르 사람들은 가장 중요한 산업인 농사를 잘 짓기 위해 기후를 예측하고자 인류 최초의 학문인 천문학을 발전시키니, 지금도 사용하는 1시간은 60분, 1분은 60초, 원은 360도, 1년은 360여 일(음력) 등 60진법을 만들어냅니다. 오랫동안 60진법은 수메르 이후 등장하는 바빌로니아인들이 만들었다고 알려졌지만, 발굴이 이어지면서 수메르인들이 현재 우리가 쓰는 시간 계산법을 처음 사용했다는 것을 알게 되었지요. 🐻

이 외에도 봄이 오면 북쪽 산악지대에서 녹은 눈이 홍수를 유발하기에 권력자는 수로시설 정비 등 치수 사업을 중요시하게 됩니다. 이를 위해서는 정확한 거리 및 면적을 측정하는 것이 중요했는데, '피타고라스의 정리'도 이미 이들이 알고 있었다는 사실이 밝혀졌으니 피타고라스보다 1100여 년 앞선 셈입니다. 🐻

참고로 피타고라스는 그리스 수학자로만 알려져 있는데, 실제로는 과거 메소포타미아의 지식을 재발견하여 이를 토대로 새로운 종교 운동을 펼치다가 살해당한 종교 지도자이기도 했습니다. 🐨

또한 이들 권력자들은 자신의 권력을 놓지 않고 백성을 다스리기 위해 종교를 적극 활용합니다. 수메르인들은 밤하늘의 별을 보다가 영감을 받아 하늘에 사는 양치기의 신 '두무지(Dumuzi)'와 여신 '인안나(Inanna)'가 1년에 한 번씩 신성한 관계를 맺어야 다산과 풍년을 보장받는다는 신화를 만들어냅니다. 그래서 매년 축제 기간에 왕과 왕비가 두무지와 인안나로 분장해 등장하는 화려한

인안나와 두무지의 결혼 조각
(출처 _ 위키피디아)

의식을 열었는데, 이를 위해 지구라트(Zigguart)라는 신전을 건설해 왕은 '신이 선택한 자'라는 권위를 부여합니다. 실제로 현재 남아 있는 가장 큰 유적인 우르의 지구라트 유적은 높이가 50미터나 되는데, 우리에게 더 널리 알려진 건《성경》에 나오는 바빌론의 바벨탑(Tower of Babel) 지구라트이긴 하지요. 🐻

그런데…, 어째 두무지와 인안나라는 캐릭터 설정이 익숙하지 않나요? 맞아요. 동아시아 '견우와 직녀' 이야기의 원형이 아닐까 추정한다고 합니다. 🐻

이라크 남부, 우르의 지구라트 유적
(© Hardnfast) (출처 _ 위키피디아)

지구의 자전축이 기울어져 발생하는 세차운동으로 인해 1만 2천여 년 전에는 직녀성(베가)이 하늘의 북극에 위치해 있었기에 밤하늘을 보며 하늘의 뜻을 좇던 고대인들은 북극성인 직녀성을 최고의 신이자 겨울이 지나 매년 봄이면 새로운 곡식을 잉태시키는 여신이라고 여겼다고 합니다.

수수께끼의 수메르인

이처럼 인류 최초로 도시 문명을 일궈낸 메소포타미아 문명 건설자들이 스스로를 '수메르'라고 불렀다는 건 가리지날이에요. 🐻

　당초 이집트 고대 기록에 나오는 아카드, 아시리아, 바빌로니아 유적을 찾아 이라크 북부 지역을 발굴하던 19세기 유럽 고고학자들은 메소포타미아 역대 제국이 남긴 기록에 나오는 예전 남쪽 도시국가들에 대해 주목하게 되는데요. 특히 《성경》에 기록된 유대인들의 시조, 아브라함(Abraham)의 고향이라고 기록된 우르를 비롯해 우루크, 에리두, 니푸르 등 도시국가 간의 치열한 경쟁과 전투 기록이 나오면서 관심이 증폭되자, 1869년에 에른스트 오페르트(Ernst Jakob Oppert)가 당시까지 뭐라고 불러야 할지 몰랐던 이 수수께끼 종족의 이름을 제안합니다. 오페르트는 이라크 북쪽 아카드 제국이 남부 도시국가들을 점령하면서 아카드어로 기록한 '남쪽 사람들(Su(남쪽)+Mer(사람))'이라는 의미의 '수메르'라는 용어를 차용해 부르자고 유럽 고고학회에 제안했고, 이것이 지금까지 통용되고 있는 거죠.

　이후 추가된 유물을 통해 당시 수메르인들은 스스로를 '키엔기르(Kienkir)'라고 불렀다는 사실을 알게 되지만, 워낙 오랜 기간 수메르라고 통칭되다 보니 여전히 수메르로만 알려져 있죠. 🐻

　그런데, 수메르라는 명칭을 제안한 오페르트라는 학자 이름이 왠지 낯설지 않다고요? 네. 맞아요. 1868년 고종(高宗)의 할아버지, 남연군(南延君)의 묘를 도굴하려다가 도망간 바로 그 인간이거든요.

에른스트 오페르트
(출처 _ 위키피디아)

그 사건으로 인해 그전까지 개항에 부정적이지 않았던 흥선대원군(興宣大院君)이 '양놈은 일국의 군주 조부 묘를 감히 도굴하는 짐승 같은 존재'라고 믿게 되어 조선이 개항을 늦추게 되는 결과로 이어지지요. 당시 분노한 조선은 청나라에 이 사건을 해결해 달라고 요청해 청 정부가 상하이에 있던 프로이센 영사관에 대신 항의하자 심각성을 느낀 프로이센 본국에서 오페르트를 소환해 실형을 선고하고 옥살이를 시키며 대신 사과하지요. 당시 프로이센 국민들은 "유대인 오페르트가 프로이센을 국제적으로 망신시켰다."며 그렇지 않아도 안 좋게 인식하고 있었던 유대인에 대한 반감이 더 커졌다고 하니, 한국인에게나 유대인에게나 아주 크게 폐를 끼친 인물이네요.

오페르트가 수메르인이라 부르자고 해서 통용되고는 있지만, 정작 그들이 스스로를 뭐라고 불렀는지 뒤늦게 알게 된 이유가 있어요. 수메르인들은 BC 3300년경 인류 최초의 문자, 수메르 설형문자(楔形文字, 쐐기문자)를 발명하는데, 돌이나 파피루스에 기록한 이집트 문명이나 거북 등에 갑골문을 새긴 황하 문명과 달리 설형문자를 점토판에 기록했어요. 하지만 세월이 지나 수메르 유적 지대가 잦은 범람으로 점토판이 녹아 없어지는 바람에 1500여 장 정도만 겨우 찾아낼 정도로 수메르인들이 남긴 기록물을 찾기가 어려웠던 겁니다. 그러다 보니 지금도 메소포타미아 북부 건조 지역에서 찾아낸 수메르 시대 이후 아카드, 아시리아, 바빌로니아의 점토판에 더 의존할 수밖에 없는 상황입니다. 🐻

다행인 것은 아시리아와 바빌로니아인들이 만든 《아카드-수메르어 사전》을 발견해 난해한 수메르 설형문자를 해독할 수 있게 되었죠. 이를 통해 수메르 문명이 메소포타미아 문명의 시초였음이 밝혀졌는데, 특이한 점은 아시리아 니네베(Nineveh) 도서관(아슈르바니팔 도서관이라고도 함) 유적에서 발견한 점토판을 해석해보니 "나는 글의 비밀을 전수받았다. 나는 복잡한 수메르 시대의 점토판을 읽을 수 있다. 또한 대홍수 이전 시대의 비석에 새긴 수수께끼 같은 글도 해독할 수 있다."라는 구절이 나왔고, 따라서 대홍수 이전에도 수메르 문명이 존재했다는 것을 알 수 있다고 합니다. 🐱

게다가 수메르 설형문자를 처음 해석한 아르노 푀벨의 분석에 의하면, 수메르어는 인도-유럽어족과 달리 어근에 접사가 첨가되고 서술어가 뒤에 배치된다는 점에서 현재 한국어, 일본어, 터키어, 몽골어, 만주어와 유사한 문장 구조라는 사실이 밝혀집니다. 🐱

하지만 이 같은 특성은 이후 아시아 각국에서 유사역사학자들의 찬란한 고대 역사 만들기에 요긴하게 이용당하고 있지요. 🐻

사르곤 1세, 주몽 설화의 오리지날 스토리를 만들다

메소포타미아 문명은 이집트와 달리 사방이 뚫린 지역이어서 강력한 세력이 등장하면 곧장 지배자가 바뀌는 복잡한 역사로 점철되어 있습니다.

처음에는 BC 5000년경 수메르인이 두 강 하류에 정착해 2천여 년간 각 도시국가 간 교역로와 비옥한 토지를 확보하려는 치열한 전쟁을 통해 상대방을 속국으로 만드는 과정이 이어집니다. 당시 가장 큰 수메르 도시는 우루크였는데 최대 5만 명이 살았다고 하지요. 우루크인들은 서쪽으로는 이집트, 동쪽으로는 인도까지 광대한 교역로를 통해 부를 쌓았지만 5대왕 길가메시 이후 쇠퇴하면서 수메르 도시국가 간의 쟁패가 다시 시작됩니다.

이 같은 균열이 생기자 수메르 세력권 북방으로 이주해 온 바빌론, 아카드, 아시리아, 히타이트 등 다른 민족이 발흥하기 시작하고, BC 2340년 아카드 왕국의 사르곤 1세(Sargon I) 황제가 처음으로 이륜 마차를 개발해 기존의 사륜 마차보다 신속한 기동력을 확보하자 수메르 각 도시국가를 점령하기 시작합니다. 결국 사르곤 1세 황제는 10년 만에 서쪽으로는 시리아, 동쪽으

아카드 제국 영토
(출처 _ kahnacademy.org)

로는 엘람(Elam, 이란 서부 고원지대)까지 정
복하며 인류 최초의 제국, 아카드 제국이
탄생하죠.

　그런데 이 세계 최초의 제국 건설자 사
르곤 1세는 매우 흥미로운 인물입니다.
원래 수메르 북쪽 도시국가 키쉬(Kish)의
귀족이던 사르곤은 반란을 통해 키쉬
왕좌를 차지한 뒤 전문 군사조직을 육
성해 단숨에 메소포타미아 일대를 평정

사르곤 1세 청동 두상
(출처 _ www.worldhistory.org)

하고 스스로 '4계절의 왕'이라 칭하지만, 왕위를 찬탈한 자신의 어
두운 과거가 알려지는 것이 이롭지 않다고 생각해 자신의 탄생 신
화를 만들어냈어요. 🐻

　그가 스스로 만든 탄생 신화는 이렇습니다.

　사르곤 1세는 신의 뜻에 따라 키쉬 왕국 여사제에게 잉태된 '신의 아
　들'이었습니다. 하지만 처녀가 아이를 낳았다는 사실이 알려질까 두
　려워진 여사제는 아이를 갈대 바구니에 넣어 유프라테스 강에 띄워
　보내고 말지요. 하지만 곧 키쉬 왕궁의 정원사가 강에서 바구니를 발
　견해 아이를 키웠는데, 어느 날 풍요의 여신, 이슈타르(Ishtar)가 홀연
　히 나타나 '신의 아들'이라고 축복해주었다네요. 이 광경을 본 키쉬
　왕이 후계자로 삼으니 훗날 왕위에 올라 신의 뜻에 따라 세상의 주인

이 되었다고 널리 알립니다. 🐻

어디서 본 스토리 같다고요? 네…, 맞아요. 《성경》 속 모세 (Moses), 로마의 건국자 로물루스(Romulus)와 레무스(Remus) 형제, 부여 건국자 동명왕(東明王), 나중에 이 부여 신화를 따와서 아예 왕 호칭까지 동명성왕이라 바꾼 고구려 주몽왕(朱蒙王), 그리고 20세기 미국의 슈퍼맨에 이르기까지 이 스토리가 아주 요긴하게 변형되어 재활용됩니다. 🐻

세계 최초는 아니지만 대단한 함무라비 법전

그런데 세계 첫 제국이 된 아카드 제국은 지나친 무력 통치로 반발

함무라비 시대의 바빌로니아 영토
(출처 _ 위키피디아)

을 샀고 메갈라야 대가뭄까지 닥쳐 결국 사르곤 1세가 죽은 뒤 얼마 지나지 않아 수메르 지역 우르(Ur) 왕조가 다시 600여 년간 주도권을 잡아요. 하지만 고(古)바빌로니아 제국이 일어나면서 수메르인들의 패권은 영원히 상실되고 맙니다. 🐻

BC 1800년대 등장한 고바빌로니

아 제국은 수메르 서쪽 아모리인들(Amorite)이 주축이었는데, 옛 아카드 제국과 수메르 지역의 중간인 바빌론(Babylon)을 수도로 삼습니다. 이들은 6대 함무라비 왕(Hammurabi, 재위 BC 1792 ~ BC 1750)에 이르러 메소포타미아 일대를 제패하며 언어, 달력, 도량형을 통일합니다. 물론 그중 가장 유명한 건 뭐니 뭐니 해도 '눈에는 눈, 이에는 이'로 알려진 함무라비 법전(Code of Hammurabi)이지요. 🐻 함무라비 왕은 말년에 절도, 군법, 상업 및 농업 분쟁, 채무, 이혼, 상속, 무고죄까지 무려 282개 법 조항을 제정해 제국 곳곳에 돌기둥으로 새겨 동일한 법 적용이 가능케 합니다.

이 함무라비 법전은 1901년 프랑스 고고학자 자크 드 모르간 (Jacques de Morgan)이 페르시아 고대도시 수사(Susa)에서 석판 조각을 발굴했는데, 조각난 돌들을 이어 붙여보니 2.25미터 높이의 돌기둥이 되었고, 이를 분석한 바 그때까지 발견한 인류 최초의 법률이었던 거예요. 🦉 이게 얼마나 대단한 거냐면, 우리나라 고조선에는 8조법이 존재했고, 유대인들은 10계명, 훗날 BC 451년 로마 공화정의 첫 법률도 12조항에 불과했으니, 282

프랑스 루브르 박물관에 전시 중인 함무라비 법전 돌기둥 (출처 _ 위키피디아)

조항이나 되는 법전을 가진 바빌로니아는 엄청난 선진 문명이었습니다. 이후 성문법으로서 함무라비 법률보다 더 상세한 법률은 1804년 프랑스 나폴레옹 법전이 발간된 후에야 가능했으니, 법률 면에서는 유럽 문명보다 무려 3500여 년 앞선 겁니다. 🐻 그중 무엇보다 '눈에는 눈, 이에는 이'로 대표되는 이 법률이 가지는 의미는, 신분과 상관없이 동일한 처벌을 적용한다는 것이기에 약자를 보호하기 위한 법률이라는 의의가 있는 것이죠 🐻

그래서 여러 세계사 교과서에 인류 최초의 법률로 수록되어 널리 알려졌지만…, 이건 가리지날! 1952년에 수메르 우르 제3왕조 우르 - 남무 왕(Ur - Nammu)이 BC 2050년에 공표한 '우르 - 남무 (The Code of Ur - Nammu) 법전'이 발견되었거든요. 🐻 57개 항으로 구성된 이 법전을 통해 함무라비 법전의 상당수 내용이 이 수메르 법전과 아카드 법전을 비교 분석해 통일한 것으로 추정된다고 하니, 당시 메소포타미아 문명 수준은 실로 상상 이상으로 정교했네요. 게다가 아직 실물이 발견되지 않았지만 문헌 상으로는 이보다 더 앞선 '우루카기나(Urkagina) 법전'도 존재했다고 하니, 앞으로도 인류 최초의 법전 기록은 갱신될 가능성이 커 보입니다. 🐻

우르-남무 법전 (이스탄불 고고학박물관 소장) (출처 _ 위키피디아)

철기 문명을 전파한 히타이트 제국

하지만, 바빌로니아의 시대는 채 300년이 되지 못했으니…, BC 1500년경 아나톨리아 고원에서 철기 문명을 일군 히타이트(Hittite) 제국이 철제 무기와 전차로 밀고 내려와 그동안 수메르, 아카드, 아모리 등 셈족(Semites)이 아닌 중앙아시아 인도-유럽어족 아리아인들의 첫 메소포타미아 정복이 이뤄집니다. 🐻

이때 등장한 아리아 민족은 메소포타미아 일대는 물론 이란을 지나 인더스 문명을 이룬 드라비다족(Dravidian)을 몰아내어 인도 북부를 차지하게 되고, 서쪽으로는 유럽으로 진출해 게르만족(German)의 조상이 됩니다. 그래서 나치 독일이 독일인들이야말로 아리아족의 정통 후예라며 민족적 우수성을 내세워 유대인과 집시를 학살하는 비극을 초래하지요. 🐱

우리는 흔히 히타이트라고 하면 철제 무기로 폭압 정치를 한 무식한 집단이라고 생각하는데, 의외로 권력이 분산되어 귀족회의를 통해 의사 결정을 하고, 나름 법 체계를 갖추었다고 합니다. 이후 히타이트 무와탈리스(Muwatallis) 왕 시절에 지금의 시리아 지역까지 진출한 이집트와 전쟁을 펼치게 되니, BC 1286년에 첫 세계대전이라 불리는 카데시 전투(Battle of Kadesh)가 전개됩니다. 당시 맞서 싸운 이집트 파라오가 그 유명한 람세스 2세(Ramesses II)죠. 🐻

그 전투 당시 초반에는 히타이트가 유리했지만 이집트 속국이

이집트 아부심벨 사원에 그려진 람세스 2세의 전투 장면 (출처 _ 위키피디아)

던 가나안(Canaan)군이 기습하면서 승패를 가리지 못한 채 첫 국제 평화조약을 맺게 되고, 두 나라 모두 자신들이 승리했다고 기록하지요. 🐻 이처럼 맹위를 떨치던 히타이트는 카데시 전투 이후 수수께끼의 해양 민족(Sea people)의 약탈에 시달리게 되고, 급기야 BC 1190년경 히타이트 수도까지 해적들에게 약탈당한 뒤 곧 멸망하고 맙니다.

당시 이집트와 히타이트 제국 사이에 끼인 페니키아(Phoenicia) 지역(지금의 시리아, 레바논) 지중해 도시국가들인 우가리트(Ugarit), 티레(Tyre), 시돈(Sidon), 비블로스(Byblos), 베리투스(Berytus) 사람들은 이 혼란기에 지중해 곳곳으로 피난을 가 식민도시를 개발하기 시작하는데, 훗날 로마와 세 차례 포에니 전쟁(The Punic Wars)을 치르는 카르타고도 이 시대에 건국됩니다.

또 페니키아 도시국가인 비블로스인들이 만든 문자가 이후 그리스, 로마 문자로 발전하게 되면서 각종 책자들을 이 도시의 이름인 '비블로스(Biblos)'라고 부르게 되고, 이후 이 단어가 영어로 '바이블(Bible)'이 되지요. 🐻

아시리아 제국이 던진 작은 돌

이 수수께끼의 해양 민족에게 히타이트가 무너진 뒤 패권을 잡은 나라는 아시리아 제국(Assyrian Empire)이었습니다. 🐻

BC 1100년경 옛 히타이트 영토로 확장하며 패권을 차지한 아시리아 제국은, 원래 티그리스 강 상류 아수르(Ashur) 지역에 살던 셈족 – 아리아족 혼혈인 아수르족이 BC 2500년경 세운 나라인데, 1400여 년간 아리아족 국가 '미탄니(Mittani)'에 눌려 지내던 약소국이었습니다. 그러다가 히타이트가 미탄니를 공격한 틈에 강력한 전제군주제를 확립하고, 전 국민 징병제도를 실시하며 군사 강국으로 도약하게 되지요. 이들은 이후 수백 년간 끊임없는 영토 확장을 전개하니, BC 689년 바빌론 함락, BC 671년 이집트 정복, BC 639년 엘람(이란)을 정복하기까지 300여 년 동안 단 한 차례도 패배하지 않고, 역사상 최초로 메소포타미아, 레반트, 이집트, 이란까지 오리엔트 전 지역을 통일합니다. 🐻

하지만 강압 통치로 반란이 빈발하게 터져 결국 BC 612년 수도 니네베가 신(新)바빌로니아(Neo-Babylonia)와 메디아(Medes) 연합군에 함락당하고, 이후 이집트, 신바빌로니아, 메디아, 리디아(Lydia) 4강 체제로 접어들지요. 이중 지금의 튀르키예 땅을 근거지로 하는 리디아 왕국은 세계 최초로 화폐를 발명한 나라로 유명하지요. 🐻

이후 다시 메소포타미아 지역은 BC 626년에 건국된 신바빌로니아 제국이 차지하는데, 제2대 네부카드네자르 2세(Nebukadnessar, 《성경》속 '느브갓네살') 왕이 유대 왕국 및 이집트를 정복하고 유대인들을 수도 바빌론으로 끌고 가는 '바빌론 유수(幽囚)'를 단행합니다. 또한 아내를 위해 세계 7대 불가사의 중 하나인 공중정원(Hanging Garden of Babylon)을 건축하지요. 🐻

바빌론 공중정원 상상도 (© Martin Heemskerck) (출처 _ worldhistory.org)

하지만 그 영광은 오래가지 못했으니 BC 539년 자그로스 산맥 너머 동쪽 페르시아인들이 드디어 흥기합니다. 이 아케메네스(Achaemenid) 왕조 페르시아는 BC 559년부터 30년간 통치한 키루스 2세(Cyrus the Great) 황제 시절 메디아, 리디아, 신바빌로니아를 정복하지만, 포용 정책으로 피지배 민족의 종교를 존중함으로써 바빌론 유수에서 해방시키고 예루살렘 신전 재건까지 도와줍니다. 이런 키루스 2세를 유대인들은 기름 부은 자, 즉 '메시아(Messiah)'라 칭송하기까지 하죠.

이후 페르시아 제국은 키루스 2세의 아들 캄비세스(Cambyses)가 이집트를 정복하지만 사망 후 6개월간 내전을 거쳐 친위대장 다리우스(Darius)가 새 황제 다리우스 1세로 등극하며 혈통이 바뀐 뒤, 인도부터 메소포타미아, 이집트, 아나톨리아 고원, 그리스 북부, 아프리카 리비아까지, 그때까지 유래 없는 최대 제국을 완성합니다. 또 20개 구역에 총독을 파견하고 처음으로 '왕의 길(Royal Road)'이라는 포장도로를 건설하는 등 행정망, 통신망을 완벽히 정비해 통치 인프라를 구축하면서 메소포타미아 문명의 마지막 대제국을 건설합니다. 🐻

하지만 이후 다리우스 2세(Darius II)와 크세르크세스(Xerxes)가 그리스 침략에 실패한 후 천재 정복왕 알렉산더에게 멸망당하며 드디어 메소포타미아 문명은 종말을 고하게 됩니다.

다 아는 얘길 뭘 그리 길게 설명하느냐고요? 🐻

그게 말입니다~, 이 복잡한 왕조 변천 이야기 중 BC 722 ~ BC 705년에 재위한 아시리아 사르곤 2세 (Sargon II)황제를 주목해 봐야 해서 그렇습니다. 그는 북쪽으로 진출해 지금의 아르메니아 지역에 살던 스키타이족을 몰아냅니다. 스키타이인들은 아시리아의 공격으로 뿔뿔이 흩어져 서쪽으로는 러시아 남부, 폴란드, 독일 북부로 이동하고, 동쪽으로는 몽골 초원을 거쳐 1천여 년 뒤에는 한반도 남부 신라에 황금 칼과 금관

아시리아 사르곤 2세(오른쪽)와 서기관 조각판 (프랑스 루브르 박물관 소장) (출처 _ worldhistory.org)

문화를 전파하게 되니, 아시리아가 던진 작은 돌이 파장을 일으켜 찬란한 신라 문명으로 연결되는 겁니다. 🐻 그렇습니다. 우리나라 고대사는 메소포타미아 문명이 일으킨 파도가 닿은 마지막 종착점이었습니다. 믿기지 않는다고요? 🐻

우리 한국인은 동아시아 민족 중 가장 큰 키를 갖고 있습니다. 일제강점기를 거쳐 1970년대까지만 하더라도 국민들의 영양 상태가 상대적으로 나빠 일본인보다 잠시 평균 키가 작기도 했지만, 이후 영양 상태가 개선되며 다시 가장 큰 키를 자랑하고 있습니다. 그래서 조선 말기 동아시아 국가들을 방문한 서양인들 눈에도 한국인의 큰 키와 상대적으로 하얀 피부가 무척 인상적이었나 봅니다.

그러다 보니 문제적 인간, 오페르트는 말년에 회고록을 통해 "조선인들은 중국인, 일본인보다 더 키가 크고 피부가 하얀 것으로 보아 백인 또는 잃어버린 유대인 10개 지파의 후예라고 생각한다."는 가짜뉴스를 퍼뜨립니다. 실제로 당시 한국을 방문했던 백인들도 다들 유사한 주장을 했다고 하네요. 🐻

그런데, 신라, 가야 고분에서 출토한 유골의 DNA를 분석한 결과, 모계가 코카서스 인종, 즉 백인 계통이라는 사실이 드러나면서 신라 성골은 스키타이 부족이 아시리아를 피해 이동한 결과가 아닌가 하는 주장이 새로 주목받고 있는 상황입니다. 🐻

실제로 신라 금관을 써보면 좁아서 머리에 들어가지 않는다고 하는데, 신라 성골 계급은 스키타이인들처럼 아기가 태어나면 이

스키타이 금관 (출처 _ 위키피디아)

신라 금관 (출처 _ 위키피디아)

마에 돌을 얹어 뾰족하게 편두로 만들어 금관을 쓸 수 있도록 머리 형태를 다르게 해 일반 백성과 전혀 다른 외형을 가졌기에 스스로 '성스러운 뼈, 성골(聖骨)'이라 불렀을 것으로 추측하지요.

고고학자들의 발굴 결과, 황금 금관은 스키타이에서 시작해 중앙아시아 초원의 길을 따라 신라까지 특정 루트에서만 발견되며, 2009년 중앙대학교 생명공학과에서 신라 왕족 남녀 유골 DNA를 분석한 결과, 현대 한국인보다는 스키타이족과 가장 유사하다는 결과가 나온 바 있어요. 🐻

원래 스키타이 여성들도 남자와 동일하게 기마전사로서 전투에 참전했기에 그리스인들은 이들 여전사들의 나라 아마조네스(Amazones, 원조 아마존)가 존재한다고 상상했고, 최근 헐리우드 DC 유니버스에서는 원더우먼의 고향으로 소개되고 있습니다. 결국 알고 보면 신라 여왕들은 이들 아마조네스 여전사의 후손이었던 거예요. 🐻 (관련 내용은 《알아두면 쓸데 있는 유쾌한 상식사전》, '일상생활

고구려 무용총 벽화
(출처 _ antiguealive.com)

편'의 '우리 할매는 아마존 여
전사' 글을 참고하세요. 🐻)

또한 중국에서 자꾸 우
리나라 한복(韓服)이 중
국 한푸(漢服)를 베낀 것
이라고 억지 주장을 하는
데, 우리 민족 옷의 원류

또한 스키타이 투피스 복장이라고 합
니다. 수원대 김문자 교수, 국립민속박물관 최은수 학예연구관 등
한국 복식 전문가들은 유목 민족 복장은 몸에 꼭 끼고 발목이 좁아
지는 바지 등 기마 활동에 편리한 웃옷과 아래옷 조합이 특징이라
며, 당시 그리스식 복장이나 동일 시기 중국 복장과 완전히 달랐다
고 지적하고 있어요. 실제로 고구려 벽화 속 옷을 보면 남녀 모두
몸에 달라붙는 바지를 입고 있어 같은 시기 중국 복장과 다르다
는 것이 확인되지요. 🐻

어떻습니까? 아카드 제국 사르곤 1세의 탄생 신화는 부여, 고구
려 시조의 탄생 신화로 이어졌고, 아시리아 제국 사르곤 2세의 스
키타이 공격이 훗날 우리나라 복장과 금관, 신라 왕족 혈통까지 이
어졌으니, 그저 먼 옛날 고대 문명이라고만 여긴 메소포타미아 문
명과 우리 문화가 연결된다는 사실에 뭔가 짜릿하지 않나요? 🐻

02
고양이 집사의 원조, 이집트 문명

스펙타클한 메소포타미아 문명에 이어 아직도 외계인이 만든 문명 아니냐는 논란이 있는 이집트 문명 이야기를 해볼까 합니다. 🐻

이집트 문명은 지금도 거대한 피라미드 등 뚜렷한 유적이 남아 있고, 여러 파라오 미라들과 투탕카멘(Tutankhamun) 황금 가면 등, 수천 년간 유지해 온 독특한 양식의 유물들이 잘 보존되어 고대 문명 중 가장 강렬한 이미지를 보여줍니다.

기자 피라미드 (좌)(© Ricardo Liberto) , 투탕카멘 황금 가면 (우)(© Roland Unger) (출처 _ 위키피디아)

이집트 문명의 탄생 배경

이집트의 역사는 무척 깁니다. 무려 8000여 년 전부터 나일 강 유역에서 밀과 보리 농사가 시작되며 고대 문명이 싹트기 시작하고, 지금 봐도 엄청난 피라미드가 4300여 년 전에 건설될 정도로 경이로운 문명을 이룩하다 보니, 일부에서는 대홍수로 멸망한 아틀란티스 제국의 생존자들이 만든 문명이라고 하거나 심지어 외계인이 만들었다고 주장할 정도이지요. 🐨

이런 검증되지 않는 주장을 배제하고 진지하게 이집트 문명이 비약적으로 성장한 기본 토대를 살펴보면, 기후 변화와 지리적 영향이 매우 큽니다.

우선 기후 변화를 보면, BC 5200년경부터 기후대가 변하여 몬순기후대 초원이던 사하라 일대가 사막화되면서 당시 7천여 부락으로 추정되는 거주민들이 그나마 물이 풍부한 나일 강 유역과 북부 해안으로 몰리게 되고, 이집트와 카르타고를 제외한 지역은 유목민 생활로 되돌아간 것이 지금까지 이어지고 있어요. 🐻

또한 자연 환경 면에서도 뚜렷한 특징이 존재합니다. 나일 강은 두 개의 샘에서 흘러나온 물이 합쳐져 생긴 강인데, 동쪽은 청(blue)나일 강, 서쪽은 백(white)나일 강이라고 부르지요. 이 두 강의 출발지는 두 개의 판이 충돌해 생긴 동아프리카 지구대라는 거대한 고원 지대인데, 이중 영국인 탐험가 리빙스턴(David Livingstone)

이 유럽인 중에서 처음으로 발견한 빅토리아 호수에서 출발하는 서쪽 백나일 강 유역은 늘 일정한 강우량을 기록하는 반면, 동쪽 청나일 강의 출발점인 에티오피아 고원 타나(Tana) 호수 지역은 7~9월이면 집중 호우가 발생합니다. 이때 불어난

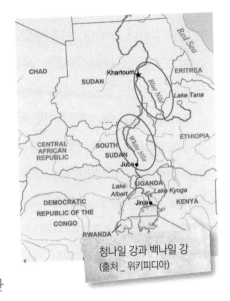

청나일 강과 백나일 강
(출처 _ 위키피디아)

물이 이집트에 도달하는 8~10월이면 홍수가 발생하는데, 강물과 함께 내려온 토사가 쌓이며 천연 비료 역할을 해 작물에 영양소를 빼앗긴 토지에 해마다 신선한 영양분을 선물해줍니다. 🐻

이에 적당한 기온과 풍부한 물, 기름진 땅으로 구성된 나일 강 주변은 세계 최대 규모의 삼각주를 형성하며 곡물 생산량이 많아, 약 1억 명에 이를 정도로 인구가 불어난 이집트는 아프리카 대륙의 나이지리아, 가나 일대와 더불어 가장 인구 밀집 지역이 되었습니다. 🐻

하지만 고대 이집트인들은 이 같은 기후의 특징을 알 리 없었으니, 매년 일정한 시기마다 벌어지는 홍수가 다 하늘의 뜻이라고 여겼고 이를 미리 예측하고 수습하는 파라오가 위대한 능력자라

고 믿은 겁니다. 그러니, 고대 이집트 세계의 지배자, 파라오에게는 언제 홍수가 날지 예측하는 것이 가장 중요한 능력이었고, 하늘의 뜻이 무엇인지 알고자 늘 하늘을 바라보면서 자연스럽게 천문학이 발전하게 되지요. 그러던 어느 날 밤하늘에서 가장 밝게 빛나는 별, 시리우스가 7월이면 태양과 동시에 동쪽 지평선에서 떠오르며 그후 얼마 뒤면 반드시 홍수가 난다는 사실을 발견하게 됩니다. 🐻

이처럼 관측으로 홍수를 미리 예측할 수 있게 된 파라오는 이 분석법을 극비사항으로 감춘 채 홍수의 시작을 선포하는 권능을 과시함으로써 우주를 관장하는 창조신 오시리스(Osiris)의 아들 '호루스(Horus)의 화신'이라는 신성한 권위를 보장받게 됩니다.

이에 시리우스와 태양이 만나는 간격을 계산해 1년은 365일이라는 태양력을 만들게 되는데, 우리나라처럼 4계절이 뚜렷한 기후대가 아니다 보니 1년을 4달씩 3개의 계절로 나누어, 7~10월은 아케트(Akhet, 범람기), 11월~2월은 페레트(Peret, 경작기), 3~6월은 셰무(Shemu, 수확기)로 인지했다고 합니다. 🐻

이처럼 동일한 현상이 반복되는 이집트의 자연 환경을 보며 인간도 자연처럼 죽은 뒤 다시 부활할 것이라고 믿게 되고, 이들의 신화, 종교, 정치, 문화 등 모든 분야에 대한 인식의 바탕이 되지요. 또한 홍수로 흙이 범람할 때마다 새롭게 토지를 구획해야 했으므로 삼각 토지 측량법이 발달하게 되고, 이를 바탕으로 발전한 기하

학은 파라오의 부활을 위한 피라미드 건설로 이어집니다. 🐻

이집트 고대 왕조의 시작

원래 나일 강 일대에는 상류의 상(上)이집트 왕국과 하류 삼각주 지대의 하(下)이집트 왕국이라는 두 나라가 있었습니다. 이중 상이집트는 BC 7500년경 시작되었고 하이집트는 BC 6000년경 시작된 후 3000년 가까이 경쟁하고 있었으니, 이 시기를 선왕조 시기라고 합니다. 다만 나일 강은 남쪽에서 북쪽으로 쭉 흐르는 강이라 지도에서는 상이집트가 아래쪽, 하이집트가 윗쪽에 표기되니 헷갈리면 안 돼요. 🐻

이처럼 오랜 기간 두 왕국이 경쟁하던 중 100여 년간의 전쟁 끝에 드디어 교역에 의존하던 상이집트가 BC 3150년에 비옥한 삼각주를 가진 하이집트를 정복하여 통일을 이루니, 이때부터 이집트 제1왕조라 부르게 됩니다. 이때는 아직 북극해 섬들에 마지

상이집트와 하이집트 중간에 세운 새 수도 멤피스 (© Bibi Saint-Pol)
(출처 _ 위키피디아)

막 매머드가 살아 있고 유럽은 아직 구석기 시대였는데, 나르메르 (Narmer) 왕은 상·하이집트의 경계 지역이던 나일 강 삼각주 시작 지점인 멤피스(Memphis, 지금의 카이로 근처)를 수도로 정합니다. 🐨

통일 이후 고대 이집트 역사를 구분할 때는 세 시기로 나눕니다. 약 1000년간 유지된 고왕국(BC 3100 ~ BC 2040, 제1 ~ 10왕조) 시기, 이어 제1중간기(BC 2200년경)를 거쳐 중왕국(BC 2040 ~ BC 1580, 제11 ~ 17왕조) 시기, 그리고 제2중간기를 거친 후 신왕국 및 후기왕국(BC 1580 ~ BC 30, 제18 ~ 31왕조) 시기로 구분합니다. 이 분류법은 현대 역사가들이 정한 것이 아니고, 이미 BC 3세기 고대 이집트 마지막 왕조인 프톨레마이오스(Ptolemaios) 왕조 시절의 역사가 마네토(Manetho)가 구분한 거예요. 클레오파트라(Cleopatra) 여왕이 태어나기도 전이지요. 다만 그의 기록에는 통일 왕조를 이룬 첫 파라오가 '메네스(Menes)'라고 기록되어 있어 여전히 일부 세계사 서적에서는 메네스라고 나오는데, 이후 추가 유물이 발굴되면서 통일 제1왕조 정복 군주는 나르메르라는 사실이 밝혀집니다. 다만 나르메르와 메네스가 동일인인지, 아버지와 아들 사이인지는 아직 모른다고 하네요.

이 시기의 유물로 가장 유명한 것은 대영박물관에 전시 중인 '나르메르 팔레트(Narmer Palette)'인데, 통일 군주 나르메르의 모습을 새긴 65센티미터 크기의 기념 화장판입니다. 긴 막대를 들고 있는 중앙의 큰 인물이 상이집트 나르메르, 머리가 잡힌 채 무릎을

나르메르 팔레트의 앞면(좌)과 뒷면(우)
(출처 _ 위키피디아)

꿇은 이가 하이집트 마지막 군주 위시(Wash)라고 하네요. 1897년 발견 당시 무려 5천 년이 넘는 시간이 흘렀음에도 완벽한 이 유물을 통해 이미 얼굴은 옆모습, 눈은 정면, 어깨와 몸은 정면, 팔과 다리는 옆으로 그리는 고

대 이집트 미술 양식이 완성된 것을 알 수 있었다고 합니다. 🐨

그런데 이 통일 왕국의 첫 파라오 나르메르의 사망 원인은 꽤 충격적입니다. 마네토의 기록에 따르면, 어떤 이유에서인지는 몰라도 나일 강에서 하마에 물려 죽었다네요. 🐨 지금도 아프리카에서 가장 사람을 많이 해치는 동물이 하마인데, 하마는 자신의 영역 안에 들어온 침입자는 악어건 사자건 가리지 않고 공격하는 특성이 있는데, 하마가 있는 줄 모르고 신성한 나일 강에서 목욕재개하다가 공격을 받아 허망하게 사망할 수 있다는 점, 명심하세요~. 🐨

파라오의 나라

고대 이집트의 군주는 '파라오(Pharaoh)'라고 불린다는 건 잘 아실

거예요. 원래 파라오는 '커다란 집'이라는 의미에서 파생되었다고 하는데, 이는 정치, 종교, 문화, 사회, 경제 등 모든 영역을 다 관장하기 때문에 그렇게 불렸다고 하지요. 이집트 통일 왕조의 시작인 고왕국 파라오들은 스스로를 오시리스의 아들 '호루스'라고 포장하고 홍수를 미리 예측하는 능력을 과시함으로써 중앙집권을 강화하고 철저한 계급 사회를 이룩합니다.

이때 이집트 사회는 7단계로 신분이 나뉘어 있었고 전 국토를 42개의 놈(Nome)이라는 단위로 구분(상이집트 22개, 하이집트 20개)하고 총독 노마치(Nomarch)를 파견해 다스립니다. 아직 타 문명과의 접촉이 없었던 터라 꽤 세분화된 사회 구조가 오랫동안 유지되었나 봅니다. 즉, 가장 높은 지위를 가진 파라오 등 왕족(제1계급)에 이어 제사장 및 귀족(2계급), 서기관(3계급), 군인(4계급), 상인(5계급), 농부(6계급), 노예(7계급) 순이었는데, 이집트를 통일한 상이집트가 원래 교역 중심 국가였기에 상인이 농부보다 더 지위가 높았다고 하지요. 🐨

하지만 아무리 상업을 더 우대했다 하더라도 일단 먹을 식량이 확보되어야 하기에 파라오는 홍수를 미리 예측하여 피난 준비를 시키고 홍수 이후 범람된 땅을 재분배하는 것이 가장 큰 숙제였고, 천문학과 지리학이라는 과학적 도구를 활용해 본인의 신성한 권력을 유지합니다.

이집트에서 보듯 일단 백성들을 먹고살게 해주는 것이 지도자의 최고의 존재 이유입니다. 특히 제사장 역할을 겸임했던 고대 왕조 권력자는 그들만이 알고 있던 과학의 힘이 종교 등 타 능력보다 더 우선될 수밖에 없었습니다. 우리 역사에서도 신라 첨성대 건축 이후 고려, 조선시대에도 궁전 근처에 천문 관측대를 두었습니다. 현재 서울에도 경복궁과 창덕궁 사이, 현대그룹 사옥 앞에 경주 첨성대를 축소한 모습의 조선 관천대(觀天臺)가 서 있다는 사실만 봐도 알 수 있습니다. 🐻

너무나 재미있는 이집트 종교

그런데 아까부터 자꾸 파라오가 스스로를 오시리스와 호루스의 화신이라고 주장했다는데 과연 오시리스는 어떤 신이었을까요? 저만 궁금한 건가요? 🐻

잠시 고대 이집트 종교 얘기를 해볼까 합니다. 🐻

초기 이집트 신앙은 다신교였는데 태초에 처음 탄생한 창조신은 뱀 모습을 한 아툼(Atum) 신이었어요. 이 신은 우주의 창조자이며 아톤(Aton), 아멘(Amen), 아몬(Amon), 아몬 라(Amon Ra) 등 여러 이름으로 불렸습니다. 고대 신들은 이름을 수십 개씩 가지고 있어 매우 혼란스러운데, 이는 신의 이름을 다 아는 인간은 엄청난 힘을 얻게 된다고 여

졌기에 상황에 따라 일부 이름만 알려줘서 그렇다고 합니다. 현재까지 알려진 아툼의 이름은 75개라고 하네요. 🐻

이처럼 이집트에서는 창조의 신이자 태양신인 아툼 외에도 지혜의 신 토트(Thoth), 공기의 신 슈(Shu) 등 다양한 신이 존재했는데, 어느 날 공기의 신 슈에게서 땅의 신 게브(Geb), 하늘의 여신 누트(Nut)가 태어나니 남매이자 연인이었다고 합니다. 왠지 대홍수의 남매 신화랑 유사한 느낌이 들죠? 🐻

이 둘이 너무 사랑한 나머지 꼭 붙어다니는 바람에 하늘과 땅이 붙어 곡식이 자라지 않는 불상사가 생깁니다. 이에 인간 세상을 만든 창조주 아툼이 남매의 아버지, 슈에게 명령해 강제로 남매를 떼어놓으니, 누트의 손 끝은 동쪽 끝, 발끝은 서쪽 끝이 되었고 아버지 슈는 그 둘을 계속 떼어놓으려고 둘 사이에 자리하며 본의 아니게 공기의 신이 되었다고 합니다. 🐻

이집트인이 상상한 세계, 게브와 누트
(© E.A. Wallis Budge) (출처 _ 위키피디아)

이때 지혜의 신, 토트는 억지로 이별한 게브와 누트가 불쌍하다고 생각해 5일간 만날 수 있도록 해 달라고 아툼에게 요청합니다. 이 장면에서는 견우직녀 신화가 떠오르네요. 그래서 이집트에서는 태양과 시리우스의 간격을 계산해 정확히 1년은 365일이라고 계산하는데, 한 달은 30일로 통일하고 마지막 5일은 게브와 누트가 만나는 기간으로 간주해 축제를 벌였다고 하네요. 그리고 창조주가 6일간 세상을 만들고 마지막 하루를 쉬었다는 창세기 기록에 따라 일주일 간격으로 쉬는 날이 정해진 지금의 서구 기독교 문명과 달리, 8일 일하고 2일 쉬는 형태로 운영했다고 합니다.

그런데 누트와 게브는 단 5일간의 만남에서 무려 3남 2녀를 낳는 놀라운 생산력을 선보입니다. 참 부지런하셨어요…. 🐻

어쨌거나 벼락치기로 태어난 5남매는 각각 오시리스, 대(大)호루스, 세트(Seth), 이시스(Isis), 네프티스(Nephthys)였는데, 그중 맏아들 오시리스가 이집트를 다스리는 신이 되어 인간들에게 농사를 가르쳐주었다고 하지요. 오시리스는 부모의 전통을 이어받아 여동생 이시스와 결혼하는데 사막을 다스리는 동생 세트가 이를 질투합니다.

남동생이 질투하는 줄 꿈에도 모른 오시리스가 아내인 이시스에게 대신 이집트를 통치하도록 지시하고는 본인은 다른 세상까지 문명 세계로 교화하고자 길을 떠납

이시스, 네프티스와 함께 있는 오시리스
(대영박물관 소장) (출처 _ 위키피디아)

니다. 그후 세월이 흘러 오시리스가 되돌아오자 세트가 귀국 환영 파티를 열어줍니다. 한창 파티가 무르익자 세트는 연회장 한가운데에 관 하나를 떡 하니 놓더니, "이 관에 딱 맞는 이에게 선물로 주겠다." 고 제안하지요. 그러자 세트의 친구 72명이 누워보지만 아무도 그 관에 맞지 않았는데, 마지막으로 누워본 형 오시리스가 딱 들어맞자 그대로 관을 닫아 못을 박고 무거운 납을 매달아 나일 강에 내다버리고 이집트를 차지하고 맙니다.

신데렐라 흑화 버전 같은 이 황당한 사건이 터지자 이시스는 남편을 찾아 헤매다가 결국 페니키아(지금의 레바논) 해안까지 떠내려간 관을 기어코 찾아내어 모셔오지만, 세트가 다시 사체를 빼앗아 14조각으로 잘라 곳곳에 묻어버립니다. 정말 독하죠? 🐻

하지만 굴하지 않은 이시스. 다시 조각을 일일이 찾아나서는데, 13조각만 찾고 결국 남성의 상징만은 찾지 못하자 훗날을 기약하며 시신에 기름을 바르고 향료와 약재를 써서 썩지 않게 만드니 오시리스는 최초의 미라가 되지요. 🐻 이시스는 오시리스를 미라로 만든 뒤 화합과 모임의 여신이자 세트의 부인이 된 여동생 네프티스의 도움을 받아 영원한 생명을 기원하는 의식을 올려 오시리스를 부활시킵니다. 하지만 부활한 오시리스는 "나의 명예가 회복되지 않는 한 지상에 있지 않겠다."며 저승 세계로 돌아가 죽은 자들의 왕이 되고 맙니다. 거 정말이지 형제 아니랄까 봐 둘 다 옹졸하네요. 🐻

이에 한을 품은 이시스는 마법을 이용해 오시리스와 관계를 맺어 아들 호루스(삼촌 호루스와 구분하기 위해 소(小)호루스라고 함)를 갈대밭에서 혼자 낳으며 복수를 다짐하게 됩니다. 🐻 건강하게 자란 아들 소(小)호루스는 아버지의 복수를 위해 삼촌 세트와 결전을 벌이지만 결판이 나지 않아 결국 아툼에게 공정한 심판을 호소합니다. 하지만 법정에 나온 신들이 두 편으로 나뉘어 변호하고 아툼 역시 노쇠하여 판결이 나지 않자, 저승의 신, 오시리스가 결국 증인으로 나타납니다. 그간의 상황을 보다가 분노한 오시리스는 "반역자 세트의 처단에 동참하지 않는 신은 내가 저승으로 갈 때 같이 가야 할 것이야!"라고 엄포를 놓자 그제야 다들 호루스 편을 들어 세트가 처벌받게 됩니다. 어째 신들의 세상도 엉망인 것 같기는 한데, 이 재판 이후 호루스는 아버지의 뒤를 이어 이집트 왕이 됨과 동시에 노쇠한 아툼을 대신해 태양신 라의 위치도 차지하게 되었다고 하지요.

여기서 세트의 처벌에 대한 내용은 버전이 다양한데, 그 자리에서 죽였다거나 신의 세계에서 쫓겨났다거나 쇠사슬에 꽁꽁 묶여 오시리스의 돛단배에 바람을 불어주는 바람의 신이 되었다는 결말 등이 존재한답니다. 🐻

이처럼 다양한 버전이 전해지는 건 이집트에서 미라와 함께 《사자(死者)의 서(書)(The Book of the Dead)》를 묻었기에 다양한 판본이 존재해서 그렇습니다. 원래 이 책 이름의 의미는 '낮에 다시 나오기 위한 주문들'인데, 이 책을 가지고 여러 심판을 슬기롭게

이집트 《사자의 서》 (© BD_Hunefer) (출처 _ 위키피디아)

넘어가게 하기 위함이라고 합니다. 동양에서는 저승에서 심판할 때 돈을 줘서 잘 해결하라고 노잣돈을 챙겨 드리는데 말이죠. 🐻

그런데 이 오시리스 신화가 어쩐지 좀 익숙하지요? 네. 셰익스피어(Shakespear)의 《햄릿(Hamlet)》, 디즈니의 '라이온 킹'에서 억울하게 죽은 아버지를 위해 절치부심한 주인공이 삼촌에게 복수하는 구도가 바로 이 신화를 기반으로 하고 있어서 그런 겁니다. 🐻

이 같은 오시리스 신앙이 이집트에 정착하면서 파라오는 스스로를 살아 있을 때는 호루스로서 다스리고 죽은 뒤에는 오시리스가 되어 저승을 다스린다고 믿도록 만들었기에, 피라미드와 같은 대규모 토목공사에 백성들이 기꺼이 참여했을 거라고 합니다. 다만 1부 대가뭄 이야기에서 얘기한 것처럼, 어느 날 닥친 대가뭄이 이 같은 신앙을 송두리째 파괴하고 말지만요. 🐻

그래도 대가뭄 이후에 다시금 매년 나일 강이 넘치는, 재앙 뒤 풍년이 오는 상황이 반복되자 모든 사물은 죽었다가 부활하기를 반복한다는 순환적 윤회관이 자연스럽게 정착되면서, 후대로 갈

수록 파라오뿐 아니라 귀족들이나 백성들도 미라를 만들면 죽음도 극복 가능하리라고 믿은 것이지요. 그래서 가끔 반려 고양이 미라도 발견되는 겁니다. 🐱

　이에 일부 신학자들은 성모 마리아가 처녀 수태를 하여 낳은 신의 아들, 예수가 죽은 뒤 부활하여 인류를 구원한다는 기독교 신앙의 원형이 이 오시리스와 이시스 신앙이 아닐까 추정하고 있기도 합니다.

시리우스의 비밀

이처럼 고대 이집트 신앙의 중심이 된 오시리스-이시스는 태양력

오리온 삼태성과 이어지는 큰개자리
시리우스 (출처 _ 한국관광공사)

의 발견과도 밀접한 관계가 있습니다. 밤하늘에 가장 빛나는 항성인 시리우스는 풍요의 여신 이시스가 별이 된 것이라 믿은 것이죠.

　실제로 겨울이 되면 동쪽 밤하늘에서 오리온 자리가 떠오른 후 뒤이어 큰개자리가 떠오르는데, 고대 이집

트에서는 오시리스 별자리에 이어 이시스가 뒤따라 등장하는 것이죠. 그러니 풍요의 여신 이시스 별자리에서 가장 밝게 빛나는 별시리우스에서 의미를 찾던 이집트 천문학자들은 태양과 시리우스가 나란히 떠오르는 것이 홍수를 미리 알려주는 이시스의 메시지라고 여긴 겁니다. 🐻

피라미드의 비밀

이집트 하면 떠오르는 대표적 불가사의인 거대 피라미드에 대해서는, "빙하기 이전 초고대 첨단문명이 만든 것이다.", "아니다. 외계인이 통신기지로 만든 것이다." 등등 수많은 억측이 존재해 왔습니다. 실제로 우리나라에서도 1970~80년대 어린이 잡지에서 미스터리 소재로 자주 등장했지요. 피라미드 형태는 신비로운 힘이 있기에 피라미드 모형 안에 음식물을 넣으면 안 썩는다거나, 큰 피라미드 텐트 속에서 자면 IQ가 높아진다는 말도 안 되는 내용이 버젓이 소개되었습니다. 🐻 뭐, 지금도 고대 문명은 외계인 덕분이라는 이야기는 잘 팔리고 있긴 합니다. 🐻

하지만 최근 여러 연구를 통해 이 피라미드들이 느닷없이 나온 것이 아니라 계단식 피라미드에서 점차 개선되어 제4왕조 쿠푸(Khufu) 왕(재위 BC 2589~BC 2566) 때부터 거대 피라미드로까지 발전한 것이 밝혀집니다. 이 시기는 아직 우리의 시조 단군 할배가 나라를 여시기 230여 년 전이긴 합니다. 🐻

　3천 년간 31개나 되는 왕조 역사를 가진 고대 이집트 왕조 중에서도 초창기인 제4왕조에 거대 피라미드가 만들어진 것에 초점을 맞춰, 이집트의 역사가 시작되자마자 피라미드부터 등장했는데 이후 문명이 퇴보했다며 초고대 문명의 유산이라고 주장하는 경우가 있는데, 그건 잘못 아는 겁니다. 🐻

　앞서 설명했듯이 이집트 문명이 태동해 두 나라가 경쟁한 시기까지 포함하면 약 4천 년이 지나서야 비로소 제1왕조 시대로 진입한 것이기 때문에 이집트 문명이 시작하자마자 피라미드를 만든 것은 아닌 겁니다. 또한 피라미드 건설 미스터리도 최근 많은 의문점이 해소되면서 당시 기술로 만들 수 있었다는 쪽으로 결론이 나고 있어요. 🐻

　최초의 피라미드는 '마스타바(Mastaba)'라는 직육면체 사다리꼴 건축물로써, 지하에 무덤을 조성하고 지상으로는 5미터 정도만 돌출한 형태였다고 합니다.

　이집트인들은 파라오가 즉위하면 바로 무덤을 만들기 시작했는데, 제3왕조의 첫 파라오 조세르

조세르왕의 석상 (출처 _ 위키피디아)

(Djoser, ?~ BC 2649 혹은 2611)가 너무 오래 재위하는 바람에 왕이 죽기 전 공사를 끝낼 수 없어 마스타바를 6차례에 걸쳐 설계를 변경하며 올리다 보니 높이 62미터, 길이 100미터의 계단형 피라미드가 만들어졌답니다. 이때의 제사장 임호텝(Imhotep)이 건설 총책임자이자 천문학자, 철학자, 의사였는데, 워낙 탁월한 인물이어서 파라오가 아님에도 후대에 유일하게 농작물과 질병 치유의 신, 네페르툼(Nefertum)으로 신격화됩니다. 그런데…, 이 위대한 천재를 근본없는 미국 할리우드 영화 '미이라' 시리즈에선 수천 년간 잠들었다가 깨어난 천하의 악당으로 묘사한 점은 참으로 안타깝다고 하겠습니다. 🐻

당시 이집트 사제 계급은 제사장은 물론 건축가, 과학자, 의사 등 다양한 능력을 보유한 실력자들이었는데, 이는 조선 초기 훈구파 사대부들

1단으로 세워진 마스타바
(출처 _ 위키피디아)

실제 임호텝 조각상 (루브르박물관 소장)
(출처 _ 위키피디아)

샤카라의 계단식 피라미드
(출처 _ 위키피디아)

이 유학자이면서도 실용 학문인 농업, 천문학, 기상학, 음악 등에도 조예가 깊어 세종(世宗)과 문종(文宗) 시절 문화 부흥에 단단히 한몫한 것과 유사합니다. 이후 "오직 주자학(朱子學, 성리학)만 킹왕짱"이라 외친 사림파가 정권을 잡는 바람에 조선이 쇠락해져 갔던 것이죠. 🐻

이후 제4왕조를 연 파라오 스네프루(Sneferu)는 리비아와 누비아(수단)까지 정복한 강력한 군주였습니다. 그는 자신의 무덤으로 만들던 계단형 피라미드의 계단을 가리고자 판판한 대리석을 외부에 붙이도록 명령하는데, 건축 경험이 부족해 상부가 붕괴하고 말지요. 그래서 다시 만들게 하지만 결국 각도 조절에 실패해 중간에 각도를 수정한 어정쩡한 모습의 굴절 피라미드로 타협합니다. 하지만 이에 굴하지 않고 다시 짓게 하니 기어코 완벽한 형태의 '붉은 피라미드'를 완성함으로써 당대에 무려 3개의 피라미드를 만드는 저력을 선보입니다. 와우! 🐻

결국 그의 아들인 쿠푸가 우리가 익히 아는 대(大)피라미드를 완성해내니, 계단식 피라미드가 처음 건설된 이후 불과 100여 년 만에 걸작을 완성한 것이죠. 🐻 그에 이어 아들 카프레(Khafre), 손자 멘카우레(Menkaure)까지 3대에 걸쳐

무너진 메이둠 피라미드
(ⓒ Kurohito) (출처 _ 위키피디아)

만든 기자의 거대 피라미드들은 완벽한 조형으로도 유명한데, 모두 정확하게 각 면이 동서남북 정방향을 가리키고 있으며 하늘에 항상 떠 있는 북극성을 바라보며 정북 방향으로 입구를 배치하고 있습니다. 다만 세차운동으로 인해 지금의 북극성과는 다른 별을 가리키고 있지만요.

굴절 피라미드 (© Lienyuan Lee) (출처 _ 위키피디아)

다슈르의 붉은 피라미드 (© Olaf Tausch) (출처 _ 위키피디아)

또한 각각 1:1.6의 황금비율로 완성했는데, 가장 먼저 만든 쿠푸 왕의 대피라미드는 높이 146미터, 밑변 길이 230미터, 각도는 50도로 맞춰 250만 개의 돌을 쌓아 50층 높이 건물에 맞먹어요. 🐻

3개의 거대 피라미드에 대한 가장 오래된 기록은 BC 445년 이집트를 방문했던 그리스의 헤로도토스(Herodotus)의 《역사(Histories)》에 수록되어 있는데, 그는 기자의 대피라미드는 10만 명의 노예가 3개월간 교대로 20년에 걸쳐 만들었다고 적었기에 그동안 정설로 여겼습니다. 하지만 1989년 피라미드 건설 노동자 마을이 발견되면서 당시 이들은 자유민이며 총 인원도 2만 명 내외였고 농사를 쉬는 비수기의 수입 보전을 돕는 일종의 복지정책이기도 했다는 새로운 사실이 알려졌죠. 또한 발굴을 통해 당시 공사 흔적과 도구들이 발견되고 투입된 공사 인력에 대한 보상이나 휴가 사유 등의 기록들도 파피루스로 제법 소상히 남아 있는데, 의사가 치료한 기록이나 빵과 술을 급여로 받았고 피라미드 건축 참여 시 세금도 감면받은 것으로 나타납니다. 🐻

2013년에는 기자에서 200킬로미터 떨어진 와디 알 자르프(Wadi al-Jarf) 항구 유적에서 당시 피라미드 건축용 돌을 옮기던 공사 책임자의 일기도 발견된 바 있습니다. 그중 재미있는 결근 사유로 술을 너무 많이 마셔서, 전갈에 물려서, 잔칫집에 가느라, 등등의 지금과 별 차이없는 설명이 적혀 있다고 하니 슬며시 웃음이 나네요. 🐻

그러니 헤로도토스는 쿠푸 왕 시대로부터 무려 2천 년 뒤에 방문해 왜곡된 기록을 남기긴 했지만, 당시 선진국 이집트에 유학와서 피라미드를 보고 감동한 그리스인들이 이를 본받아 동일한 황금비율로 '파르테논(Parthenon) 신전', '밀로의 비너스(Venus de Milo)' 조각상을 만들게 되었다고 하네요.

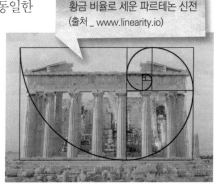

황금 비율로 세운 파르테논 신전
(출처 _ www.linearity.io)

게다가 기록상 인류

최초의 파업도 이집트 건설 현장에서 벌어졌으니, BC 1152년에 신전 건설 노동자들이 파업을 일으켜 승리했다는 기록이 이집트 박물관에 보관되어 있다고 합니다. 🐻 이 같은 기록과 유물을 통해 현재 정설로 받아들여지는 피라미드 건설 과정은 이렇습니다.

우선 바위산에서 돌에 홈을 파서 나무를 박고 물을 부어 쪼갠 다음, 구리 톱으로 매끈하게 다듬어 썰매 모양 굴림대에 실어 강까지 운반해 배에 태워 이동한 뒤 건축 부지에 내리면, 흙으로 만든 비탈길에 돌을 올리거나 나선형 경사로를 만들어 돌을 옮기는 과정을 반복한 것이라고 하네요. 🐻

피라미드 건설 상상도 (출처_ worldartdalia.blogsot.com)

그외 여러 기록에서도 당시 이집트인들이 고도의 수학 및 의학 기술을 보유하고 있었다는 사실이 밝혀졌어요. 그중 대영박물관에 보관 중인 세계 최초의 수학책 《린드 파피루스(Rhind Papyrus)》는 1858년 룩소르에서 스코틀랜드 고고학자 헨리 린드(Henry Rhind)가 발견한 것인데, BC 1550년경 서기 아메스(Ahmes)가 84개의 수학 문제를 기록한 문서였습니다. 여기에는 자연수 및 분수의 사칙연산, 원과 삼각형의 넓이, 피라미드의 부피 구하기 등 정교한 수

《린드 파피루스》(대영박물관 소장)
(출처 _ 위키피디아)

학 공식이 남겨져 있었고, 여러 유물을 종합해보면 이집트인들은 10진법을 사용했는데 상형문자로 1~10까지 숫자를 구분하고 100, 1000, 1만, 10만, 100만까지 별도 기호로 표시했다는 걸 알게 됩니다. 현재 서구 수학에서 1000 단위까지만 구분하고 동양 수학에서 1만 단위까지 구분하는 것보다 더 정교한 겁니다. 🐻

또한 《에드윈 스미스 파피루스(Edwin Smith Papyrus)》라고 불리는 BC 1600년경 문서는 고대 이집트의 의학서인데, 각 신체 부위별로 심장 치료, 맥박 짚기, 뼈 접골, 외과수술 등 다양하게 세분화되어 있고, 버드나무 삶은 물을 약제로 사용하라는 내용에 대해서는 이 성분이 현대의 아스피린과 동일한 것임이 밝혀졌다고도 합니다. 또한 기생충에는 알로에를 복용하도록

《에드윈 스미스 파피루스》
(출처 _ 위키피디아)

처방했는데, 이 같은 의학 처방은 이후

그리스를 통해 수천 년간 유럽에서 민간요법으로 널리 활용될 정도였다고 하네요. 🐻

이처럼 고도의 기술력으로 건축된 기자 피라미드들은 나일 강 서쪽, 상이집트와 하이집트 왕국의 경계지점인 신성한 부지에 건설되었습니다. 당시 이집트인들은 태양이 떠오르는 동쪽은 사람들의 세상이고 태양이 지는 서쪽은 죽은 자들의 땅이라고 여긴 탓입니다. 현재는 인근의 수도 카이로가 팽창해 피라미드 앞까지 시가지가 들어찼지만, 원래는 신성한 구역이라 그 주변은 일절 사람의 거주를 불허했어요. 지금의 카이로는 중세 파티마(Fatimid) 왕조 시절인 969년에 건설되었기에 이집트 역사에서 보면 신도시인 셈입니다. 🐻

참고로 이때 과거 멤피스 남쪽 카이로 지역을 새 수도로 정하고 성채를 쌓아 신도시로 건설한 파티마 왕조는, 970년에 세계 최초의 대학교 중 하나인 알 아즈하르 대학교(Al-Azhar University)도 건립합니다. 우리는 흔히 세계 최초의 대학을 1088년에 설립한 이탈리아 볼로냐 대학교(Bologna University)라고 알고 있지만 그건 유럽 기준이지요. 그리스나 로마

알 아즈하르 대학교 (© Radoslw Botev) (출처 _ 위키피디아)

제국은 국공립 학교라는 개념이 없었던 반면, 타 문명권에는 국가에서 교육기관을 직접 운영한 경우가 그 이전부터 존재했습니다. 우리나라 역시 고구려 태학(太學), 조선의 성균관(成均館) 등도 국립대학교로 볼 수 있으니까요.

그럼에도 이런 억측이 계속 이어지는 이유 중에는 오만한 서구인들의 이집트 비하 의식이 자리잡고 있습니다. 유럽인들이 처음 피라미드를 본 당시 이집트인들은 이슬람 치하에서 힘든 삶을 이어가고 있었으니 이런 위대한 유산을 남긴 이들의 후손이라고 믿지 않았겠지요. 🏺

그런데…, 이집트 피라미드가 워낙 유명해서 그렇지 세계 곳곳에는 피라미드형 건축물이 많이 존재합니다. 철근과 콘크리트로 고층 빌딩을 세우는 기술이 발견되기 전까지 돌로 건축물을 세울 때 피라미드 구조만큼 튼튼하고 높게 쌓을 방법이 없었기 때문이에요.

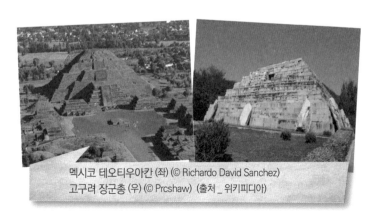

멕시코 테오티우아칸 (좌) (© Richardo David Sanchez)
고구려 장군총 (우) (© Prcshaw) (출처 _ 위키피디아)

로마 세티우스 피라미드 (좌) (© Livioandronico2013)
석촌동 고분군 (우) (© Saigen Jiro) (출처 _ 위키피디아)

멕시코 중부 고원 테오티우아칸(Teotihuacan) 의 달의 피라미드,
태양의 피라미드 역시 규모로는 이집트 대피라미드만큼 거대하
며, 중국 시안(西安) 의 한나라 황제 묘, 고구려 국내성의 장군총 묘
등도 다 계단식 피라미드 형태를 띠고 있습니다. 로마 시내에도 세
스티우스(Cestius) 피라미드가 존재하지요. 그뿐 아니라 서울 시내
에도 피라미드가 존재해요. 송파구 석촌동 백제 고분군 역시 규모
는 작아도 계단식 피라미드입니다. 🐻

하지만 가장 놀라운 건 이 세상에 가장 많은 피라미드를 보유
한 나라는 전혀 뜻밖의 국가라는 거예요. 응? 이집트가 아니라고
요? 🐱 그러게요. 가장 많은 피라미드를 보유한 나라는 이집트 남
쪽 나라, 수단입니다. 🐻

오페라 '아이다(Aida)' 에서도 누비아(Nubia) 로 나오는 수단은 오
랜 기간 이집트와 교류한 국가인데, 먼 훗날 신왕국 말기에 나일
강을 거슬러 내려가 이집트를 정복해 제25왕조(BC 744 ~ BC 656)를

수단 누비아 피라미드 (© B N Changny)
(출처 _ 위키피디아)

연 적도 있어요. 당시 이집트는 람세스 2세 이후 신왕국이 쇠약해지면서 하이집트 지역은 리비아인들(Libyan)이 장악하는 제3 중간기라는 혼란기였는데, 리비아인들이 기존 이집트 신들을 무시하자 신관들이 이집트 종교를 적극 수용하던 누비아 왕국에 구원을 요청합니다. 이에 피예(Piye) 국왕이 군대를 이끌고 나일 강을 따라 내려가 이집트 전체를 통일해 오랜만에 평화로운 시기를 열었지만, 결국 중동에서 침략한 아시리아 제국에 밀려 다시 수단으로 되돌아가고 말지요. 🐻

이들 누비아인들은 피라미드에 감명받아 이집트에서는 이미 중단된 피라미드를 그후로도 1000여 년간 계속 건설합니다. 초기에는 왕족만 만들다가 이후 귀족들도 만들기 시작하면서, 비록 높이 20~40미터로 크기는 작지만 개수로는 더 많은 피라미드를 만들었는데, 현재까지 5곳의 대규모 구역이 발견되고 있다고 하네요. 사진으로만 봐도 엄청나네요. 🐻

하지만 크기가 그나마 큰 피라미드는 대부분 상부가 부숴져 있는데, 이는 불과 200년 전 한 도굴꾼의 만행 때문이라고 합니다.

이탈리아 도굴꾼 주세페 페를리니 초상화 (출처 _ 위키피디아)

수단 피라미드는 이집트와 달리 피라미드 내부가 아니라 지하에 무덤을 만들고 장식용으로 위에 피라미드를 세우는 방식이었는데, 워낙 건조하고 사람이 살지 않아 2천여 년간 잘 버텼다고 해요. 그런데 1830년대 이탈리아 의사이자 도굴꾼인 주세페 페를리니(Giuseppe Ferlini)가 보물을 훔칠 욕심에 폭탄을 터뜨려, 작은 피라미드는 통째로 파괴하고 큰 피라미드는 상부를 모두 파괴하는 만행을 저지르

고 만 겁니다. 🐻 당시 수단을 다스리던 무슬림 총독은 페를리니로부터 거액의 선물을 받아 과거 이교도의 유적 따위야 어찌되건 상관하지 않았던 거죠. 🗿

하지만 고생고생해서 발굴한 유물은 정작 유럽에서 팔리지 않았다고 해요. 유럽인들에게는 생소한 아프리카 수단에서 이런 화려한 유물이 나올 리 없다며 가짜라고 여긴 것이죠. 그나마 남부 독일 바이에른(Bayern) 왕국 루트비히 1세(Ludwig I)가 일부 구매해줘서, 현재 독일 베를린 이집트박물관과 뮌헨 이집트예술국립박물관에 보관되어 있다고 하네요. 수단으로서는 조상들의 유적이 파괴되고 유물이 도굴당한 것도 억울한데, 심지어 독일 박물관에서도 이집트 유물 전시관에 보관 중인 상황이니 기가 막히겠지요. 🐻

그럼에도 현재 수단은, 북부는 무슬림, 남부는 기독교로 나누어져 오랫동안 종교 내전을 겪은 뒤 남부 기독교 지역이 남수단으로 갈라서는 등, 여전히 내란이 전개되는 상황이라 여행이 제한되고 세상과 소통하지 못하고 있어요. 🐻

메갈라야 대가뭄이 불러일으킨 고왕국 시대의 종말

이처럼 살아서는 호루스의 화신, 죽어서는 오시리스가 되는 존재라는 종교적 권위와 홍수 예측 역량으로 잘나가던 고왕국이었지만, 파라오의 승계가 자주 단절되어 왕조가 계속 바뀌면서 당초 임명직이던 지방 총독이 점차 세습제로 바뀌어 하나의 독자적 세력으로 커 나가면서 점차 분열됩니다.

그러던 중 드디어 큰 이슈가 터지니…, 어라? BC 2179년 여름, 분명히 시리우스가 태양과 함께 떠오르는 걸 확인하고 "이제 곧 홍수가 닥치니 피난 가라."고 선포했는데 비가 안 오는 겁니다. 네…, 앞서 대가뭄 이야기 때 소개한 메갈라야 대가뭄이 시작된 것이죠. 🐻

이에 농사를 망친 백성들이 과연 저 파라오가 신이 맞는지 의심하기 시작하는데 그후 무려 7년이나 가뭄이 이어집니다. 결국 지방 총독들이 "저 파라오는 가짜다!"라며 반기를 들어 제후 간 치열한 전투가 수십 년간 이어지면서 무려 100명이 넘는 파라오가 등장하는 대 혼란기로 접어드니, 후대는 이 시기를 제1중간기라 부릅니다.

중왕국 시대(BC 2040~BC 1580)와 또 다른 혼란

이집트 남쪽에서 일어나 전역을 통일하며 이 혼란을 수습한 멘투호테프 2세(Mentuhotep II, 재위 BC 2060 ~ BC 2010)부터 제11왕조가 시작되니 중왕국 시대로 접어듭니다. 그는 이집트 통일 후 상이집트의 도시, 테베(Thebes, 지금의 룩소르)로 수도를 옮기게 되는데, 이미 파라오의 권위는 땅에 떨어진 상황이라 더 이상 신이라 주장하지 않고 인간으로서 통치를 시작합니다. 또한 파라오의 권위가 추락해 더 이상 예전처럼 피라미드와 같은 대규모 토목공사는 씨알도 안 먹히는 상황이 온 거죠. 🐻

> 멘투호테프 : "여봐라. 혼란한 시대를 끝내고 새로이 하늘의 뜻을 받았으니 피라미드를 만들어볼테베?"
>
> 백성들 : "저기요? 오시리스 화신이라고 이전 파라오가 자랑하다가 7년 가뭄 직격탄 맞고 망한 거 잊으셨나멤피스?"
>
> 신하들 : "백성들이 예전같지 않은데요? 이참에 새마음 새 뜻으로 용한 신을 함 모셔보시기자?"
>
> 멘투호테프 : "에잇. 안 되겠다. 사제 계급을 더 우대할 터이니 쌈박한 신 하나 만들어오룩소르?"
>
> 사제들 : "새로운 태양신 '아몬 – 라' 어떻습니까? 시대 흐름에 맞게 하이브리드로 만들었지이집트."

그는 사제 계급과 귀족 계급을 분리시켜 8단계 사회로 바꾸고 오시리스 대신 태양신 '라(Ra)'에 테베 수호신 '아몬(Amon)'을 덧붙인 '아몬 – 라(Amon-Ra)' 신앙을 유행시킵니다. 별것 아닌 것 같지만 오시리스 대신에 새로이 내세운 '라'는 호루스가 신들에게 재판을 요구했을 때 유일하게 끝까지 세트 편을 들어준 신이었으니, 완전히 오시리스와 정반대 진영의 신으로 바꿔버린 대개혁인 셈이었습니다. 🐻

하지만 700여 년 뒤 아멘호테프 4세(Amenhotep IV, 재위 BC 1353 ~ BC 1336)가 다시 초심으로 돌아가 태양신 '아톤'으로 바꾸는 종교 개혁을 단행합니다. 그는 본인의 이름도 '아크나톤(Akhnaton)'으로 바꾸고 '아마르나(Amarna)'로 수도도 옮기지만, 그가 죽자 사제 계급의 종교 반동이 터져 다시 아몬-라 태양신을 믿게 되고, 사제 계급의 파워가 더 강해지는 부작용을 낳고 말지요. 🐻

이 시기 이집트는 군사력이 강화되면서 나일 강 상류로 영토를 넓히니 지금의 수단 및 에티오피아와 접촉하게 되고 시나이(Sinai) 반도 너머 메소포타미아 문명과 접촉하게 됩니다.

하지만 아뿔싸…! 이 거대 문명간 만남은 큰 재앙이 되니, BC 1650년에 힉소스인(Hyksos)들이 이집트의 비옥한 토지에 눈독을 들여 전차부대로 공격해 비옥한 나일 강 삼각주를 장악하는 결과로 이어집니다. 🐻 정복자 힉소스인들은 고왕국 수도인 멤피스를 다시 수도로 삼게 되니 이 정복 왕조를 제15왕조(BC 1650 ~ BC 1550)라고 부릅니다. 이에 기존 이집트인들은 상이집트로 후퇴해 100여 년간 복수를 준비하는 인고의 세월을 보내게 됩니다.

《성경》에서 요셉(Joseph)이 이집트로 간 시기가 바로 이때인데, 소수의 정복자인 힉소스인들이 이집트인들을 지배하기 위해 가나

안 땅에 살던 유대인들을 대거 데려와 중간 계급으로 요긴하게 이용한 겁니다. 수천 년 뒤 몽골이 중국 송(宋)나라를 정복한 후, 중동 아랍 색목인(色目人)을 데려와 제2계급으로 우대하며 중국인들을 지배한 것도 유사한 전략이었지요. 🐻

신왕국 및 말기 왕조(BC 1580~BC 30, 제18왕조~제31왕조) 및 그후

절치부심하던 이집트인들은 결국 BC 1580년에 테베의 왕, 아흐모세(Ahmose)가 힉소스를 물리치고 다시 통일 왕조를 건설하니, 이때를 신왕국 첫 왕조, 제18왕조라고 합니다.

이집트 신왕국은 기존 토착 귀족들은 몰아내고 중앙집권화를 이룬 뒤 상설 군대를 처음 조직하는 한편, 힉소스인들에게 배운 전차부대와 함께 이중굴곡 활이라는 신무기를 장착해 막강한 군사력을 보유합니다. 이들은 순수 이집트인들이 아닌 외래 민족들은 철저히 배척하니, 이집트 땅에 남은 힉소스인들과 유대인들은 노예 신세를 면치 못하게 되지요. 🐻

이후 아멘호테프 1세는 남쪽 누비아와 서쪽 리비아를 정복하고 시리아를 거쳐 유프라테스 강 상류까지 진출하는 업적을 이루었고, 그 뒤를 이은 제20왕조 람세스 2세가 최대 영토를 획득하면서 이집트 최고의 전성기를 엽니다.

우리는 그가 모세의 이복형으로서 노예로 부리던 유대인을 해방하지 않다가 결국 10가지 재앙을 맞고서야 풀어주는데 미련을 못 버리고 홍해까지 추격하다가 실패한 찌질한 왕으로 알고 있지만, 실제 역사에서는 위대한 군주로 평가됩니다. 그는 가나안 지역까지 점령하고 BC 1275년에 막강한 히타이트 제국과 카데시 전투를 벌여 최초의 문명 간 국제전을 치른 정복 군주이자, 당시 이집트 신왕국

카르나크 신전 (© Rene Hourdry) (출처 _ 위키피디아)

아부심벨 신전 (© youssef_alam) (출처 _ 위키피디아)

의 수도 테베에 카르나크(Karnak) 신전, 국경 최남단에는 본인과 부인 모습을 조각한 아부심벨(Abu Simbel) 신전을 건설하여 이집트 영토임을 명확히 선언하지요. 🐻

이 아부심벨 신전은 이후 3천여 년간 굳건히 버텼지만 이집트 정부가 1958년에 아스완댐을 건설하기로 결정하면서 수장될 위기에 처합니다. 하지만 세계문화유산의 손실을 안타까워한 서구 국가들의 지원을 받아 위치를 옮기는 대공사를 단행해 지금까지

잘 보존되고 있어요. 🐻

　또한 그는 혼자서 다스리지 않고 관료 중심의 정치체계를 구축해 안정적인 국정 운영을 실시합니다. 이 시기에는 피라미드들이 이미 제1중간기 때부터 싹 다 도굴된 상황이라 테베 '왕가의 계곡(Valley of the King)'에 매장하기 시작해 이후 파라오들의 무덤은 철저히 숨겼지만 결국 도굴꾼들에 의해 거의 대부분 털리고 맙니다. 다만 유일하게 투탕카멘 왕의 무덤만은 기적적으로 숨겨졌다가 1922년에 발견되면서 황금 마스크 등 엄청난 유물들이 쏟아졌는데, 치세가 짧았던 소년 왕이라 다른 파라오 무덤에 비해 빈약한 구조였음을 감안하면, 그동안 도굴당한 유물들은 얼마나 엄청났을까 두고두고 아쉬울 뿐입니다. 🐻

　이처럼 잘나가던 신왕국은 BC 12세기경 해양 민족에게 약탈당한 데 이어 BC 10세기부터 300여 년간 주변 리비아, 에티오피아에도 굴복당하고, 앞서 소개한 누미아에 정복당해 제25왕조 흑인 파라오까지 등장하는 혼란기에 접어듭니다. 오랜 기간 안락한 생활에 젖어 있다 보니 주변 국가들이 철제 무기로 무장하는 상황에서도 여전히 청동기 문명에 머물렀던 탓이 컸다고 하지요.

　결국 이리저리 치이던 이집트는 BC 332년 알렉산드로스 3세(Alexandros III, a.k.a. 알렉산더 대왕 Alexander the Great)에게 정복당한 뒤 그의 부하이던 프톨레마이오스 장군 가문이 차지하면서 항구도시 알렉산드리아(Alexandria)를 수도로 한 마지막 제31왕조가 시작됩니다. 이 그리스 출신 이집트 국왕은 백성들에게는 파라오로 나서면서도 왕궁 내에서는 그리스 문화를 향휴하다가 결국 BC 30년에 클레오파트라 7세 여왕이 사망한 뒤 로마 황제령으로 편입되어 고대 이집트 역사는 종결됩니다. 🐻

그후 로마 제국에 이어 642년부터 이슬람 세력이 다스리기 시작하면서 아랍어와 음력을 사용하는 이슬람 문명권으로 편입되어 수차례 왕조가 바뀌게 되고, 1517년 이후 오스만투르크 제국 치하에 있다가 프랑스 침공 시기에 무함마드 알리(Muhammad Ali, 1767~1849)에 의해 잠시 독립 왕국을 이루나, 다시 1882년에 영국의 식민지로 전락했다가 끈질긴 저항 끝에 1922년에 독립하여 지금의 이집트 공화국으로 이어지고 있지요. 따라서 고대 이집트 문명은 실상 지금의 이집트와는 거의 단절된 옛 문명이라고 하겠습니다. 🐻

여전히 남는 이집트 미스터리

앞서 피라미드의 비밀 중 다수가 해결되었다고 설명드렸는데 그외 다른 의혹들도 해명되고 있는 상황입니다.

그중 유명한 의혹이 '덴데라 전구(Dendera Light)' 미스터리입니다. 그게 뭐냐면 이집트 덴데라 지역 하토르 신전(Hathor Temple) 벽화 속 거대한 뱀이 들어간 긴 병이 백열전구라는 주장인데요. 일부

이집트 덴데라 하토르 신전 벽화 속 수련 잎 속에서 거대한 뱀(태양)이 태어나는 장면 (© Olaf Tausch) (출처 _ 위키피디아)

에서는 이미 피라미드 건설 당시에 이집트인들이 전기 발전(發電)을 시작해 백열전구를 사용했는데, 관련 유물이 안 나오는 것을 보니 이는 분명 외계인들이 이집트 문명을 건설한 증거라는 주장입니다. 🐻

벽화를 보면 사람보다 큰 유리병 속 구불구불한 필라멘트가 있는 것처럼 보이긴 합니다만 실제 그 장면은 처음에 바다밖에 없던 세상에서 한 송이 수련이 피어오르고, 그 수련에

첨단 현대식 무기가 등장한다는 미스터리한 이집트 벽화 (© Olaf Tausch) (출처 _ 위키피디아)

서 태양(바다뱀, 아툼)이 태어나는 장면을 묘사한 겁니다. 어떻게 그걸 아냐고요? 그 그림 아래에 고대 이집트 글자로 설명이 조각되어 있거든요…. 🐻

이 외에도 어떤 벽화에는 헬기나 공기부양정 등 첨단 무기가 그려져 있고 이것이 외계인이 남긴 그림이라는 주장이 있는데, 이건 당시 기록말살형에 처해진 파라오의 이름만 파내다가 생긴 우연한 결과라는 것이 학계의 정설입니다. 🐻

이집트 정부는 이런 엉터리 주장을 하는 서양 학자들에게 질려 최근 수십 년간 아예 외국 조사단의 단독 발굴을 불허하는 등, 강력히 대응하고 있습니다. 그런데도 최근 클레오파트라 여왕이 실은 흑인이었다는 넷플릭스 드라마까지 나오자 "고대 이집트는 아프리카 문명이 맞지만, 흑인 문명은 아니다."라며 극렬히 반발하고 있죠.

입장 바꿔서 생각해보면 이집트인들의 분노는 당연합니다. 한번 상상해봅시다. 일제강점기 시절 한반도를 찾아온 외국 학술단이 당시 막 발견한 석굴암을 보고 감탄하면서 "이 비루한 식민지 조선인들의 조상이 이런 엄청난 걸작을 만들 수 없었을 것이다. 이건 분명히 외계인의 작품이다."라고 주장하거나 "고조선의 중심지가 지금의 중국 요하강 일대이니 단군과 그 후손은 실은 중국인이 아니었을까?" 같은 주장이 해외 잡지나 다큐멘터리 프로그램 등에서 버젓이 소개된다면 우리 역시 분개하지 않겠습니까? 🗿

그런데 이 같은 명쾌한 해석이 되지 않는 경우도 물론 존재합니다. 기자의 대스핑크스가 그런 케이스입니다. 대피라미드 중 가운데 카프레

기자의 대스핑크스 (© Hajor)
(출처 _ 위키피디아)

피라미드 앞에 있기에 '카프레의 스핑크스(Khafre's Sphinx)'라고도 불리는 이 스핑크스가 언제 만들어진 것인지에 대해서는 아직도 의견이 분분한데, 크게 세 가지 주장이 존재합니다.

첫째는, 카프레 왕이 피라미드와 함께 스핑크스를 만들었기에 그의 얼굴을 새겼다는 의견입니다.

둘째는, 그보다 더 이전에 스핑크스가 존재했고 이후 카프레 왕이 피라미드를 만들었기에 스핑크스를 피해 비스듬히 참배길을 냈다는 겁니다. 실제로 피라미드는 돌을 잘라서 쌓은 반면, 스핑크스는 거대한 바위 하나를 통째로 조각해 방식이 다르며, 사자 모양의 몸에 비해 인간 파라오의 얼굴이 작은 것은 원래 사자나 숫양 머리이던 것을 카프레 왕의 모습으로 더 깎았기 때문이라는 거죠. 이집트 룩소르 카르나크 신전의 스핑크스는 숫양의 머리를 하고 있고 이라크나 에티오피아 역시 사자나 고양이 모습을 한 스핑크스이기에 이 주장이 신빙성이 높다고 여겨진답니다.

셋째는, 더 나아가 이 스핑크스는 이미 대홍수 이전에 만들어졌다는 소수 의견이 있습니다. 스핑크스의 몸에 가로로 길게 물에 침식한 흠이 나 있는데, 이집트에서 이런 대홍수가 나지는 않으니 이 정도 높이로 물이 차오르는 건 1만 1천여 년 전 대홍수밖에는 없다는 거죠. 🐨

이처럼 아직 풀리지 않은 수수께끼 중 또 하나 이슈로는, 왜 쿠푸 왕의 대피라미드 이후 아들 카프레는 그보다 약간 작게 만들고, 손자 멘카우레는 왜 그보다 훨씬 크기도 작고 약간 비켜난 위치에 피라미드를 세웠을까 하는 점입니다. 이에 대해서는, 이 세 피라미드가 오리온 자리 허리 부근의 삼태성(三台星) 위치와 크기를 그대로 지상에 실현한 형태라는 주장이 가장 설득력 있습니다. 주변 지역에 오리온 별자리 위치에 따라 더 건설하려던 흔적도 발견되고 있거든요. 🐻

오시리스 별자리와 피라미드
(출처 _ erenow.org)

그런데 지금 우리가 오리온 자리라고 부르는 그 별자리는 이집트인들에게는 오시리스 별자리였어요. 동양 별자리에서도 삼수(參宿)라 하여 거의 동일하게 별자리를 표시할 정도로 너무나 선명한 별들이 모여 있어서, 전 세계적으로 거의 동일하게 이미지화 되어 있죠.

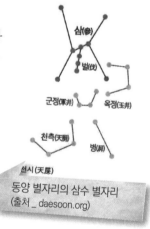

동양 별자리의 삼수 별자리
(출처 _ daesoon.org)

즉, 고대 이집트 파라오들은 자신이 오시리스 신이 잠시 호루스로 환생한 것으로 여겼기에 죽은 뒤 누울 자리를 오시리스 별자리 모양으로 만들었다는 것이죠. 🐻

고대 이집트 문명의 최고 유산

어떻습니까? 막연히 알던 고대 이집트 문명이 더 현실감 있게 다가오지요?

네? 재미있긴 한데…, 이 고대 이집트 문명이 우리랑 무슨 상관이 있냐고요? 🐻어허~! 무슨 그런 말씀을…. 우리가 쓰는 양력이 고대 이집트가 선물한 위대한 유산입니다. 🐻

이집트에서 처음 태양력을 사용하던 중 카이사르(Ceasar)로 인해 로마 달력으로 널리 전파된 뒤에도 로마 제국의 표준 달력은 알렉산드리아 천문대가 기준일 정도로 이집트의 천문학은 매우 발달했지요. 이후 이슬람 문명에서는 태양력을 쓰는 기독교 문명, 태양태음력을 쓰는 유대인과의 차별성을 부각하기 위해 오리지날 음력을 사용하게 되면서 이집트인들도 음력을 사용하게 되죠. 하지만 정복자 아랍인들이 이 고대 지식을 잘 보존한 덕분에 이 같은 정보를 알고 있던 세종대왕이 중국 명(明)나라 달력의 오류를 바로잡고자 아라비아 달력, 회회력(回回曆)을 참고해 우리나라 고유의 달력 체계인 칠정산(七政算)을 만들도록 하셨거든요. 🐻

이집트 고양이 미라
(출처 _ thecollector.com)

게다가 현재 우리도 서구 기독교 문명권과 동일하게 태양력을 사용하고 있으니, 고대 파라오의 덕을 보고 있는 것이지요. 🐻

끝으로 이집트가 전 세계에 준 선물이 또 하나 있으니…, 그건 다름 아닌 고양이입니다. 🐻

원래 고양이는 북아프리카 일대에만 살던 야생동물이었는데, 이집트인들이 신성시했고 5천여 년 전부터 반려동물로 길들이기 시작해 전 세계로 확산된 겁니다. 우리나라 역시 인도 승려들에 의해 고려 초기인 950년경에 고양이가 전래되었고, 다시 고려 왕실이 1000년에 일본 이치조 천황(一条天皇)의 20세 생일 기념으로 전해주었지요. 이에 일본 천황이 고양이를 애지중지하면서 귀족들 사이에서 고양이 키우기가 유행했다고 합니다.

이처럼 고양이가 개에 비해 사람 손에 길들여진 기간이 짧아 여전히 사람을 집사 취급한다는 단점이 있지만, 오히려 그걸 더 선호하는 분들이 있기에 요즘 들어 더더욱 고양이의 인기가 올라가고 있는 겁니다. 🐻

하지만 아무리 우리가 고양이 집사 노릇을 한다고 해도, 다음 생에도 같이 살자며 고양이 미라까지 만든 이집트인들만 하겠어요?

어쨌거나 이집트 땡큐예용~! 🐻

03
서양인들만 좋아 죽는 그리스 문명

순서대로라면 세 번째 고대 문명인 인더스 문명으로 넘어가야 하지만, 걸출한 정복자 알렉산드로스 3세(알렉산더 대왕)에 의해 메소포타미아 문명과 이집트 문명권까지 통합해 헬레니즘 문명을 이룩한 그리스 문명에 대해 언급하는 것이 좋을 것 같습니다.

다만 이미 고대 그리스는 너무 잘 알려져 있기에 우리가 흔히 놓치는 사실을 중심으로 이야기해보고자 합니다. 🐻

그리스 폴리스에 대한 오해

2007년, 전 세계는 빨간 망토에 까만 빤쮸(?)만 입은 용맹한 스파르타 군인 300명이 사악한 페르시아 군대를 맞아 그리스를 지켜낸 '300'이라는 영화에 열광한 바 있습니다. 🐻

미국 프랭크 밀러(Frank Miller) 작가의 만화를 기반으로 만든 이 영화는, BC 480년 페르시아 3차 전쟁 초기 테르모필레 전투(Battle of Thermopylae) 실화를 바탕으로 만들었는데, 강렬한 비주얼뿐 아니라 스파르타 레오니다스 1세(Leonidas I) 왕의 "디스 이즈 스파르타!", 페르시아 크세르크세스 황제의 "나는 관대하다."와 같은 명대사가 그후 각종 패러디를 양산하며 화제가 되었지요. 🐻

그런데 사실 이 영화에는 역사적 오류가 많습니다. 🐻

일단 의상부터 역사적 고증은 전혀 신경을 쓰지 않았습니다. 영화의 원작이 된 만화부터 엉망인데, 페르시아 황제가 온 몸에 피어싱을 하고 헐벗고 다니지도 않았고, 아무리 용맹한 스파르타 군인이라 하더라도 맨살에 가죽 팬티만 입고 싸울 리 만무하지 않습니까? 🐻 실제 고대 그리스인들은 하얀 미니 원피스, 키톤(Chiton)을 입고 그 위에 청동 투구와 청동 갑옷을 걸치고 방패와 창을 쥐고 전쟁터로 나갔습니다. 당시만 해도 바지는 북쪽 야만족이나 입는 의상이었거든요. 걸리적거리는 망토도 걸치지 않았고요.

하지만 스파르타가 다른 폴리스와 가장 달랐던 점은 빨간 키톤에 머리를 길게 길러 땋고 장식을 했다는 겁니다. 단연 눈에 띄었겠지요. 그렇습니다. 장발과 장신구는 노동하지 않고 전투만 하던 스파르타 시민의 특권이었던 것이죠. 🐻

역사 기록에서도 테르모필레 전투에 앞서 페르시아 전령이 "모든 무기를 내려놓으라."며 항복을 권고하러 왔을 때, 레오니다스 왕은 전혀 쫄지 않았다는 것을 과시하고자 머리를 풀어 빗으면서 "와서 가져가라."고 답변했다고 합니다. 영화를 팩트 그대로 연출했다면 더 기괴했을 텐데 말이죠. 🐻

이후 중세 유럽 기사들도 넓은 어깨를 더 두드러지게 보이고자 코르셋을 입고, 철갑 옷에 다리가 긁히는 것을 막고자 스타킹을 신고, 말 발판에서 떨어지지 않으려고 굽이 있는 신발을 신었는데, 이후 여성들이 이 남성 패션을 따라하더니 이제는 여성 패션으로 정착한 것이지요.

고대 그리스 문명의 어두운 그림자

이 영화의 더 심각한 오류는 서구인들의 오만함이 깔려 있다는 점입니다.

우리가 배운 세계사에서도 전체주의 국가였던 페르시아 제국에 맞선 그리스 도시국가들의 승리가 민주주의의 위대함을 증명하는 사례로 기술되지만, 실제로는 크세르크세스 황제가 "나는 관대하다."라고 말한 것처럼 페르시아가 스파르타를 비롯한 그리스 폴리스들에 비해 피지배층에 더 관대했던 건 사실입니다. 🦉

그리스 북부에서 이주한 도리아 민족(Dorians)이 주축인 스파르타인들은 기존 스파르타 폴리스와 바로 옆 메세니아(Messenia) 폴리스를 점령해 원주민들을 노예로 삼은 뒤 기존 원주민들(Heilotai 헤일로타이, 영어로는 Helot 헤로트), 즉 노예들이 반란을 일으키지 못하도록 모든 남성이 평생 군인으로 살아야 했습니다. 또한 여성은 건강한 아이를 낳는 것이 최대의 목표였으며, 기형아가 태어나면 비정하게 살해하는 등 아주 억압된 사회를 유지했습니다. 스파르타인들이 반란을 두려워한 이유는 이들이 노예로 삼은 원주민들의 조상이야말로 미케네(Micane) 문명 시기 트로이 전쟁(Trojan War)에서 승리를 거두었던 오리지날 스파르타인들이었기 때문에 전투력이 만만찮았기 때문이었습니다. 그래서 스파르타 청년들은 합숙훈련을 마친 후 홀로 무기를 들고 원주민 마을에 잠입해 목을 잘라와야 성인으로 인정받았고, 폴리스 차원에서도 주기적으로 강인한 노예 청년들을 학살하기까지 했습니다. 🐻

트로이 전쟁의 스파르타인들과 페르시아 전쟁의 스파르타인이 완전히 다르다는 게 무슨 소리인지 생소하다고요? 🐻

고대 그리스 역시 이집트처럼 크게 세 시기로 구분됩니다. 우리가 흔히 아는 아테네, 스파르타 등의 폴리스는 세 번째 시기예요. 🐹

첫 시기는 미케네 문명 시기로, 아테네와 스파르타 위치의 중간쯤에 존재하던 미케네 폴리스가 가장 강성했는데 이 당시 그리스인들은 지중해에서 해적이나 다름없는 약탈자로 살아갔습니다.

그래서 트로이도 공격하고 페니키아, 이집트 등 주변 국가들을 수시로 약탈하면서 발전했기에 '수수께끼의 바다 민족'이 실은 미케네 문명 당시 그리스인들이 아니었을까 추정하지만, 서구 학자들이 자기네 문명의 원조를 깎아내

미케네 문명 시절 그리스 주요 폴리스
(© Bibi Saint-Pol) (출처 _ 위키피디아)

리기 싫어서 밝히기를 주저한다는 설이 존재합니다. 🐻

그러던 어느 날, 갑자기 북쪽에서 도리아인이 침입하여 기존 미케네 문명을 무너뜨립니다. 이들이 기존 문명을 어찌나 혹독하게 파괴했는지 그뒤 400년간은 아무 기록도 남아 있지 않아 이 두 번째 시기를 고대 그리스의 암흑기라 부르는데, 유럽의 중세 암흑기 초기와 아주 유사한 상황이었습니다. 🐻

그러다 보니 미케네 문명 시기 역사 기록은 소멸된 대신 입에서 입으로 이야기로 이어져 내려오면서 그리스 신화로 흡수됩니다. 그래서 후대에서는 그저 신화라고 여겼지만 이후 트로이도 발굴되고 이아손 원정대의 콜키스 원정 유물도 나오면서 신화가 실제 사건이란 걸 알게 된 지 채 150년이 안 되는 상황입니다.

그러다가 점차 다시 문명이 개화하면서 우리가 흔히 아는 그리스 문명이 도래하니, 이 시기가 세 번째 시기이지요. 그 유명한 아

테네, 스파르타, 테베(이집트 테베와는 달라요. 🐻) 등 폴리스 시대가 바로 이때인데, 아테네는 기존 원주민인 반면 스파르타는 암흑기를 초래한 도리아인들의 후손이었기에 이 라이벌 폴리스는 애당초 민족이 달라 도저히 통합될 수 없었고, 공동의 적 페르시아 앞에서는 연합했지만 적이 사라지자 서로 칼을 겨누는 펠로폰네소스 전쟁(Peloponesian War)으로 멸망의 길을 재촉한 것이죠. 🐻

반면 페르시아 제국 창시자, 키루스 2세 황제는 최초로 메소포타미아와 이집트 문명권을 다 정복한 인물인데, 당시 다른 강대국과 달리 점령지 주민들의 종교와 관습을 인정하고 법률에 따라 공정하게 재판하는 등 더 세련된 문명이었습니다. 그는 포장도로를 깔아 전국을 연결하는 한편, 도로 곳곳마다 본인의 선언을 새긴 원주형 기둥을 세워 모두가 볼 수 있게 했는데, "모든 시민은 종교와 언어의 자유를 가질 수 있다. 노예제를 폐지하며 점령지에 대한 약탈도 금지하며 모든 일에는 정당한 급여를 지불한다."고 새긴 문장은 인류 최초의 인권선언문이라고 평가받고 있습니다. 🐻

키루스 원기둥 (© Prioryman)
(출처 _ 위키피디아)

키루스 2세는 이를 그저 선언만 한 것이 아니라 실천했는데, 그가 무너뜨린 신바빌로니아 제국의 수도, 바빌론에 잡혀와 있던 유대인들을 해방시킬 정도였지요. 다만 그리스를 침략하게 되는 다리우스 2세는 키루스 황제의 후손이 아니라 황위를 찬탈한 자였기에 페르시아 제국의 관용 정신을 훼손하긴 했습니다. 🐨

그리스가 민주 정치를 했으니 더 우월한 문명이라고 착각하는 것은 유럽인 관점으로 세계사를 배웠기 때문입니다. 민주 정치를 시작했다는 아테네조차 수많은 외국인과 노예들에게는 투표권이 없었고, 여성 또한 투표권을 주지 않아 오로지 시민권을 가진 남성 시민들만 투표가 가능했습니다. 오히려 여성의 지위는 본인 재산권을 인정받은 스파르타가 더 높았다고 하지요. 🐨

소크라테스(Socrates)가 죽은 뒤 누가 진정한 후계자인가를 두고 경쟁했을 때에도 결국 아테네 시민이었던 플라톤이 '아카데미아(Academia)'를 이어받게 됩니다. 즉 출신을 먼저 보았기에 이방인이 었던 아리스토텔레스(Aristotle)는 결국 고향으로 돌아가죠. 하지만 아리스토텔레스는 명성 덕문에 마케도니아 필로포스 2세(Philip II of Macedonia)에게 스카우트되어 왕자인 알렉산드로스 3세의 가정교사가 되었던 겁니다.

우리에게는 이데아(idea)라는 이상론을 펼친 철학자로 잘 알려진 플라톤이지만 그 역시 시대적, 신분적 한계가 있었으니, 그는 《국가론(De Republica)》에서 철인(哲人) 정치를 주장하며 국가는 머리(통치자)와 가슴(수호자), 배(생산자)로 구성되어 있으며 각 계층마다 가져야 할 덕목이 있다고 제시합니다. 통치자는 지혜를, 수호자 군인 계급은 용기를 가져야 한다고 한 반면, 생산자는 무엇이 있어야 한다고 했을까요? '생산자는 근면, 성실해야 한다'고 설명했을 것 같지만…, 아닙니다! 🐻 플라톤의 답은 '절제'를 가지라고 했습니다. 네~. 생산 계급 따위는 그저 찌그러져 말이나 잘 들으라고 한 겁니다. 아주 잘나셨어요~, 정말! 🐻

고대 그리스와 페르시아 제국의 종말

페르시아의 침략을 물리친 뒤 아테네를 중심으로 그리스가 최전성기를 맞게 되는데, 결국 폴리스 간 갈등으로 27년간이나 전개된 펠레폰네소스 전쟁에서 스파르타가 승리하죠. 그런데 그후 불과 30년 만에 테베에게 패하면서 스파르타는 급속도로 몰락하게 됩니다. 스파르타가 몰락한 주된 이유는, 패권국가가 된 뒤 뒤늦게 돈 맛을 알게 된 스파르타인들이 거액을 주는 페르시아 용병으로 취업하면서 군사력이 약해진 것이 결정적이었습니다. 🐻

고대 그리스는 철저한 신분제 사회였기에 많은 그리스인들이 신분 차별이 적은 페르시아로 건너가 활약했다는 사실은 잘 알려져 있지 않지요. 실제로 소크라테스의 제자들도 페르시아군 용병 대장으로 스카우트되어 갑니다. 🐻

이처럼 스파르타가 패권을 차지한 지 30여년 뒤인 BC 371년, 새로이 떠오른 신흥강자 테베 시민군과 맞선 레욱트라 전투(Battle of Leuctra)에서는 1만 명은커녕 고작 700명의 군인만이 참전해 처참히 패했고, 내친김에 테베군은 그동안 스파르타의 지배를 받고 있던 메세니아 폴리스를 해방시킵니다. 이로써 펠로폰네소스 동맹은 와해되고 안정적인 노예 공급처, 메세니아를 상실한 스파르타는 그저 그런 폴리스로 전락하고 말았습니다. 🐻

하지만 테베의 패권도 30여 년에 불과했으니, 그동안 절반은 야만족이라며 업신여기던 마케도니아의 필리포스 2세가 BC 338년에 남하해 테베 – 아테네 연합군을 격파하고 그리스 본토 폴리스 세계를 삼켜버리고 맙니다. 🐱 당시 그리스 세계의 혼란을 지켜보던 페르시아 다리우스 3세(Darius III) 황제는 흐뭇했을 겁니다. 비록 그리스 침략 전쟁은 실패했지만 경제력을 바탕으로 그리스 세계를 분열시키고 눈엣가시이던 아테네, 스파르타가 몰락했으니

알렉산드로스 3세 대왕
(출처 _ 위키피디아)

결국 페르시아가 승리했다고 여겼겠지요. 하지만 환호하던 다리우스 3세는 그때는 미처 몰랐습니다. 아테네 시민이 아니라서 밀려난 아리스토텔레스가 가르쳤던 필리포스 2세의 아들, 알렉산드로스 3세가 전쟁 괴물로 자라나 자신의 목을 겨냥하고 4년 뒤

쳐들어올 것이라는 것을요. 🐨

알렉산드로스 3세 대왕은 고대 그리스 전역과 페르시아 제국, 이집트를 무너뜨리고 당시 세상의 끝이라 믿었던 인도 코앞까지 밀고 들어간 뒤, 순혈주의 신분제 사회를 완화하고자 그리스 군인들과 현지 여성들을 결혼시키고 정복자임에도 그리스 문화를 강요하지 않고 페르시아 문화를 접목한 헬레니즘 문화를 만들어냈습니다.

그가 이런 결심을 한 데에는 당시 마케도니아의 상황과 순혈 아테네인들에게 밀려난 스승 아리스토텔레스의 영향은 물론, 오랫동안 남쪽 그리스인들은 북방 마케도니아인들을 그리스 문명권이라고 여기면서도 반쯤은 야만족이라 업신여겨 온 것에 대한 분노가 있었던 겁니다. 그러니 이 같은 폐쇄적 그리스 문명을 뛰어넘는 새로운 세상을 갈구했던 것이죠. 🐨

그리스인들이 미워한 미다스 왕

고대 그리스인들에게 북쪽이나 서쪽의 야만족들은 그리 큰 관심사가 아니었습니다. 본인들보다 앞선 동쪽 메소포타미아 문명과 남쪽 이집트 문명의 영향 속에서 성장했기에 항상 이 지역을 주시했고 동경했습니다. 그래서 고대 그리스의 초반기 미케네 문명 시절에는 바다를 건너 아나톨리아 해안가 도시국가 트로이와 대규모 전쟁을 벌였고, 그리스 신화 속 영웅들이 총출동해 '그리스판 어벤저스'로 불리는 이아손(Jason)의 아르고호 원정대

이아손의 아르고 원정대 (Lorenzo Costa 작)
(출처 _ 위키피디아)

(Argonauts)는 황금 양가죽을 얻고자 흑해를 항해하여 최종 목적지 콜키스(Kolkhis)까지 갑니다. 콜키스는 지금의 조지아(Georgia, 그루지야)이며, 고대 그리스 유물이 많이 출토된다고 하네요. 🐻

　지금 우리는 아르고 원정대 이야기를 그리스 신화로 알고 있지만, 역사학자들은 BC 1300~1200년대 실제로 있었던 콜키스 원정이 고대 그리스 중반기 암흑시대를 거치며 신화로 변질되었을 것으로 생각한다고 합니다. 지금도 조지아 강에 사금(沙金)이 많다고 하는데, 당시 양털을 깎아 강에서 사금으로 염색해 팔았는데 이를 탐낸 그리스인들이 정복하러 갔을 거라고 본다네요. 🐻

　당시에는 콜키스 외에도 아나톨리아 중앙부에는 황금이 많이 나왔는데, 그리스인들과 늘 갈등관계이던 프리기아(Phrygia) 왕국이 있었습니다. 기원전 1200년부터 500여 년간 지금의 튀르키예 수도 앙카라를 비롯한 아나톨리아 중앙부 일대를 차지했던 프리기아 왕국은, 《일리아드(Illias)》에 그리스군에 포위당한 트로이를

돕기 위해 구원군을 파견했다고 나오죠.

프리기아 왕국은 황금의 나라로 유명했는데, 건국 400여 년이 지난 기원전 800년경 왕위가 끊어지는 혼란에 빠집니다. 이 권력 다툼의 최종 승자는 고르디우스(Gordius)와 아들 미다스(Midas)였는데, 신의 명령을 받은 고르디우스와 미다스는 백성들의 환호를 받으며 우마차를 타고 수도 고르디온(Gordion, 지금의 앙카라 인근) 궁전으로 입성했다고 기록은 전하고 있습니다.

그런데⋯, 미다스란 이름이 왠지 낯익지 않으세요? 네. 맞아요. 그리스 신화에서 디오니소스(Dionysos) 신에게 "무엇이든 만지면 황금이 되게 해 달라."고 소원을 빌었다가 딸까지 황금으로 변해 혼쭐이 난 미다스 왕이 바로 이 사람입니다. 실존 인물이에요. 영어식으로 발음한 '마이더스의 손(Midas Touch)'으로 잘 알려져 있죠. 그가 손을 씻어 마법을 풀었다고 하는 팍톨루스(Pactolus) 강은 지금도 사금이 많다고 합니다. 🐻

딸을 황금으로 변하게 한 미다스의 손
(Nathaniel Hawthorne 작) (출처 _ 위키피디아)

이처럼 낭패를 겨우 벗어난 미다스 왕은 황금 손 사건에 이어 또다시 곤욕을 치르게 됩니다. 태양의 신, 아폴론과 전령의 신 헤르메스(Hermes)의 아들인

판(Pan)이 서로 자기가 피리를 더 잘 분다고 다투다가 결국 피리 연주 대결을 펼쳤다고 합니다. 그때도 서바이벌 대결이 인기였나 봅니다. 🐻

그때 다수의 심판원이 참석했는데 다들 아폴론의 성격이 더러운 걸 알아서 눈 질끈 감고 그냥 아폴론이 더 잘했다고 판정을 했다네요. 하지만 눈치라곤 없던 우리의 미다스 왕만 홀로 "판이 더 잘했는데 다들 왜 그러지?"라며 판의 손을 들어줍니다. 이에 성질이 난 아폴론이 저주를 내리니 그만…, 미다스 왕의 귀가 당나귀 귀로 변하고 만 겁니다. 아무리 빌고 용서를 구해도 저주를 풀지 못하게 된 미다스 왕은 왕관으로 귀를 가리며 이발사에게 "절대 내 귀의 비밀을 발설하지 말라."고 명했는데, 참다가 병이 나게 생긴 이발사가 몰래 우물에 "임금님 귀는 당나귀 귀!"라고 외친 것이 메아리가 되어 울려 퍼지자 체념했다고 합니다. 🐻

이처럼 미다스 왕과 관련된 두 에피소드가 그리스 신화로 전해지고 있는데, 당시 황금으로 부유한 프리기아 왕국이 그리스 폴리스들과 무역 분쟁을 일으키다 보니 쪼잔한 그리스인들이 미다스 왕이 미련하다고 전파한 가짜뉴스가 훗날 그리스 신화에 녹아들어 간 것이겠지요.

그런데 아직 미다스 왕의 이야기는 더 남아 있습니다. 🐻

신라 경문왕 귀도 당나귀 귀

프리기아 왕국은 미다스 왕 사후 100여 년 뒤 페르시아 제국에 굴복했고, 훗날 전쟁 괴물 알렉산드로스 3세의 페르시아 정벌 시 다시 정복당합니다.

당시 프리기아 왕궁을 찾은 알렉산드로스 대왕은 오랫동안 아무도 풀지 못한 '고르디우스의 매듭(Gordian Knot)'과 대면합니다. 아까 고르디우스가 미다스와 함께 우마차를 타고 궁궐로 들어왔다고 했는데, 미다스 왕은 신의 도움으로 왕이 되었음을 알리고자 아버지와 본인이 타고 온 우마차를 사바지오스(Sabazios) 신전 돌기둥에 묶었답니다. 그런데 어찌나 복잡하게 묶었는지 그후 수백 년간 아무도 그 매듭을 풀지 못하자 "이 매듭을 푸는 자는 아시아의 왕이 되리라!"라는 풍문이 생겨났고, 지중해 세계에서 아주 유명해졌다고 하지요. 🐻

알렉산드로스는 기대에 찬 눈으로 바라보는 부하들 앞에서 매듭을 풀어보려 하지만 성공하지 못합니다. 그러자 그는 그때까지 아무도 생각하지 못한 방법을 씁니다. 즉, 칼을 들어 냅다 그 매듭을 잘라버린 것이죠. 이에 부하들은 대왕의 탁월한 선택에 칭찬하기 바빴고 이를 널리널리 알립니다. 🐻

신하들 : "대왕님은 고르디우스의 매듭 따위 가뿐히 푸실그리스~."

알렉산드로스 : "어라, 왜 안 풀리지? 에잇. 그냥 칼로 잘라버리면 되잖마케도니아? 퍽!"

신하들 : "우리 대왕님이 아무도 해결하지 못한 매듭을 단칼에 베어내시도다~ 경배하라헬라~."

알렉산드로스 : "내가 어, 이렇게 잘난 대왕이다헬레니즘~."

하지만 알렉산드로스가 인도 정벌에 실패하고 모기에 물려 말라리아로 허망하게 죽은 뒤 제국이 분열되자, 말하기 좋아하는 인간들은 "그러니까 그 매듭을 제대로 풀어야지. 칼로 자르니까 단칼에 간 거 아니냐?"고 했답니다. 그 매듭을 만든 미다스 왕이 죽

어서도 한 건 하셨네요. 🐻

그후 시간이 흘러 알렉산드로스에 멸망한 아케메네스 페르시아 제국(BC 550 ~ BC 330)의 뒤를 이어 다시 부흥한 사산조(Sasanid) 페르시아(224~651) 시대에는 미다스 왕이 아니라 '알렉산더 대왕의 귀는 당나귀 귀'라고 스토리가 바뀌게 됩니다. 그들로서는 먼 옛날 미다스 왕보다 알렉산드로스가 더 미웠겠지요. 🐻

이렇게 사산조 페르시아 버전으로 변형된 이야기가 한반도로 전파되면서 정치 프로파간다로 요긴하게 활용됩니다. 즉, "신라 48대 경문왕(景文王, 재위 846 ~ 875)의 귀가 당나귀 귀여서 왕이 귀까지 덮는 두건을 주문하니 그 비밀을 알리지 못해 속병이 든 모자 장인이 참고 참다가 경주 도림사(道林寺) 대나무 숲에 가서 외쳤고, 그후로 바람이 불 때마다 메아리 치자 대나무를 베어내고 산수유를 심었지만 계속 그 소리가 들렸다."라고 《삼국유사(三國遺事)》에 기록됩니다.

실제로 경문왕 치세 시기는 신라 왕실 내 권력 다툼이 치열해 여러 진골 귀족이 반란을 일으키던 어수선한 시절로, 아마도 누군가가 페르시아를 통해 전해진 '임금님 귀는 당나귀 귀'를 응용해 경문왕의 권위를 추락시키려 한 것이겠지요. 이 설화는 면면히 이어졌으니, 지금 우리가 접하는 익명 커뮤니티 이름이 '대나무숲'이 된 유래는, 알고 보면 엄청난 역사를 갖고 있는 겁니다. 그러고 보면 대한민국 온라인 세상에도 기여한 대단한 미다스 왕이네요. 🐻

고대 그리스의 재발견

서양 중심의 세계사에서는 그리스의 페르시아 전쟁 승리가 서양이 동양을 앞선 첫 사례이자 지금의 세계를 만든 역사적 전쟁이라고 치켜세우고 있습니다. 또한 페르시아 전쟁의 승리를 가져온 마라톤 전투(Battle of Marathon, BC 490)를 기념해 42.195킬로미터의 마라톤 경기를 올림픽 마지막 경기로 시행하는 등 큰 가치를 부여하고 있습니다. 그런 역사적 사연이 있다 보니 페르시아의 후손인 이란은 절대 마라톤 대회에 참가하지 않지요. 그 심정 충분히 이해가 됩니다. 🐻

그런데 이 같은 그리스 아테네 민주 정치는 근세 유럽인이 재발견한 겁니다. 🐨

고대 그리스는 로마 제국에 흡수된 뒤 중세 시대가 되면서 유럽에서는 철저히 잊힙니다. 그리스 지역 콘스탄티노폴리스(Constantinople)를 수도로 1천여 년 다스린 동로마 제국은 동방정교회의 수장으로서 이슬람 세력에 맞서 기독교 사회를 지켜냈지만 고대 그리스와는 전혀 다른 문명이었고, 정작 고대 그리스의 유산을 계승 발전시킨 것은 이슬람 문명이었습니다.

이후 동로마 제국이 멸망하면서 뒤늦게 고대 그리스-로마 문명을 재발견한 서유럽인들은 르네상스 시대로 접어들면서 고대 그리스에 관심을 갖고 탐구하게 되는데, 처음에는 아테네가 아닌 스파르타에 열광합니다. 대항해 시대를 맞아 전 세계를 누비며 서서히 제국주의가 꿈틀대던 시기인지라 스파르타의 강건한 시민정신에 감명받은 것이죠.

이에 유럽의 각 학교들은 스파르타식 교육법을 도입해 엄격한 규율과 체벌로 학생들을 가르치기 시작했고, 지금도 유럽과 미국의 명문 사립학교들은 아주 엄격하게 학생들을 지도하고 있어요. 이 같은 스파르타식 교육은 바다 건너 대한민국 땅에서도 여전히 이어지고 있기는 합니다. 🐻

처음에 스파르타에 꽂혔던 유럽은 공화정이 시작되면서 아테네로 눈을 돌립니다. 특히 대혁명을 통해 공화정을 수립한 프랑스는 로마 제국의 식민지 갈리아(Gallia)로 시작된 역사를 슬쩍 감추기 위해 고대 그리스 문명 재발견에 집중해 시민이 동등하게 투표권을 행사했다는 아테네 민주정을 부각하며 '고대 그리스 민주주의를 이어받은 진정한 후계자는 프랑스'라는 역사관이 자리잡게 됩니다.

그러자 영국은 비록 왕이 존재하나 가장 먼저 의회 정치를 시작했다고 강조하면서 실제 의회 정치 롤모델이 바이킹 족장회의였다는 사실은 쓰윽 감추고, 고대 아테네 민주정과 로마 공화정의 후계자는 영국이라는 선명성 경쟁을 하게 됩니다. 마침 그때 오스만투르크로부터 독립하려는 그리스가 무장 투쟁을 시작하자 영국 시인 바이런(George G. Byron) 등 열혈 청년들이 자진해서 그리스로 달려가 힘을 보태게 되고, 그리스가 오스만투르크의 지배를 받던 민족 중 가장 먼저 독립에 성공하게 됩니다. 이게 다 조상을 잘 둔 덕분이지요. 🐻

이처럼 그리스 문명의 후계자임을 자처한 프랑스는 지난 2022년말 프랑스 올림픽위원회를 통해 2024년 파리 올림픽 로고와 마스코트를 발표하는데, 로고는 프랑스 혁명을 상징하는 들라크루아(Eugène Delacroix)의 그림 '민중을 이끄는 자유의 여신(La Liberté guidant le peuple)' 정중앙에서 총을 들고 시민군을 격려하는 여성과 횃불을 결합한 '마리안(Marianne)'을 선보였고, 마스코트로는 프랑스 혁명 당시 시민들이 썼던 빨간 프리기아 모자를 의인화한 '프리주(Phryge)'를 채택합니다.

2024 파리 올림픽 마스코트 프리주
(출처 _ 위키피디아)

프리기아 모자는 개구쟁이 스머프들의 영원한 리더, 파파 스머프 할아버지가 쓰고 있는 빨간 모자의 오리지날인데…, 앞서 프리기아 왕국 이름과 똑같죠? 네. 맞아요. 🐻

이 프리기아 모자는 프리기아 왕국 시절, 주인이 노예를 해방시켜줄 때 빨간 모자를 씌워 축하했는데, 이 풍습이 그대로 로마에 계승되었고 해방노예는 이 모자를 장대에 꽂아 흔들며 자유를 만

낀했다고 합니다. 그런 전통이 이어져 프랑스 혁명 당시 시민군도 해방과 자유를 상징하는 빨간 프리기아 모자를 썼던 정신을 되살려 2024년 파리 올림픽 마스코트로 채택한 것이에요. 🐻

이처럼 그리스 신화 속에서는 우스꽝스럽게 묘사된 미다스 왕의 나라 프리기아 왕국과 관련된 여러 유산이 벨기에의 파파 스머프, 프랑스 올림픽 마스코트, 우리나라 '대나무숲'까지 다 이어지는 것이 신기하지 않으세요?

이런 신기한 이야기, 제가 아니면 누가 알려드리겠습니까? 어이쿠! 돌 날아온다…. 그리스 문명 편은 이만 마치도록 할게요. 🐻

04
인더스 문명보다 갠지스 문명

다시 고대 문명 중 하나인 인더스 문명으로 돌아옵시다.

시간상 메소포타미아, 이집트에 이어 세 번째로 출현한 고등 문명인 인더스 문명을 흔히 인도의 고대 문명이라고 여기는데, 실은 인더스 강 유역 대부분은 파키스탄 영토 내에 있어요. 물론 과거에는 파키스탄과 인도, 방글라데시, 네팔, 부탄, 스리랑카 일대가 다 거대한 인디아 문명권이었으니 틀린 표현은 아니네요. 🐨

모헨조다로, 하라파 유적으로 드러난 인더스 문명

인도 아대륙(亞大陸, Indian Subcontinent, 반도보다 크고 대륙보다 작은 크기) 북서쪽을 흐르는 인더스 강은 2900킬로미터에 이르는 긴 강인데 히말라야 산맥이 강한 바람을 막아 기후가 따뜻하고 땅이 기름진 곳이었지요. 덕분에 BC 8000년경부터 농사가 시작되었고, BC 2500년경부터는 도시화가 이뤄집니다.

인더스 문명을 발견하게 된 건 이집트와 메소포타미아 고대 유적에서 이 지역과 무역을 한 기록과 증거가 다수 나오면서 발굴단의 관심을 끈 것이 시작입니다. 결국 1922년 인더스 강 상류에서 본격적으로 발굴된 하라파(Harappa)는 최초로 발견된 인더스 문명 고대 도시였는데, 나중에 인더스 후기 유적임이 밝혀집니다. 뒤이어 인더스 강 하류 500킬로미터 지점에서 가장 큰 규모의 모헨조다로(죽은 자의 언덕) 유적이 발견되는데, 이 유적은 초기 중심지로 추정된다고 하네요.

그후 현재까지 인더스 강 유역에서 발견된 도시 유적이 250개가 넘는다고 하는데, 대부분 거대한 성벽을 두르고 대목욕탕, 곡물

모헨조다로 지도 (출처 _ mapsontheweb.zoom-maps.com)

하라파 유적 (© Muhammad Bin Naveed) (출처 _ 위키피디아)

창고 등이 있는 성채를 중심으로 진흙 벽돌 건물과 공동우물, 하수도가 반듯반듯한 도로를 따라 계획적으로 설계되어 발견자들을 감탄케 했다네요. 🐻

하지만 하나 의아하게 여긴 건 메소포타미아, 이집트와 달리 종교 시설이나 궁전 같은 통치용 건물이 없었다는 겁니다. 이들은 세계 최초로 목화를 재배하고 물레방아, 수레를 발명했고, 별도의 문자가 사용된 것이 확인되지만, 대부분 벽돌 등에 새긴 단어 수준이라 아직 해독이 안 되고 있어요. 🐻

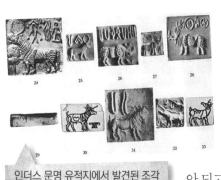

인더스 문명 유적지에서 발견된 조각 (출처 _ phys.org)

인더스 문명 주요 유적지 (© Jane McIntosh) (출처 _ 위키피디아)

다만 출토된 여러 조각에서 새가 중요한 상징으로 사용되어 이후 페르시아에서 시작되는 조로아스터교(Zoroastrianism) 및 로마, 신성로마 제국, 미국으로 이어지는 독수리 상징의 시초가 아닐까 하는 의견도 나왔는데, 파키스탄이 1965년 이후 외국 발굴단의 조사를 불허하면서 더 이상 진척이 없는 상황입니다. 🐻

아리아족의 침입

이처럼 아직도 미스터리한 인더스 문명을 이룬 사람들은 드라비다족(Dravidians)이라고 추정됩니다. 고도의 인더스 문명을 이룬 드라비다족은 BC 1500년경 중앙아시아에서 이란 지역을 거쳐 침략한 아리아인들에게 패배해 인도 남쪽까지 쫓겨나고 맙니다. 🐻 철기 무기로 무장한 아리아족은 기후 변화로 메말라가던 인더스 강 유역 대신 습윤한 갠지스 강 유역을 새로운 중심지로 삼아 지금의 독특한 인도 문명, 즉 갠지스(Ganges) 문명을 이루지요.

코카서스(Caucasus) 산맥 인근에서 발흥한 아리아족은 이란을 거쳐 동쪽으로는 인도, 서쪽으로는 중동을 거쳐 유럽까지 진출해 인도 – 유럽어족을 이루게 되는데, 제2차 세계대전 당시 나치 독일은 독일인이 순수한 아리아인의 후손이라는 강렬한 민족주의를 표명하며 유대인과 집시 등 소수민족을 무참히 학살하지요. 🐻

하지만 이 주장에 대해 그 당시 코웃음을 치는 이들이 있었으니…, 바로 이란 사람들이었습니다. 이들은 오랜 기간 그리스에서 이란의 일부였던 파르사(Parsa) 지방을 지칭하던 '페르시아'로 통칭되었지만, 팔라비 왕조(Pahlavi Dynasty)가 1935년에 '우리야말로 순수한 아리아인의 후손'이라는 자존심으로 '아리아인의 나라'라는 의미의 '이란(Iran)'으로 국호를 변경해 오늘에 이르고 있습니다.

원래 페르시아 제국 시절에는 그들 스스로 아리아스(Aryas)라

고 불렀는데, 시간이 흐르며 아리아흐(Aryah), 아리야(Ariya), 에르
(Er) 순으로 변하다가 민족 이름으로서 복수형 접미사가 붙어 에란
(Eran)이었다가 모음 변화로 이란(Iran)이 된 거라고 하네요. 🐻

지금의 인도는 갠지스 문명의 후손

드라비다족을 남쪽으로 밀어내고 인도 아대륙 북부를 장악한 아
리아인들은 갠지스 강 일대에 여러 도시국가를 세운 뒤 치열한 전
쟁 끝에 통일 왕조로 나아가면서 기존 주민들을 지배하기 위해 브
라만 종교(Brahmanism)와 카스트(Caste)라는 4단계 신분제도를 정착
시킵니다.

　잘 알려졌듯이 카스트 제도는 《베다》 경전을 읽고 제사를 지내
는 사제 및 귀족 '브라만(Brahmin)'이 제1계급, 무사 계급 '크샤트
리아(Kshatriya)'가 제2계급, 농민과 상인 계급인 '바이샤(Vaisha)'가
제3계급, 노예 신분인 '수드라(Shudra)' 제4계급으로 층층이 나뉘
어 태어날 때부터 신분과 직업을 벗어나지 못하게 했고, 심지어 최
하계층은 '불가촉 천민'이라고 하여 인간 이하로 취급하는 구조를
4천 년 넘게 확고히 구축합니다. 비록 1947년에 법으로 카스트 제
도를 폐지했다지만, 아직도 서로 보이지 않는 마음의 벽을 치고 있
는 것이죠. 🐻

이 같은 신분제도는 무력만으로는 오래 유지할 수 없습니다. 히타이트, 아시리아, 몽골 등 강력한 무력으로 통일한 국가들이 수백 년을 가지 못한 반면, 인도는 신화와 종교로 아예 사람들의 마음속까지 철저히 지배하는 데 성공한 겁니다. 🐻

앞서 인도 대홍수 신화에 소개한 마누가 드라비다 왕국 왕자라고 말씀드렸죠? 정작 그 글이 실린 《베다》 경전은 아리아족이 만든 것이니 인더스 문명권에서 전해진 옛 이야기를 참고했을 것으로 본다네요.

그럼 인도의 신화와 종교를 슬쩍 알아봅시다. 🐻

카스트 제도와 관련된 신화

복잡한 브라만-힌두 신화는 시대가 흐르면서 여러 이야기가 복합된 것이고 그보다 앞서 단촐하지만 카스트 제도가 하늘의 뜻임을 알리는 푸루사(Purusa) 신화가 존재해요.

이 세상이 처음 만들어졌을 때 거인 '푸루사'가 스스로 태어났지만 신들이 그를 제물로 올리고 물을 뿌리며 제사를 지내자 그의 몸에서 세상 모든 것이 튀어나왔는데, 하늘과 땅, 숲과 동물이 태어난 뒤 마지막으로 네 신분의 사람이 태어나니 그의 머리에서 브라만(지혜),

팔에서 크샤트리아(용맹), 넓적다리에서 바이샤(생산), 발에서 수드라(발로 뛰는 궂은 노동)가 태어났고, 이 네 신분은 곧 하늘의 명령이라는 가스라이팅을 했다고 하네요. 🐻

인도의 천지창조 신화

이후 고대 인도는 브라만 계급이 주관한 브라만교를 통해 사회 구조를 더욱 공고히 해 나갑니다.

《베다》경전에 따르면 우주의 수명은 43억 2천만 년이며, 이 주기마다 탄생과 소멸을 반복한답니다. 새로운 43억 2천만 년이 시작되는 날, 새벽에 태초의 바다 위에 유지보존의 신 '비슈누'가 천 개의 머리를 가진 뱀 아난타(Ananta Shesha) 위에 평안하게 잠들어 있다가 깨어나면서 세상이 시작됩니다.

네 개의 팔과 신비로운 푸른 피부를 가진 비슈누의 배꼽에서 찬란한 빛과 함께 황금 연꽃이 열리면서 네 개의 얼굴과 네 개의 팔을 가진 '창조의 신' 브라흐마(Brahma)가 태어나고, 뒤이어 바다 위로 광풍과 회오리가 몰아치며 무한대의 불기둥이 바닷속에서 솟아나와 하늘로 무한대로 뻗어 가서 하늘의 한 축을 이루면 그 끝에서 '파괴의 신' 시바(Shiva)가 출현한다고 합니다.

시바 신은 세 개의 눈을 가

지고 있는데 이마에 있는

제3의 눈은 평소 감겨 있

지만, 세상의 마지막 날이

오면 세 번째 눈이 떠지면

서 태양보다 강렬한 열기

가 뿜어져 나와 모든 세상

브라흐마, 비슈누, 시바 세 주신
(출처 _ mandalas.life)

을 태우고 새로운 우주를 만들어낸다고 하지요. 🐻

그래서 현재 인도 힌두교의 신은 무한대라 할 만큼 많지만 브라흐마,
비슈누, 시바 3대 주신(主神)이 가장 유명하며, 그 중에서도 비슈누
신이 가장 널리 사랑받고 있습니다. 앞서 마누의 대홍수 신화에서 위
기를 알리는 물고기로 첫 화신(化身)이 되어 나타나는 등, 현재까지
9번 이 세상에 출현했다고 하는데 10번째로 나타나는 날이 세상의
종말이라고 하네요. 🐻

비슈누가 세상에 나올 때마다 변신한 모습을 인도인들은 '아바
타(Avatar, 化身)'라고 부르니, 우리가 잘 아는 '아바타'라는 단어가
바로 여기서 유래한 거예요. 🐻

영국에 의한 인도 아대륙 통일

그런데 인도의 역사를 쭉~ 보면 뭔가 이상한 점이 있습니다.

인도 아대륙 지형도 (출처 _ arca.live)

우리가 세계사에서 본 여러 인도 왕조 중 그 어느 왕조도 인도 아대륙 전체를 통일한 적이 없어요. 늘 남쪽에는 별도의 국가가 존재했거든요. 🐻 이는 인도 북부 인더스-갠지스 강 유역을 지나 남쪽으로 내려가려면 평균 고도 1000미터가 넘는 데칸(Deccan) 고원이 가로막고 있어서 북부 아리아인 왕조들이 남부 왕조를 공략하기 어려웠기 때문입니다. 이는 아리아인들의 국가들은 물론 이슬람 세력이 북인도를 차지한 시절에도 마찬가지였습니다.

하지만 이 같은 지리적 특성을 무시한 유럽 백인들은 인도인들이 정신 세계에 탐닉해 전쟁하러 가다가 중간에 명상에 잠기거나 인생무상을 느껴 결코 정복을 이루지 못했다는 엉뚱한 해석을 하는 경우가 많아요. 🐻

인도 남부는 북부에 비해 땅이 척박해 바다 건너 교역에 진심이었습니다. 배를 타고 인도양을 통해 동쪽으로는 동남아시아로 무

촐라 제국 교역 루트 (© Gregors)
(출처 _ 위키피디아)

역을 하고 서쪽으로는 아라비아를 거쳐 아프리카 동부 해안과 마다카스카르(Madagascar) 섬까지 아우르는 무역 루트를 개척해 다수의 인도인이 그곳에 정착하면서 인도 문화를 널리 알리는 역할을 수행했지요. 심지어 촐라 제국(Chola Empire, 848 ~ 1279) 왕족 일부가 필리핀으로 건너가 스페인 정복 전까지 300여 년간 세부(Cebu) 섬을 다스리기도 했다네요. 🐻

인도 남부 왕조는 초기에는 불교가 주류었지만 힌두교 침투를 막지 못해 힌두교 사원을 많이 남겼는데, 북인도 사원들은 둥근 지붕이 많지만 남인도 사원들은 계단식 피라미드 형태가 많아요. 동남아 힌두교 사원도 이런 스타일이 많죠. 일본 도쿄에도 이런 양식의 힌두교 사원이 있고요.

결국 인도 아대륙 일대의 모든 나라가 하나로 통일된 건 아이러니하게도 바다 건너 외부 세력인 영국이 막강한 무력으로 정복하면서 가능해졌지만, 제2차 세계대전 후 독립하면서 종교 대립으로 다시 여러 나라로 분열되고 말았지요. 🐻

인도 남부 정복의 꿈을 담은 《라마야나》

이처럼 아리아인들이 정복하지
못한 남쪽에 대해 인도 고대 서
사시에서는 악마의 소굴로 묘
사됩니다. 🐻

라마 왕자와 시타 공주
(출처 _ www.hindugallery.com)

　BC 3세기경 시인 발미키
(Valmiki)가 편찬한 《라마야나(The
Ramayana)》는 이 같은 감정을 잘 나타내는 거대 서사시인데요, 전체
7편에 총 2만 4천 싯구로 이루어져 있습니다.

　이 이야기는 비슈누의 7번째 화신(아바타)인 라마(Rama) 왕자
가 스리랑카로 붙잡혀 간 부인 시타(Sita)를 구하러 가는 모험 스
토리인데, 인도가 자랑하는 2대 고대 서사시 중 《마하바라타
(Mahabharata)》가 바라타 왕족 두
가문의 대립이 일으킨 거대한 내
전이 주 내용이라면, 《라마야
나》는 외부 적과의 대립이 주요
배경이 되는 차이가 있어요.

고대 인도 16대국 시대
(© Kmusser) (출처 _ 위키피디아)

India, 600 BCE
The 16 Mahajanapadas

　《라마야나》의 배경이 되는
BC 600년경 북인도 지역은

16개의 아리아족 나라가 통일을 위해 전쟁을 벌이던 16대국 시대(Mahajanapadas, BC 700 ~ BC 300)라는 대혼란의 시기였습니다.

지금의 네팔에 위치한 코살라(Kosala) 왕국의 왕자 라마가 젊은 날 성자를 따라 뱀이 감긴 삼지창을 들고 불을 내뿜는 악녀 타타카(Tataka) 등을 처단하고 돌아오던 길에 비데하(Videha) 왕국의 시타 공주와 결혼합니다. 하지만 여자 악귀 수르파나카(Surpanakha)가 라마에 반해 접근했다가 거절당하자 앙심을 품고 스리랑카에 살던 머리가 열 개 달린 오빠, 악마왕 라바나(Ravana)에게 연락해 시타 공주를 납치하게 만들어요. 🐻

이에 라마 왕자가 스리랑카로 원정을 가던 중 원숭이들의 나라에 들러 《서유기(西遊記)》 손오공의 원조인 원숭이 하누만(Hanuman) 장군의 소원을 들어주니 원숭이 부대가 왕자를 도와 스리랑카까지 가는 돌다리를 만들어줍니다. 🐻

또한 하누만 장군이 구름을 타고 날아가 시타 공주의 위치를 알아내고 라마의 지휘를 받은 원숭이 군대가 라바나(Ravana) 군대와 전투 끝에 승리해 결국 라마 왕자가 아내 시타를 구하게 됩니다.

하지만 그녀의 정절을 의심해 외면하자 시타는 정절을 증명하고자 스스로

손오공의 원조, 하누만 장군
(출처 _ 위키피디아)

불에 뛰어들었는데, 불의 신 아그니(Agni) 의 도움으로 목숨을 건지고 그제야 라마가 아내를 받아들이지요. 다만 이 이야기가 너무 유명해지다 보니 지금까지도 죽은 남편을 따라 아내가 불에 뛰어드는 악습이 남는 불상사가 생깁니다. 🐻

이 라마 왕자 이야기는 인도는 물론 동남아시아에도 큰 영향을 끼쳐 각 나라마다 유사한 이야기로 변형되어 전승되고 있으며, 태국은 현재 국왕 호칭을 '라마 10세'로 부르고 있지요. 또한 태국 파타야의 유명 워터파크 이름 역시 '라마야나'일 정도입니다. 🐻

그래서 인도 시인, 타고르(Rabindranath Tagore)가 젊은 시절 동남아시아에 여행을 갔다가 《라마야나》의 영향력이 엄청난 것을 알고는 인도 문화의 위대함을 다시 한 번 느꼈을 정도라고 하네요.

그런데 라마 왕자가 이 모든 여정을 끝낸 후 다스린 왕궁이 어디에 있었는지 아세요? 바로 아유타국(阿踰陁國)입니다. 왠지 이름이 익숙하죠? 네…, 금관가야 김수로왕의 부인 허황후의 고향이 아유타(아요디아)라고 나와요. 과연 허황후가 라마와 시타의 후손인지는 모르겠지만요. 🐻

허황후와 김수로왕
(출처 _ www.edunews.co.kr)

자이나교, 불교의 탄생

자이나교 지도자 마하비라
(© Dayodaya) (출처 _ 위키피디아))

기원전 700년부터 400여 년간 이
어진 혼란스러운 16대국 시대에 카
스트 제도와 브라만교를 비판한 종
교 지도자들이 등장합니다. 마치 중
국의 춘추전국시대에 백가쟁명(百家
爭鳴) 철학자들이 등장한 것처럼, 당시 인도에 등장한 여러 종교 중
현재까지 이어지고 있는 것은 자이나교(Jainism)와 불교(Buddism)입
니다.

 불교보다 조금 이른 시기에 등장한 자이나교는 카스트 제
도를 비판하고 고행을 통해 참 진리를 깨달아 윤회 사슬을 끊
고 열반에 이른다는 종교입니다. 이 종교의 시조는 '리샤바나타
(Rishabhadeva)'라는 인물이며, 이후 '마하비라(Mahavira)'라는 지도
자가 종교화하여 널리 알리게 됩니다. 이 종교의 지도자들을 '깨
달은 자'라는 의미의 '지나(Jina)'라고 부른 것이 해당 종교의 명칭
인 '자이나'가 되었다고 합니다. 마하비라는 12년간의 고행 끝에
최상의 지혜를 얻어 마지막 지나가 되었으며, '올바른 지식, 올바
른 관점, 올바른 행동'을 실천하여 모든 카르마(Karma, 인연)를 끊으
면 가르침의 정점에 이르러 윤회 사슬을 끊을 수 있다고 가르쳤고,
그 스스로 모든 집착을 버리고자 단식하여 운명했다고 합니다. 🐨

워낙 엄격한 규율 탓에 신도가 크게 늘지는 않았지만 상인 계층에서 환영받아 지금까지 이어져 오고 있는데, 비록 신도 수는 600만 명으로 인구 면에서는 소수 종교이지만, 지금도 인도 정부가 걷는 세금의 25퍼센트를 이들이 부담할 정도로 막강한 경제력을 갖고 있다고 합니다. 🐻

불교는 우리에게 무척 익숙한데, '깨달은 자' 붓다(Budda, 부처) 싯다르타 왕자의 깨달음을 전파하는 종교입니다. 고타마 싯다르타(Gautama Siddhārtha, BC 560년경 ~ BC 480년경)는 아리아족의 하나인 샤캬(Sakya, 釋迦)족이 세운 인도 16대국 시대 국가 중 하나인 카필라(Kapila) 왕국 왕자였기에 '샤캬족의 성인'을 한자로 옮긴 석가모니(釋迦牟尼, Sakyamuni)로도 불리지요. 그는 '욕심과 이기심을 버려야 고통에서 벗어날 수 있으며, 사람은 누구나 평등하며 깨닫게 되면 그 누구라도 부처가 될 수 있다.'는 깨달음을 널리 퍼뜨렸고, 신분과 상관없이 제자를 받아들여 특히 크샤트리아, 바이샤, 수드라 계층에서 큰 환영을 받습니다. 특히 23명의 지나 이외의 지도자를 인정하지 않는 자이나교와 달리, 부처가 한 분이 아니며 극도의 고행을 수반하지 않아도 된다는 점이 달랐습니다. 🐻

하지만 여전히 불교는 브라만교에 밀리다가 300여 년 뒤 드디어 마우리아(Maurya) 왕조 아소카(Ashoka, BC 304~BC 232) 대왕의 선택을 받으며 국제적 종교로 확장하게 됩니다. 이는 어느 종교나 유사합니다. 조로아스터교가 페르시아 제국의 국교가 되면서 오리

엔트 지방에 널리 퍼졌고, 기
독교가 로마 제국 콘스탄티
누스(Constantinus) 황제의 선
택을 받아 세계적 종교로 급
부상했으니까요.

마가다 왕국 날란다 사원 유적지
(© Odantapuribs) (출처 _ 위키피디아)

싯다르타가 생존하던 당시 인
도는 혼란스러웠던 16대국 시
대였는데, 그때는 인도 동북쪽 벵갈(Bengal) 지역 마가다(Magadha)
왕국이 주도권을 잡습니다. 당초에는 《라마야나》에서 라마 왕자
의 나라로 나오는 코살라 왕국이 더 강했지만, 마가다 왕국의 정복
왕 아자타샤트루(Ajatashatru, 아사세) 왕이 등장합니다. 그는 뛰어난
전략과 투석기, 쇠몽둥이 등 신무기를 바탕으로 16년간의 전쟁 끝
에 코살라 왕국을 정복하면서 인도 북부의 16대국 시대를 종결할
뻔하지만, 그가 죽은 뒤 귀족들의 반란으로 왕조가 바뀝니다. 🐻

불교 기록에서는 아직 깨달음을 얻기 위해 수행 중이던 싯다르
타가 마가다 왕국에 오자 아자타샤트루 왕의 아버지인 빔비사라
(Bimbisāra) 왕이 직접 만나 환대하며 후원했던 기록이 자세히 나옵
니다. 하지만 그후 빔비사라 왕은 아들에게 왕위를 빼앗긴 후 갇혀
굶어 죽게 됩니다. 🐻

이 역사적 사실을 불교 설화에서는 아사세 왕자가 태어나고 얼
마 후, 그 아기가 전생에 빔비사라 왕에게 죽은 선인이 환생한 것이

아소카 왕의 석주 (© Chrisi)
(출처 _ 위키피디아)

라는 걸 알게 된 빔비사라 왕이 아들을 죽이려고 한 업보라고 설명합니다. 당시 빔비사라 왕이 아들을 담 너머로 던졌으나 시녀가 받는 과정에서 아기의 새끼손가락을 못 쓰게 되었는데, 훗날 출생의 비밀을 알게 된 아사세 왕자가 부모를 죽인 것이라고 전합니다. 이 설화를 후고구려를 건국하는 궁예(弓裔)가 절에서 공부하다가 알게 되고 '나는 원래 신라 왕자인데 왕이 죽이려 담벼락 너머 던져 시녀가 받다가 눈을 찔려 애꾸눈이 되었다'며 자신의 정통성을 만드는 데 요긴하게 써먹게 됩니다. 🐻

이후 마가다 왕국이 무너지고 마우리아 제국이 거의 인도 전역을 통일하게 되는데, 3대 아소카 대왕은 피비린내 나는 정복 전쟁 후 새로운 정치 철학과 종교관이 필요하다고 여겨 불교를 새 국가 종교로 내세웁니다. 그는 전국 곳곳에 불교 사찰을 만들고 경전을 체계화하는 것에 만족하지 않고 해외로도 널리 전파하니, 동쪽으로는 동남아시아 국가들에 전파되고 서쪽으로는 그리스까지 승려를 파견합니다. 당시 이집트와 그리스 일대에서 사절단을 맞이하면서 유럽인들에게 새로이 인도가 알려지게 되고, 서구 중심의 세계사에서도 아소카 왕의 비중이 높아지게 되죠. 🐨

이 당시 동남아시아와 유럽에 소개된 불교 사상은 우리가 흔히 '소승불교(小乘佛教)'라고 부르는 상좌부 불교(上座部佛教)인데, 이후 파르티아(Parthia) 제국 시절 등장한 마니교(Manichaeism)에도 큰 영향을 미쳤고, 훗날 기독교지만 윤회를 믿던 카타리파(Cathatism), 보고밀파(Bogomils) 등 밀교로 그 사상이 이어지다가 중세 말기 혹독한 시련을 겪으며 소멸하는 단초를 제공합니다.

다만 당시에는 중국이나 한반도, 일본으로는 불교가 제대로 전파되지 않았는데, 티벳 고원과 동남아는 지형이 험난했고 중국과 연결할 수 있는 중앙아시아 루트는 여러 나라가 장악해 인적 교류가 어려웠기 때문입니다.

이후 마우리아 제국을 이은 쿠샨 제국(Kushan Empire, AD 30~375) 카니슈카(Kanishka) 왕도 불교 포교에 적극적이었는데, 이때의 제국 중심지가 파키스탄과 아프가니스탄 지역이어서 중앙아시아 교역 루트를 장악함에 따라 중국으로 승려를 파견하게 되고, 삼국시대였던 한반도를 거쳐 일본까지 전래됩니다. 다만 이 시기에는 불교의 성격이 바뀌어 개인의 수양을 중시하기보다는 인류 모두가 구원받아야 할 존재이며 부처 등 선각자에 대한 숭배가 강화된 '대승불교(大乘佛教)'가 대세였고, 처음으로 그리스 풍의 간다라(Gandhara) 미술 양식을 적용한 불상 제작이 시작된 상황에서 우리나라에 전해진 것이지요. 🐻

당시 중국은 위진남북조(魏晉南北朝, 220~589) 혼돈의 시기였기에 정통성이 약했던 북방 이민족 왕조에서는 윤회 사상을 이용해 '왕즉불(王卽佛)', 곧 가장 덕을 많이 쌓아서 왕으로 환생했기에 조만간 부처가 될 존재이니 감히 덤빌 생각은 하지 말라고 귀족들과 백성들에게 가스라이팅을 하게 됩니다. 그래서 중국의 거대 불교 건축물이 주로 이 시대에 만들어지죠.

중국 둔황 석굴 (© Leon petrosyan) (출처 _ 위키피디아)

원래 부처님 말씀은 그런 게 아니었는데 말입니다. 🐻

이렇게 중국에서 변형된 왕즉불 사상은 우리나라 왕실에서도 요긴하게 사용됩니다.

원래 고주몽, 박혁거세, 김알지 등이 건국 시조 신화를 갖고 있었지만, 유명 귀족들도 다들 나름의 집안 시조 신화를 갖고 맞짱뜨던 상황이었기에 왕즉불 사상을 받아들이게 되면 왕과 귀족은 레벨이 다르다는 걸 인정할 것이라는 고도의 정치적 계산이 있었던 것이죠. 그래서 특히 귀족 세력이 만만찮았던 신라에서는 이차돈(異次頓)의 목을 베면서까지 강하게 밀어붙이게 됩니다. 🐻

하지만 원래 자이나교와 불교, 두 종교 모두 창조주나 인격을 가진 신이 존재하지 않고 절대적인 진리만을 추구한다는 공통점이 있습니다. 그래서 불교의 부처님은 신이 아니며 모든 인간이 언젠가는 부처가 될 수 있음을 알려주고 이끌어주는 멘토 역할이기에,

신이라는 존재에 익숙한 서구인들 시각에서는 '신이 없는 종교'라고 여기기도 합니다. 그러다 보니 가끔 '불교는 종교가 아니라 철학'이라고 주장하는 이들도 있는데, 그건 서구식 편견입니다. 🐻

현재 불교가 동아시아 지역에서 융성한 데에는 여러 이유가 있겠지만, 최근 현대 과학에서 유전적으로 동아시아인들이 가장 낮은 '아난다마이드(Anandamide)'를 보유한 것도 한 원인이 아닐까 주목하기 시작했습니다.

아난다마이드가 뭐냐고요? 아난다마이드는 쾌감을 주는 신경 전달물질이에요. 1992년에 돼지의 뇌에서 대마를 피웠을 때와 비슷한 작용을 하는 것으로 보이는 화학물질을 발견하면서 비로소 알려졌는데, 이 신물질의 명칭을 고대 인도어인 산스크리트어에서 '행복'이란 의미를 가진 '아난다(Ananda)'에서 따와 이름지었다고 합니다.

이 물질은 인간에게 공포심과 불안감을 이겨내고 긍정적인 사고를 유발한다고 알려져 있고, 마라톤을 할 때 고통 후 느껴지는 쾌감인 '러너스 하이(runners' high)'와 같은 효과를 준다고 하네요. 🐷 하지만 동아시아인에게서는 이 물질 보유자가 적은데, 이는 타 지역에 비해 사계절이 뚜렷한 쾌적한 환경에 적응하다 보니 그렇게 된 것으로 추정된답니다.

특히 우리나라에는 이 물질을 가진 사람이 14퍼센트에 불과해 76개 조사 국가 중에서 가장 낮으며(가장 많은 국가는 40퍼센트), 혈액형 조사 방법 중 중독성을 선천적으로 가지고 있는지 알아보는 'IO 혈액형' 분석 결과도 중독성 혈액형인 'II형' 비율이 11퍼센트대인 것과 유사한 수치입니다. 🐱 IO 혈액형 분석법은 우리가 흔히 아는 ABO 혈액형과는 전혀 다른 분석 방법인데, 특정 현상에 잘 중독되는 인자인 I가 열성인자여서 양쪽 부모로부터 각각 I, I 인자를 받은 II형만 강한 중독 증상을 갖고 있는 것으로 알려지고 있습니다.

이게 대체 뭔 소리인지 모르겠다고요? 🐻 즉, 대다수 한국인은 유전적으로 행복 유전자나 중독성 유전자가 적다는 얘기입니다. 이에 급격한 감정 변화나 광적인 흥분 현상이 드물다는 것이죠 🐻

이 때문에 종교적 열광이 약하고, 고도로 몰입하거나 소유와 성취를 통해서만 자긍심과 만족감을 느낄 수 있어 불교나 유교처럼 현실을 긍정하는 종교 가치관이 더 잘 수용되는 모습을 보이니, 불행한 현실 너머 내세의 축복을 기원하는 유일신 신앙에 익숙한 서구인 시각에서는 비종교적인 사회로 보인 것이 아닐까요? 🐻

힌두교의 등장

이처럼 인도 제국에서 불교가 융성하던 쿠샨 왕조가 무너지고 여러 나라로 갈라진 뒤 4세기 굽타(Gupta) 왕조 찬드라굽타 2세

(Chandragupta II) 왕이 다시 북인도를 통일하던 시기에 이르러 브라만교가 힌두교(Hinduism)로 대변신을 합니다. 🐻

이들은 브라만교의 카스트 제도는 유지해 쿠샨 왕조 권력자의 입맛에 맞추는 한편, 타 종교로 넘어간 이들을 다시 붙잡기 위해 복잡한 제사 의식, 비싼 제물을 바치던 관습을 버리고 불교와 마찬가지로 수행과 명상을 통해 구원받을 수 있다고 정체성을 바꿉니다. 게다가 가장 인기있던 신 비슈누의 9번째 아바타가 바로 싯다르타 부처님이었다며, 아예 불교를 힌두교의 일부로 받아들이지요. 이에 당시 굽타 왕조 임금들은 스스로를 비슈누의 아바타라고 자칭하며 왕권 강화에 이용하니, 6세기 이후 힌두교가 대세가 되고 이후 이슬람 세력이 인도를 점령한 후에도 가장 많은 신도를 가진 종교 지위를 유지하고 있습니다.

힌두교의 이 같은 놀라운 흡수력은 그후로도 계속 발휘되면서, 근대에 수많은 미국, 유럽 기독교 선교사들이 인도로 전도하러 갔다가 절망하고 말았다고 합니다. 예수님도 힌두교의 신 중 하나로 이미 포섭되어 있었기 때문이었다나요? 🐻

그래서 지금은 스리랑카만 불교도가 많을 뿐 정작 인도 본토에서는 불교가

탁실라의 불교 유적
(출처 _ shutterstock.com)

밀려난 상황입니다. 이를 두고 불교 쇠퇴의 원인에 대해 힌두교가 불교 교리를 흡수하는 상황에 제대로 대처하지 못한 불교 승려들의 안일함이라고 하거나 이슬람 세력의 침략 후 사회 하층민의 이슬람화를 손꼽지만, 근본적인 원인은 굽타 왕조 말기 북쪽에서 밀고 내려온 흉노(匈奴, Hun)족의 침탈이 단초였습니다. 🐻

중국에 밀려난 흉노는 서쪽으로 방향을 틀게 되는데, 이들 중 일부인 '알촌(Alchon) 훈족'이 470년경 간다라 지방을 지나 북인도 지역을 약탈하면서 아소카 왕부터 이어져 온 수많은 불교 건축물이 부숴지고, 탁실라 불교대학이 사라지고, 승려들이 대학살 당한 것이 결정적인 타격이었습니다. 이 당시 펀자브(Punjab) 지역 최대 도시였던 탁실라(Taxila)는 그후 사람이 살지 않게 될 정도로 극심한 피해를 입게 되면서 이 혼란의 시기에 브라만교와 불교를 모두 아우른 힌두교가 부상한 것이죠.

그러고 보면 같이 좀 먹고 살자던 흉노를 밀어낸 중국으로 인해 로마 제국도 무너지고 인도 종교사에도 큰 변화가 있었네요. 🐻

황하 문명이 '4대 문명'이라는 허상

고대 문명을 마무리하기 전에 마지막으로 중국의 '황하(黃河) 문명' 이야기를 잠시 해볼까 합니다.

우리는 고대 문명이라고 하면 으레 '4대 문명'을 떠올립니다. 학창 시절 세계사 수업시간에도 그리 배웠고요. 하지만 이건 한·중·일 3국에서만 통하는 가리지날입니다. 🐻

세계 학계에서는 메소포타미아, 이집트, 인더스 문명을 첫 주요 문명으로 보고, 그외 여러 다른 문명을 묶어 '문명의 요람(Cradle of Civilization)'이라고 부르지 '4대 문명'이라고 특정해 부르지 않습니다. 왜냐하면 이 4대 고대 문명이라는 개념은 1900년 중화민국 유력 정치인이자 언론인이었던 량치차오(양계초, 梁啓超, 1873 ~ 1929)가 만들어낸 허상이거든요. 🐻

량치차오 (출처 _ 위키피디아)

량치차오는 당시 외세에 휘둘리던 중국의 현실을 개탄하며 경각심을 일깨우고자《이태리 건국 삼걸전(意太利建國三傑傳)》,《월남망국사(越南亡國史)》등을 저술했는데, 신채호(申采浩) 선생이 이 도서들을 번역하여 소개하니 대한제국 시절 암울한 현실에 개탄하던 애국계몽가들의 필독서가 되어 당시에는 거의 공자(孔子) 급의 우상이 된 인물이기는 합니다. 🐻

량치차오가 제시한 황하문명론은 1900년에 그가 쓴《20세기 태평양가(二十世紀太平洋歌)》에서 비롯된 것인데, 중국도 이집트, 메소포타미아, 인더스에 버금가는 오래된 문명국가이니 이 위기를 극복해 다시 일어설 수 있다고 강조하고자 '4대 고대 문명'이라고 띄운 겁니다.

그런데 량치차오의 4대 고대 문명론을 널리 퍼뜨린 나라는 정작 일본이었던 것은 아이러니합니다. 이는 당시 제국주의의 막차를 탄 일본이 아시아 각국을 침략할 때 이름만은 번드르하게 '대동아공영권(大東亞共榮圈)'이라면서 동양이 결코 서구에 밀리지 않는 문명권임을 부각하고자 이 주장을 받아들여 일본의 세계사 교과서에 넣었는데, 그것이 지금까지도 우리나라 등 동아시아에서만 통용되고 있는 겁니다. 🐻 그러니 앞으로는 황하 문명을 넣은 '4대 고대 문명'이라는 표현은 안 쓰는 게 맞겠지요?

이제 역사 시대로 넘어가 중국과 북방 유목민족 간의 치열한 역사 논쟁을 살펴봅니다. 🐻

중세 시절 숨기고 싶은 각국의 흑역사를 알아봅니다.

중국과 북방 유목민족 간의 기나긴 혈투와 흔적 지우기, 중국에는 약자로서 대항했지만 반대로 참족, 캄보디아족에게는 너무나 가혹했던 베트남의 두 얼굴을 알아본 뒤, 영국 왕가의 족보 바꿔치기 이야기와 잘 알려지지 않은 중세 시절 수많은 십자군 이야기를 소개합니다.

3부

중세 시대,
숨기고 싶은
이야기를 찾아서

01
뮬란, 거짓말도 자꾸 하면 진실이 되나?

황하 문명을 그냥 넘어가니 서운하다고요? 워워~, 진짜 재미있고 (?) 짜증나는 이야기는 이제 시작입니다. 🐻

전 세계에 가장 잘 알려진 역사 속 중국 여성은 누구일까요? 아무래도 디즈니 애니메이션에 이어 실사 영화로도 제작된 '중국판 잔다르크, 뮬란(Mulan, 木蘭)'이 가장 유명하다고 해야 할 것 같네요.

'뮬란'의 정체

뮬란은 불과 30년 전만 해도 우리나라 사람들 대부분이 모르는 이야기였는데, 미국 디즈니 사(社)가 1998년에 애니메이션으로

제작하면서 전 세계에 알려지게 됩니
다. 🐻

디즈니 애니메이션 '뮬란'
(출처 _ 한국영상자료원)

당시 디즈니는 1989년에 개봉한 '인
어공주'가 대성공을 거두면서 뒤이어
'미녀와 야수', '알라딘', '라이온 킹',
'노틀담의 곱추', '포카혼타스', '타잔'
등을 발표하고, 세상에 내놓는 애니메이
션마다 엄청난 성공을 거두자 아시아 시장에서 더 많은 이익을 올
리기 위해 중국을 배경으로 하는 작품을 구상하다가 뮬란 이야기
를 선택했다고 하네요.

뮬란 이야기는 중국 남북조 시대에 쓰인 《화목란(花木蘭, 파뮬
란)》이 원작인데요. 디즈니 애니메이션 버전에서는, 흉노족이 중
국에 쳐들어오자 집집마다 남자 1명씩을 군인으로 징집했는데, 외
동딸인 화목란이 늙은 아버지를 대신해 남장을 하고 군에 입대하
여 흉노족을 무찌르고 황제를 구했다는 스토리로 전개했지요.

그런데…, 이제 슬슬 감이 오시죠? 네, 맞아요. 뮬란 이야기는
가리지날이에요. 🐻

원래 뮬란은 흉노족 여전사 집단을 뜻하는 '무랑(武郞)'이라는
단어였지만, 후대에 이걸 북방 이민족과 맞서 싸운 중국 여인 목란
(木蘭)이라고 바꿔치기 한 거예요. 둘 다 발음이 비슷하거든요. 🐻

응? 어째서 나라를 구한 영웅 이름을 하필 흉노족 여전사 명칭

을 사용하게 된 거냐고요? 🐻 그 사연은 이렇습니다.

흉노로 흉노를 무찌른 한나라 무제

흉노라고 하면 다들 흉측한 야만족이라고 여기지만, 실은 나름 문명을 갖추고 유럽 동부 평원부터 아시아 동쪽 끝까지 드넓은 중앙아시아 초원 지대에서 북방 아시아 황인종부터 튀르크족, 스키타이 백인종까지 다양한 인종 집단이 결합한 세력으로 오랜 기간 중국보다 더 크고 강한 집단이었습니다. 🐻

당시 흉노 각 부족 사이에는 말(馬)을 이용한 거대한 통신망이 구축되어 있었는데, 날씨가 온화하던 시기에 중앙아시아 일대에 정착해 반농반목 생활을 했지만 날씨가 점차 추워지자 남쪽으로 내려올 수밖에 없는 상황으로 내몰리게 됩니다. 하지만 남하하려고 보니 우랄(Ural) 산맥과 이란 북부 등 험준한 산악지대와 몽골 고비 사막 등이 가로 막고 있어서 내려와 살 만한 곳이라고는 황하 유역과 이란 평원, 유럽 평원 등 세

AD 450년대 흉노 제국 판도 (© Thomas Lessman)
(출처 _ www.worldhistorymaps.info)

갈래 길만 존재했습니다. 그래서 흉노 제국은 서서히 3개로 갈라지는데, 그중 중국 북쪽에서 끊임없이 전쟁을 치른 황인종 위주의 흉노는 이후 유연(柔然), 몽골로 이어집니다.

반면 중동 지역으로 이동한 튀르크계 흉노(돌궐)는 페르시아와 인도에 막혀 서쪽으로 이동하니, 지금의 튀르키예를 비롯해 중앙 아시아 여러 '○○스탄'이라는 이슬람 국가로 자리잡게 되지요.

아틸라 동전
(출처 _ 위키피디아)

또한 서쪽으로 이동해 유럽으로 진출한 스키타이 계열 흉노(훈, Hun)는 위대한 정복 군주 아틸라(Attila, 406~453)의 영도 하에 로마 제국과 전투를 벌이는 등 유럽 중부 지역을 휩쓸지만, 아틸라의 급작스러운 사망 이후 막내아들인 에르나크(Ernak)가 동로마 제국과 타협해 다뉴브(Danube) 강가에 영지를 받아 정착한 뒤 지금의 헝가리로 이어지고 있지요. 또한 다른 일파는 북쪽으로 진출해 핀란드를 건설했다고 합니다. 🦉

다만 이들 흉노 제국은 자체 문자가 없어 기록을 남기지 못한 반면, 이들과 치열하게 싸운 국가들에서는 이들을 악의적으로 표현한 기록만 남게 되었고, 중국에서는 '훈'을 음차하면서 발음이 유사한 글자 중 제일 안 좋은 의미의 '흉(匈)'에 더해 노예란 의미인 '노(奴)'라는 멸칭을 붙여서 나쁜 이미지만 남게 된 겁니다. 유

1926년 오페라 '투란도트'
포스터 (출처 _ 위키피디아)

럽인들은 들리는 대로 훈(Hun)이라고 표기했고, 페르시아 기록에서는 튀르크계 흉노(돌궐)를 '투란(Turan)'이라고 불렀어요.

응? 투란이라는 단어가 어쩐지 익숙하죠? 네, 맞아요. 푸치니(Giacomo Puccini)의 마지막 오페라 '투란도트(Turandot)'에 나오는 단어지요. 🐻투란도트는 '투란의 공주'라는 의미인데, 어찌된 셈인지 그 오페라에서는 중국의 공주로 나와요. 원래 이 투란도트는 몽골 오고타이 칸국의 카이두 칸(Kaidu Khan, 재위 1230~1301)의 딸 쿠툴룬(Khutulun) 공주 이야기가 마르코 폴로(Marco Polo)의《동방견문록(원제 Livres des merveilles du monde)》으로 유럽에 소개된 설화인데, 아시아 역사에 무지한 서양인들이 몽골이나 중국이나 다 같은 나라라고 오해한 겁니다. 🐻

그런데 당시 투란이란 단어가 신비로운 고대 동양 왕국을 대표하는 단어로 각인된 데는 배경이 있습니다.

19세기 말 오스만투르크는 세력이 쇠락하며 유럽 각국의 침략을 받게 됩니다. 특히나 러시아가 범(凡)슬라브주의를 내세우며 오스만투르크 지배 하에 있던 발칸 반도 내 슬라브인들에게 독립을 부추기자, 이에 반발한 오스만투르크는 '투란'을 민족적 구심점으로 삼습니다. 즉, 조상이 같은 헝가리, 핀란드와 손을 잡고 역으로 러시아, 이란, 아프가니스탄 지배 하에 있는 중앙아시아 튀르크인들의 독립을 부추긴 것이죠. 이를 통해 범(凡)튀르크계 국가를 통합해 예전 유라시아 대륙을 지배한 영광을 되살리자는 '범(凡)투란주의(Pan-Turanism)' 운동이 득세합니다. 🐻

이 영향으로 튀르키예인들이 우랄알타이어 계통의 언어권은 다 조상이 같다고 여겨 저 멀리 동아시아 몽골, 만주, 한국, 일본까지 형제의 나라라고 부르기 시작한 겁니다. 그러니 어찌 보면 20세기 초 일본 흑룡회(黑龍會)가 주장한 일본, 한국, 만주가 같은 조상이라는 논리나 현재 우리나라의 '환단고기(桓檀古記)' 신봉파들이 주장하는 고대 유라시아 제패 역사 역시, 이 범투란주의 사상을 추종하는 후예들이라 할 수 있는 거죠. 심지어 핀란드에서도 이 사상의 영향을 받은 핀란드판 유사역사학이 지금도 기승이라고 합니다. 유럽에서는 아주 유명하다네요. 🐻

다시 본론으로 돌아옵시다. 🐻

서쪽이나 남쪽으로 진출한 흉노가 일정 성과를 거두던 당시, 동쪽 흉노는 계속 중국을 침범했기에 중원을 통일한 진시황(秦始皇)은 전국 시대에 흉노와 국경이 맞닿았던 조(趙), 연(燕)나라 등에서 만들었던 성들의 빈 곳을 메워 만리장성(萬里長城)을 만들 수밖에 없었지요. 하지만 그후로도 흉노의 침입은 계속 이어졌고 진나라 멸망 이후 한(漢)나라 초기에는 더 강성해지니, 한나라 황제들은 계속 흉노 군주인 선우(單于)에게 여인들과 각종 공물을 바치는 굴욕을 당했는데, 이를 처음 극복한 이가 바로 한무제(武帝, BC 156 ~ BC 87)였어요.

그는 중국의 오랜 전통인 '이이제이(以夷制夷)', 즉 오랑캐로 오랑캐를 이긴다는 전술에 입각해 BC 111년에 우선 남쪽의 베트남을 정복한 후, 동쪽으로 진출해 BC 108년에는 고조선의 내분을 유도해 멸망시켰어요. 마지막으로 북방 흉노와 전쟁을 벌이면서 각 부족 간 갈등을 이용해 당시 선우를 반대하던 흉노 일파를 포섭해 이들을 앞장세워 흉노의 본거지를 공략했는데, 이때 선봉에서 큰 활약을 한 이들이 바로 투항한 흉노 여전사 집단 무랑, 즉 뮬란이었습니다. 🐨

이런 역사적 사실이 중국인들 입장에서는 차마 흉노족 여전사들을 앞세워 승리했다고 하기가 멋적었겠지요. 그래서 사람들 사이에서 이야기가 전달되는 과정에서 점차 흉노에게 승리를 거둔 여전사가 실은 중국 여성이라고 슬쩍 바뀌었고, 실제 중국에서는 여자가 군인이 될 수 없었기 때문에 유교적 관점에서 나름 합리적인 이유라고 만든 것이 아버지 대신 딸이 나가 싸웠다는 식으로 변질된 것으로 보입니다. 🐻

그러다 보니 각 시대마다 여러 버전이 등장하는데, 첫 서사시 〈목란사(木蘭詞)〉에서는 성씨는 나오지 않고 그저 뮬란(木蘭)이란 이름을 가진 여성이 남북조 시대 북위(北魏)에 살고 있었는데 흉노 이후 북방을 차지하고 있던 오랑캐 유연과 싸우러 나갔다고 기록했어요. 글자로는 겨우 300자에 불과할 정도로 짧은 이야기였다네요. 그런데 그 시대를 돌이켜보면 북위 역시 선비족(鮮卑族)이 세운 나라이기에 북위 군주는 황제가 아닌 가한(可汗), 즉 '칸(Khan)'이라고 자칭하던 시절이니까 실은 북방 오랑캐끼리 싸운 전쟁이기는 해요. 🐻

그것도 아이러니이기는 하지만 이후 시대가 흐르면서 점점 이야기가 덧붙여집니다. 그래서 처음에는 화(花)씨 가문 여성이라고 추가 설명이 붙더니, 이후 수(隋)나라 양제(煬帝)의 고구려 원정에 참여한 버전이 나온 데 이어, 송(宋)나라 때까지 다양한 변형 이야기가 존재한다고 합니다. 뭐 어차피 처음부터 허구의 인물 이야기였으니 각 판본마다 시대와 상대방이 제각각인 상황이 만들어진 것이죠. 그나마 뮬란이 고구려를 정벌하러 간 버전이 널리 알려지지 않은 걸 천만다행으로 여겨야 할까요? 🐻

이처럼 여성이 구국의 영웅이 되는 스토리는 우리나라 소설에도 종종 등장합니다. 가장 잘 알려진 것은 병자호란을 배경으로 하는 《박씨부인전(朴氏夫人傳)》이며, 《홍계월전(洪桂月傳)》이라는 소설에서는 어린 시절 간신의 흉계로 부모와 헤어진 후 산에서 도사를 만나 수련한 뒤 남장하고 군대에 들어가 대원수까지 승진한 뒤 전쟁에서 큰 공을 세우고, 이후 자신의 정체를 밝힌 후 부모님을 만나는 것으로 이야기가 전개된다고 합니다. 《옥주호연(玉珠好

緣)》에서는 세 자매가 열 살 때 남장을 하고 길을 떠나 조선 건국에 큰 기여를 하고 금의환향한다는 스토리로 구성되어 있고,《금방울전(金鈴傳)》에서는 여주인공 금량이 남주인공 해룡과 함께 여러 어려움을 극복하는 영웅으로 묘사되고 있다고 하네요. 🐻

디즈니가 재창작한 '뮬란'

다시 디즈니 애니메이션 이야기로 돌아갑시다.

디즈니는 꽤 오랜 기간 애니메이션 '뮬란' 제작에 공을 들였다고 합니다. 개봉 4년 전인 1994년부터 작품을 준비하면서 다양한 판본을 절충했다고 하네요. 시대는 당초 원본대로 북위 시절로 하되, 건물과 의상은 참고할 사례가 풍부한 당(唐)나라를 배경으로 삼고, 침략군은 애당초 뮬란 설화에 한 번도 등장한 적은 없지만 실제 뮬란(여전사)의 오리지날 민족이자 중국의 최대 적수였던 흉노로 설정해 짬뽕 버전의 뮬란을 만듭니다. 게다가 애니메이션에 나오는 험상궂은 오랑캐 대장 '샨유(Shan Yu)'는 한자로 쓰면 '선우(單于)', 즉 흉노 제국 임금 칭호를 사람 이름으로 쓴 거지요. 거 아무리 잊힌 유목민 역사라지만 왜곡이 심한 거 아닙니까? 🐻

그런데 디즈니가 그동안 재가공한 '인어공주'나 '노틀담의 곱추' 역시 원래 비극으로 끝나야 하는 스토리를 맘대로 해피엔딩으로 바꾼 전력이 있으니, 뮬란에서 배경을 바꾸는 건 아무런 거리낌이 없었을 거예요…. 🐨 심지어 '타잔'마저도 '겨울왕국' 엘사 공주의 부모님이 탄 배가 아프리카에서 난파한 후 그곳에서 낳은 남동생이라고 디즈니식 세계관을 확장하고 있는 상황인 걸요, 뭐. 🐻

처음 디즈니 애니메이션으로 '뮬란'이 나왔을 때, 이 같은 역사적 배경을 모른 채 애니메이션을 본 우리나라 사람들은 영화 속 여성들의 의상은 마치 일본 기모노 같고 하얗게 칠한 화장법 역시 중국이 아닌 일본 스타일이라며 비난했는데, 사실 이것이 당나라 시대 복장과 화장법이었어요. 🐱

당시는 당나라가 문화 강대국이던 시기여서 주변 국가에서도 당나라 풍속이 널리 유행하게 되는데, 이후 중국 본토는 여러 이민족 침입으로 풍속이 크게 변한 반면, 일본은 그때 받아들인 당나라 문화를 바탕으로 일본화함으로써 하얀 분을 바르는 화장법과 기모노 의상을 일본 고유의 전통으로 여기고 이어 온 것을 몰랐던 겁니다. 그러니 중국은 괜히 우리나라 문화에 시비 걸지 말고 일본이 기모노와 하얀 분칠을 훔쳐갔다고 주장하는 게 어떻겠니, 응? 🐻

하지만 그보다 더 심각한 중국의 역사 왜곡은 지금도 대부분 모르고 있어요. 뮬란을 통한 역사 왜곡 상황을 뒤늦게 알게 된 흉노의 후예 몽골이 최근, 예로부터 전해져 온 서사시 《Moku Araraki Shi(Mulan Words)》를 인용하며 "사실 뮬란은 몽골 토바족(Toba) 여전사 잠바가(Zambaga, 꽃)이며, 416년 가한(Great Khan)의 명을 받들어 20년간의 전쟁 끝에 과거 한나라가 점령한 뒤 계속 중국이 차지했던 영토를 되찾아온 영웅'이라고 주장하고 나선 것이죠. 🐻

그러자 중국도 반격을 합니다. 2007년 중국민간문예가협회에서 각종 판본을 비교해본 바, 뮬란은 남북조 북위 시절인 485년부터 492년까지 북방 유연과 맞서 싸운 허난성(河南省) 위청현(虞城縣) 출신 인물이라고 의견을 모았다고 합니다. 애초에 설화 속 인물로 알려져 왔는데, 이걸 고고학적 유물이나 과학적 근거도 없이 달랑 판본을 비교해서 실존 인물이 맞다며 역사학자들도 아닌 문예가협회에서 결정하다니요. 아주 장하십니다들! 🐻

하지만 몽골이 국력에서 밀리는 데다 국제적 이슈도 되지 못한 가운데 새로운 아이디어도 고갈된 처지가 되었고, 1990년대에 제작한 애니메이션을 다시금 실사 영화로 만들어 돈 버는 재미에 푹 빠진 디즈니가 실사판 '뮬란'까지 제작합니다. 하지만 코로나19 팬데믹이 터진 데다가 신장위구르(Xinjian Uygur) 수감자들까지 동원한 사실이 알려져 비난을 받게 되자, 결국 영화관 상영을 포기하고 디즈니의 OTT 채널인 디즈니 플러스에서 공개하게 되지요.

그런데, 일본의 소니 픽처스마저도 뮬란 이야기로 새로운 실사 영화를 준비하고 있다고 하네요. 🐻

중국의 실제 여성 영웅, 양홍옥

양홍옥 초상화 (출처 _ 위키피디아)

그런데…, 중국 역사에서 가상 인물 뮬란 같은 활약을 한 실제 구국의 여성 영웅이 없지는 않았습니다. 그중 대표적인 사례가 송나라가 금(金)에게 밀리던 시기에 활약한 여성 장수 '양홍옥(梁紅玉, 1102~?)'입니다.

그녀는 귀족의 딸이었지만 할아버지와 아버지가 반란 진압에 실패했다는 이유로 처형당하는 바람에 기녀로 살아가던 운명이었습니다. 그러던 어느 날 하급 장수였던 한세충(韓世忠, 1089 ~ 1151)을 만나 결혼했는데, 훗날 한세충이 1130년에 금나라 군대와 싸울 때 그녀 역시 갑옷을 차려 입고 군사들을 독려해 대승을 거두는 데 기여했다고 합니다. 🐻

당시 그녀는 먹을 것이 부족하자 직접 만두를 빚어 병사들에게 나눠주며, "양이 많지 않으니 그저 마음(心)에 점(點)이나 찍으세요."라고 했는데, 이것이 나중에 '딤섬(點心)'의 어원이 되었다는 학설이 있다고 하네요. 🐻

그런데 한세충이 8천여 군사로 10만 적군을 물리쳤지만 금나라 대장군을 놓치자 부인은 황제에게 "한세충이 기회를 잃어 적을 놓

쳤으니 벌을 내려 달라."고 직접 탄핵 상소를 올립니다. 이 같은 충
성심에 감복한 황제는 승리를 치하하며 양홍옥에게 '양국부인(陽
國夫人)'이라는 칭호를 내렸다고 하네요. 🐻

하지만 그녀의 말년이 어땠는지는 기록이 명확하지 않아요. 현
재 기록상으로는 1135년에 사망했다는 문헌과 1153년에 사망했
다는 두 가지 다른 내용이 전해지고 있는데, 모두 개인들이 후대에
남긴 책에 적힌 내용이라 여전히 정확한 사망연도는 알지 못하고
있습니다. 게다가 이름조차도 정사에서는 그저 '양부인(梁夫人)'으
로만 기록되어 있으며 양홍옥은 야사로 전해지는 이름일 뿐이라
고 하니 대우가 영 시원찮습니다. 🐻

이런 여성 영웅을 왜 중국은 알리지 못할까요? 그건 현재 중국 역사학계가 요(遼)나라와 금나라도 다 중국의 지방정권이라고 왜곡하다 보니 구국의 영웅으로 추앙하지 못하는 모순이 있기 때문이지요. 실제로 중국인들이 관우(關羽)에 이어 두 번째로 존경하던 악비(岳飛, 1103~1142) 장군은 한세충과 함께 금나라에 맞서 싸운 중화민족의 영웅이었는데, 역사공정을 통해 이민족의 역사도 다 자신들의 역사라고 주장하려다 보니, 어라? 악비는 중국의 통일을 방해한 인물이 되고 만 겁니다.

게다가 문화대혁명(文化大革命) 당시 홍위병들이 악비 묘를 파헤쳐 유골을 태워 없애버리기까지 했으니, 참 모양새가 이상하게 된 상황입니다. 🐻

중국의 역사 왜곡

뮬란 이야기는 중국의 역사 왜곡 사례 중 빙산의 일각입니다.

중국은 현재 조선족 농악무부터 위구르족 서사시에 이르기까지 소수민족 문화유산을 모두 중국 문화유산으로 둔갑시키는 데 성공해 거의 막바지 단계에 이른 상황입니다. 🐻

실제로 중국은 티벳족(Tibet, 장족)과 몽골족 공동 유산인《게세르(Geçer)》, 키르기스족(Kyrgyz)의《마나스(Manas)》,《장가르

(Zangar)》를 합쳐 '중국 3대 서사시'라며 국가 무형문화유산으로 선정해 대대적으로 연구하고 있어요. 티벳은 중국에 국권을 빼앗긴 상황이라 《게세르》를 중국 서사시로 날조당하면서도 어쩔 수 없었던 반면, 키르기스족의 대서사시 《마나스》는 눈 뜨고 코 베인 대표적인 사례예요.

중국 신장위구르 자치구에 거주 중인 키르기스족은 18만 6천여 명(2010년 기준)에 불과한 반면, 바로 옆 키르기스족의 나라인 키르기스스탄의 인구는 548만 명으로 압도적으로 많아요. 또한 소비에트연방 해체 후 1991년에 독립할 당시부터 서사시의 주인공인 '마나스'를 국가 구심점으로 삼고 있는데도, 중국은 지난 2008년 중국 영토 내 소수민족 키르기스족의 문화유산이라며 '마나스 국제문화축제'를 개최하더니 2009년 유네스코에 중국 문화유산으로 등재하는 데 성공합니다. 게다가 2011년에는 아예 마나스 연구센터를 설립해 18권 분량으로 키르기스어로 된 《마나스》를 출판하면서 '세계에서 가장 긴 서사시를 가진 중국'이라며 대대적으로 홍보했으니, 키르기스스탄 국민들은 얼마나 통탄할 일이겠습니까!

그래서 이를 악문 키르기스스탄도 분발해 수도 비슈케크 (Bishkek)의 국제공항 명칭을 마나스 국제공항으로 정하고, 시내 광장도 마나스 광장으로 명명했을 뿐 아니라, 마나스에 더해 그의 아들과 손자 이야기까지 정리한 《키르기스인의 3부작 서사시

: 마나스, 세메테이, 세이테크(Kyrgyz epic trilogy : Manas, Semetey, Seytek)》를 발간하는 노력 끝에 2013년 유네스코 인류무형문화유산에 등재하는 데 성공하지요. 🐱

키르기스스탄의 마나스 동상
(ⓒ Buzancar) (출처 _ 위키피디아)

이런 중앙아시아 각 민족의 문화유산을 빼앗은 사례들이 우리 민족의 역사와 문화를 빼앗으려는 동북공정(東北工程)에 앞서 저질러진 '서북공정(西北工程)'이에요. 티벳 역사를 빼앗은 서남공정(西南工程)은 이미 그 전에 완료한 상황이고요…. 🐻

이뿐만이 아닙니다. 소수민족 자치주 지역에서도 중국인들이 더 많이 살도록 이주정책을 펼치고 있어 앞으로 한두 세대만 더 지나면 소수민족의 고유 특성이 모두 상실될 위기에 처해 있어요. 🐱

지금도 중국이 우리의 고유한 문화를 자기네 것이라고 억지를 쓰고 있는데, 나라가 강성하고 우리가 스스로 깨어 있어야 소중한 문화유산을 지킬 수 있다는 사실을 새삼 느끼게 되네요. 🐻

02
기회만 되면 우리도 갑질한다,
베트남과 참파 전쟁사

2017년에 박항서 감독이 베트남 축구대표팀 감독으로 부임한 뒤, 베트남 축구 역사를 새롭게 만들어간 바 있습니다. 당시 성인대표팀의 첫 국제대회가 스즈키컵(AFF Suzuki Cup)이었는데 파죽지세로 결승까지 올라가자 당시 우리나라 방송에서 결승전을 생중계까지 했을 정도였지요. 🐻

이 경기에서 베트남 팀이 말레이시아를 꺾고 10년만에 우승을 차지했는데, 우리는 별로 관심없던 그 경기 열기가 월드컵에 맞먹더군요. 🐻

그런데 이들이 이토록 동남아

2018년 스즈키컵 우승컵을 든 박항서 감독 (출처 _ VN익스프레스 캡처)

국가 간 축구경기에 진심인 데에는 역사적인 라이벌 의식도 존재합니다. 우리가 동양사를 배울 때 중국, 일본, 인도 역사 위주로 배우다 보니 동남아시아나 중앙아시아 역사는 잘 알지 못하는데, 이 지역 역시 엄청난 이야기들이 전해지고 있습니다. 🐻

'갑과 을' 관계가 공존한 베트남의 역사

동남아시아 국가 중에서 베트남과 우리와의 관계는 예전부터 다른 동남아 국가들과는 확연히 다른 인연이 있습니다. 인종적으로 타 동남아사아 국가들이 말레이-폴리네시아 인종인 반면, 베트남은 우리와 유사한 몽골리안 계통입니다. 또한 문화적으로도 중화 문명권이어서 최근까지 한자를 사용하고 유교를 숭상하는 등, 우리나라와 정서적으로도 유사하지요. 🐻

이처럼 베트남이 다른 동남아 국가와 인종적으로나 문화면에서 다른 건, 당초 중국 남부에 살던 베트남족이 BC 7세기 무렵부터 중국에 밀려 참파족(Champa)이 살던 지역으로 남하했기 때문입니다. 그런데 이들이 처음 차지한 하노이 서쪽에는 베트남과 라오스, 캄보디아 사이에 해안선을 따라 1100킬로미터에 이르는 안남 산맥(安南山脈, 쯔엉선 산맥)이 해안선과 평행하게 달리고 있어 천연 방벽 역할을 하죠. 그래서 베트남은 남북으로 1650킬로미터에 이

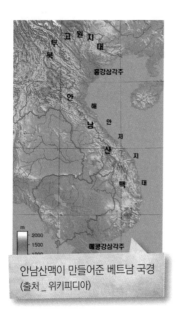

안남산맥이 만들어준 베트남 국경
(출처 _ 위키피디아)

르는 기다란 국토 모습을 가진 나라가 되었습니다.

안남 산맥 서쪽에서는 기존 동남아시아 여러 토착 민족 중 캄보디아족만이 크메르 제국(Khmer Empire, 802 ~ 1431)으로 잠시 강성했을 뿐 나머지 토착 세력들은 모두 중국 때문에 밀려 내려온 이민족들에게 굴복당하고 맙니다. 베트남족에 이어 중국의 팽창으로 5~8세기에 타이족, 라오스족이 남하하더니, 9세기에는 버마족까지 남하하면서 원주민 부족국가들을 복속시키고, 천여 년간 각국이 서로 물고 물리는 치열한 전쟁이 이어져 지금의 국경선이 만들어집니다.

하지만 동남아 각국 역사를 다 다루면 너무 길어지니 우리나라 역사와도 맞물리는 베트남 위주로 설명할게요. 🐻

베트남이 수천 년간 중국에 맞서 싸운 과정은 우리 역사와 비슷하지만 우리와는 또 다른 면이 존재하니, 중국의 침략을 막으면서 지금은 사라진 남쪽 참파 왕국과 캄보디아를 침탈해 영토를 계속 확장한 양면성을 가지고 있다는 것입니다. 🐻

베트남의 역사는 매우 깁니다. 우리가 BC 2333년 단군 할아버지가 나라를 세우신 반만년 유구한 역사라고 자랑하지만, 베트남

사람 앞에서 자랑하면 안 돼요. 🐻

왜냐하면 베트남의 시조, 훙브
엉(Hùng Vương, 웅왕, 雄王)이 반랑
(Van Lang, 文郎)이란 나라를 연 때
는 무려 BC 2919년이라는 신화가
존재하기 때문에 단군보다 580여
년 앞섭니다. 뭐 둘 다 아직 명확
히 실증된 역사는 아니긴 합니다

베트남 민족의 시조, 반랑국
훙브엉 상 (© Phương Huy)
(출처 _ 위키피디아)

만, 우리가 몽골 침략을 겪으면서《삼국유사》를 편찬하며 단군이
라는 민족의 구심점을 내세웠듯이, 베트남 역시 13세기 몽골의 세
차례 침공을 격퇴하면서 민족의식이 높아져 14세기《영남척괴열
전(嶺南摭怪列傳)》이라는 책을 통해 건국신화가 처음으로 기록됩니
다. 그후 100년 뒤 1479년《대월사기전서(大越史記全書)》에 기록
되면서 처음으로 왕조에서 공식화합니다. 🐷

이 신화에서는, 중국 삼황오제(三皇五帝) 중 하나인 염제 신농씨
(炎帝 神農氏)의 후손 '락롱꿘(Lac Long Quan, 雒龍君)'과 높은 산의
성자의 딸 '어우꺼(Au Co, 嫗姬)'가 만나 100명의 사내아이가 태어
났는데, 이 중 장남 훙브엉이 '반랑국'을 세워 베트남의 시조가 되
고, 100명의 아들 모두가 '바이비엣(백월, 百越)'의 시조가 되었다
고 내용이 정립됩니다.

바이비엣은 중국 전국 시대까지 중국 양쯔 강 주변부터 북베트

남까지 분포된 민족 집단이었는데, 베트남인들은 염제 신농씨가 황제 헌원씨(黃帝 軒轅氏)를 피해 남쪽으로 내려와 베트남을 다스리게 되었다며 중국과 어깨를 나란히 하는 문명국가라고 자부하고 있고, 최근 들어 황하 문명보다 더 먼저 발전한 고대 양쯔 강 문명이 실은 베트남 문명이라고 주장하지요. 🐻

이처럼 베트남인들은 중국에서 내려온 인물과 베트남 사람이 만난 후손이 베트남의 시조가 되었다며 중국과의 연결성을 강조해 문명국가임을 자부하면서도, 중국의 침략에는 항거하는 이중적인 역사 인식을 갖고 있습니다.

반랑국의 실존 여부는 불확실하나 청동기와 철기 유적이 발굴되어 최소한 BC 7세기에는 베트남 북부에 국가가 존재했다고 여겨지지만, 중국 한무제가 침략해 BC 111년에 멸망한 뒤 '한9군'을 설치한 이후, 오랜 기간 베트남은 중국의 지배를 받게 됩니다. 풀풀 날리는 인디카종 쌀을 안남미(安南米)라고 부르는데, 바로 당나라 시절 이 지역에 안남도호부(安南都護府)를 설치해 동남아시아와 중국을 연결하는 해상 무역의 중심지가 되면서 오랜 기간 안남(安南)이라 불렸기 때문이에요. 우리 역시 BC 108년에 고조선이 멸망한 뒤 '한4군'이 설치되고, 고구려가 멸망한 뒤 당나라가 한때 안동도호부(安東都護府)를 설치한 적이 있지요. 이처럼 베트남과 우리나라는 중국이 팽창할 때마다 동시에 침략을 당하는 관계였다는 공통점이 있습니다. 🐻

하지만 중국 한나라 지배를 벗어나고자 봉기하여 2년 간 여왕에 등극한 베트남판 잔다르크 '쯩 자매(徵姉妹, Trưng Trắc)의 반란 (AD 39)' 등 무수한 항쟁 끝에 938년에 드디어 중국으로부터 독립

쯩 자매의 독립 운동 (출처 _ 위키피디아)

하게 되고, 이후 여러 왕국이 명멸합니다.

당시 베트남의 역사를 간단히 정리하면, 하노이, 하롱베이로 대표되는 북부 베트남이 원래 베트남 민족이 국가를 연 지역이고, 이들이 라오스, 캄보디아, 태국 등 주변 동남아 국가와 치열한 경쟁 속에 해안가를 따라 남하한 후 다낭, 호이안 등 참파 왕국(192~1832)을 멸망시킨 데 이어, 호치민(예전 사이공)으로 대표되는 남부 지방은 캄보디아로부터 빼앗는 과정이 이어집니다. 🐻

그중 특이한 점은 1009년부터 1225년까지 존재한 리(Ly) 왕조가 멸망할 당시, 학살을 피하기 위해 왕족 일부가 고려로 망명했는데, 이들이 화산 이씨(花山李氏)와 정선 이씨(旌善李氏)의 시조가 되었다는 겁니다. 🦉이들 후손은 1996년에 베트남으

리 왕손 베트남 귀국 환영 행사
(ⓒ 박순교 교수) (출처 _ 중앙일보)

로 공식 귀향했는데, 당시 현지에서는 대단한 뉴스가 되었지요. 🐻

또한 베트남은 전 유라시아를 휩쓸던 몽골 군대를 물리친 나라이기도 합니다. 🐱

당시 베트남의 항쟁은 고려에도 영향을 끼치게 됩니다. 당시 고려 역시 30년간 항쟁했지만 1270년에 결국 화친을 맺고 원(元)나라의 부마국이 되어 1274년, 1281년 2차례에 걸친 일본 정벌 시에 고려 수군이 동원되지만, 폭풍을 만나 결국 실패하고 몽골은 3차 일본 원정을 또다시 준비했다고 합니다. 🐻 그러다가 1284년에 몽골군이 월남에게 두 번째로 대패하자 대노한 쿠빌라이 칸(Kublai Kahn)이 "월남부터 정복하라."고 다그쳐 일본 원정이 중단되었으니, 베트남의 항쟁이 고려 군대의 헛된 피해를 그나마 줄여주게 된 셈입니다. 땡큐예요~. 🐻

잠깐 베트남의 대(對) 몽골 항쟁 이야기를 간략히 알아봅시다.

몽골의 베트남 1차 침략은 1257년에 시작되나 베트남군이 모든 들판을 불태우는 청야(靑野) 전술과 게릴라전으로 맞서자 식량 부족에 시달려 곧 후퇴했다고 합니다. 이후 1279년에 남송을 멸망시킨 뒤 몽골은 1284년에 베트남을 다시 침략하는데, 이때는 항복한 남송 수군을 이용해 우선 베트남 남쪽에 있던 참파 왕국을 공격해 베트남 남쪽에도 거점을 마련한 후, 50만 대군을 몰아 남북 양쪽에서 동시에 공격합니다. 이에 베트남 왕이 항복을 고민하자 쩐흥다오(Tran Hung Dao) 장군이 격문을 돌려 25만 명의 의병을 규합해 장

마철까지 버틴 뒤 질퍽거리는 평원으로 몽골 기병대를 유인해 대파합니다. 🐻

　이 소식에 충격을 받은 쿠빌라이가 일본 원정을 미룬 채 베트남부터 점령할 것을 명해 1287년에 3차 침략을 시작합니다. 앞선 전쟁 당시 식량 부족으로 워낙 고생한 터라 배에다 식량을 싣고 이동했는데, 지금은 관광지로 유명한 하롱베이로 유인한 베트남군이 바익당강(백등강, 白藤江)에서 몽골군을 격파합니다. 이에 쿠빌라이가 4차 베트남 침략을 서두르지만 내부 반란이 터집니다. 🐻 당시 황족 간 치열한 내전을 거쳐 등극한 쿠빌라이 칸에게는 적이 많았

바익당강(백등강) 전투 상상화
(출처 _ backdangdian.vn)

습니다. 1270년에 사실상 고려의 항복을 받아내고 1279년에 남송을 멸망시키며 승승장구할 때는 숨죽이고 있던 적대 세력이 일본 원정 실패와 베트남 패전을 빌미로 삼습니다. 때를 노리던 이들은 1287년 쿠빌라이가 아프다는 소식에 반란을 일으켜 동서 양방향에서 원나라 수도 대도(大都, 지금의 베이징)를 공격합니다. 하지만 쿠빌라이가 친히 말을 타고 반란군을 격퇴하니, 6촌 나얀(Nayan)의 목을 베면서 일단락짓게 됩니다. 🐻

우리 역사책에는 안 나오는 '카다안의 고려 침략'

하지만 때아닌 몽골 내전의 불똥이 느닷없이 고려로 튑니다. 만주를 기반으로 하던 황족 카다안(합단적, 哈丹賊)이 휘하 부대를 이끌고 도망치다가 1290년 1월에 느닷없이 함경도 방면에서 고려를 침략한 겁니다. 🐻 카다안 반군은 그들이 좋아하는 식량인 가축이 별로 없자 고려 백성을 죽여 사람 고기를 먹는 만행을 저질러 온 나라가 공포에 떨며 피난 행렬이 이어집니다.

하지만 원나라의 간접 지배를 받던 시절이라 수도 개경 방위군을 제외하고는 군대를 두지 못하던 처지여서 지방은 무방비 상태로 노출될 수밖에 없었습니다. 제대로 된 군주였다면 개경 방위군을 보내 막아야 했지만, 충렬왕(忠烈王)은 비겁하게 강화도로 피신하고 말지요…. 🐻

이 기막힌 상황이 알려지자 당시 원 황궁에 머물던 태자 왕원(王謜, 몽골 이름은 왕이지르부카, 훗날의 충선왕)은 외할아버지 쿠빌라이 칸에게 울면서 고려를 구해 달라고 간청합니다. 이에 막내딸 제국대장공주(齊國大長公主)가 낳은 외손자를 끔찍이 아끼던 원 황제는 카다안 군대를 몰아냈던 나이만다이(那蠻歹) 장군과 1만 명의 군사를 고려에 보내게 됩니다. 🐻

하지만 아직 원군이 도착하기 전 카다안 군대는 강원도 원주를 약탈하고 치악산 아래 영원산성(領願山城)을 공격하고 있었는데 여기서 원충갑(元沖甲, 1250~1321)이라는 영웅이 등장합니다.

그는 불과 6명의 보병을 데리고 카다안 기병 50기를 습격한 데이어, 다음날 다시 7명이 400여 기병을 격퇴하고 말 25필을 빼앗는 놀라운 투혼을 발휘합니다. 이에 카다안 본군이 치악성을 포위하고 공격했지만, 부관 조신(曺愼)이 팔에 화살을 맞고도 북을 계속 치며 독려하고 원충갑이 말을 타고 달려나가 적병을 베는 등, 불과 100여 명의 군사로 결사 항전해 적장 도라도(都剌闍)를 죽이는 기적적인 승리를 거둡니다. 이에 기가 질린 카다안군은 충청도로 방향을 틀었으나 원 파병군이 고려군과 합세해 연기현(燕岐縣, 지금의 세종특별시)에서 이들을 물리쳐 난을 종결합니다.

원나라 반군이 고려를 침입하다니! 내 목숨을 걸고 싸우리라~!

원충갑

영원산성

카다안 군대

30여 년간 고려를 유린하던 몽골군이 종전 후 20년 뒤에 벌어진 이 전투에서는, 쿠빌라이 칸의 막내따님이 시집온 고려 왕실을 감안해 백성들의 재물에 일절 손대지 않고 얌전히 돌아갔다고 하니, 역사의 아이러니이기도 합니다.

그런데…, 카다안의 침입 얘기는 처음 들어보신다고요? 🐻

원나라 군대가 고려를 구원한 사건이라 우리나라 역사 교과서에서는 소개하지 않아 그렇습니다. 결론적으로 원나라 내전 여파로 벌어진 원나라 반군의 침입을 원주에서 물리친 원충갑 장군은 무려 6단계 승진하니, 단숨에 5단계 승진한 조선 이순신(李舜臣) 장군보다 더 초고속 승진자로 기록됩니다. 🐸

원주 원충갑 묘역 (출처 _ 한국민족문화대백과사전)

이후 그는 충선왕(忠宣王)의 최측근이 되어 상장군(上將軍)까지 올랐으며, 조선 시대에도 충정을 기려 원주 충렬사(忠烈祠)에 배향되었고, 후손들은 대대로 무반으로 급제해 나라를 지켰습니다. 벗뜨 그러나…, 하필이면 임진왜란 당시 그의 직계 후손이 원균(元均)이었던 것이 흠이긴 하네요. 🐻

여하튼 원 제국 내부 혼란으로 쿠빌라이는 결국 베트남과 일본 정복을 단념하게 되니, 그만큼 베트남으로서는 자랑스러운 역사이고, 일본 역시 베트남의 분투 덕분에 막강한 몽골의 3차 침략을 피할 수 있게 된 셈입니다.

이 같은 나비효과는 우리 역사에도 존재하니 신라의 나당전쟁 승리도 사실은 티벳의 활약이 큰 도움이 되었습니다. 🐻

고구려가 사라진 뒤 당나라는 신라를 배신하고 한반도 전체를 집어삼키고자 정예군을 한반도에 집중하는데, 토번(吐蕃, 티벳)군이 그 공백을 노려 당나라를 공격하는 바람에 동시에 2개 전선을 유지하기는 어렵다고 판단한 당고종(高宗)이 긴급히 한반도 점령을 포기한 것이 원인이었거든요.

또하나 특이한 점은, 당시 토번 기마부대를 막아선 선봉장이 백제에서 투항한 흑치상지였다는 겁니다. 당 황제는 흑치상지(黑齒常之)의 공로를 높이 사서 백제 유민들의 자치주를 요동 반도에 마련해주니, '소백제'가 150여 년간 존속하게 됩니다. 당나라로서는 백제 유민을 이용해 신라의 북상을 견제한 것이지만 결국 발해가 백제 자치주를 멸망시키고 말지요.

그래서《삼국사기(三國史記)》에 "백제는 신라와 발해에 의해 각각 멸망했다."라고 기술된 것인데, 당시 김부식(金富軾)도 이런 역사적 사실을 몰라 "왜 옛 사서에 백제가 발해에 또 멸망했다고 기술했는지 그 이유를 모르겠다."고 솔직하게 털어놓았고, 최근 백제 왕족 후손인 '부여태비(扶餘太妃)의 비석'이 발견되면서 이

미스터리가 풀리게 되었지요. 그러니 우리 역사를 제대로 알려면 글로벌 차원에서 들여다봐야 합니다. 🐻

베트남 500동 지폐 속 쩐흥다오 장군 (출처 _ 구글이미지)

이야기가 잠시 우리나라 역사로 샜네요.

이처럼 2, 3차 몽골 침략 전쟁을 모두 승리로 이끈 베트남 쩐흥다오 장군은 우리나라 이순신 장군급의 국민 영웅이 되어 지금도 여러 곳에 동상이 서 있고 도로 이름에도 쓰이고 있다고 하네요. 🐻

사라진 왕국, 참파

하지만 몽골군에 승리한 베트남이 하마터면 완전히 망할 뻔한 위기를 두 차례 겪게 됩니다. 그중 첫 번째 위기는, 지금의 베트남 중부 지역에 존재하던 참파 왕국의 대반격이었습니다.

참파 왕국에 대한 기록은 137년 중국 역사서에 등장한 것이 최초입니다. 당시 한무제가 베트남 북쪽에 설치한 한9군 중 가장 남쪽에 위치한 교주 일남군(交州 日南郡)을 공격해온 것이죠. 참족(Cham)은 3천여 년 전 보르네오(Borneo) 섬 일대에서 현 베트남 중남부로 이동한 말레이계로서 베트남과 완전히 다른 민족이었습니다. 초기에는 칸다르파푸라(Kandarpapura, 지금의 후에, Hue)가 중심 세력이 됩니다. 우리 역사 속 가야 연맹처럼 느슨한 동맹 부족국가 체제였던 것이죠.

참파는 3세기에는 하노이까지 점령할 정도로 강력했고, 645년부터 8년간 여왕이 통치한 적이 있는데 신라 선덕여왕(善德女王)의 통치기간(632~647)과도 겹치네요. 참파 도시국가들 간의 경쟁도 벌어져 875년에 불

헬멧을 쓰고 크메르 병사와 싸우는 참파 병사 (© Jean-Pierre Dalbéra) (출처 _ 위키피디아)

교를 믿는 인드라푸라(Indrapura, 지금의 다낭, Danang)가 주도권을 잡습니다. 9~10세기 최전성기에는 하노이 남쪽 탄호아(Thanh Hóa)까지 다시 북상하고, 1177년 크메르와의 전쟁에서는 메콩 강을 건너 톤레삽(Tonle Sap) 호수 해전에서 크메르 황제를 죽이고 앙코르(Angkor)를 약탈해 4년간 크메르 제국을 무정부 상태로 빠트릴 정도로 군사 강국이었다고 합니다. 🐯

하지만 베트남이 938년에 중국으로부터 독립한 뒤 남쪽으로 영토를 넓히면서 본격적으로 침략을 당하게 되니, 북쪽 베트남, 서쪽 크메르와 힘겨운 생존 투쟁을 전개하다가 몽골 수군의 침공을 받기도 하지요.

이처럼 지속적으로 영토가 줄어들던 참파 왕국에 '마지막 불꽃' 포 비나수오르(Po Binasuor, ? ~ 1390) 왕이 등극합니다. 제13왕조의 3대 국왕인 그는, 아버지의 뒤를 이어 1360년에 참파 국왕으로 즉위하자 곧장 베트남에 사절을 파견하여 빼앗아간 영토의 반환을 요구하는데, 베트남이 들은 척도 안 하자 죽을 때까지 30여 년 동안 끊임없이 베트남을 몰아붙입니다.

그는 수군을 이용해 베트남 국경수비대 뒤로 상륙해 인드라푸라를 수복하고 계속 북상해 1371년에는 베트남 수도 탕롱(Thang Long, 昇龍, 지금의 하노이 Hanoi)을 불태워 버리더니, 뒤이어 1377년에는 베트남 쩐 왕조(陳朝) 황제 주에똥(예종, 睿宗)을 전사시켜 멸망 위기로 몰아갑니다. 🐲

그러나 1390년에 포 비나수오르 왕이 전함 수백 척을 이끌고 베트남을 완전 멸망시킬 기세로 공격했을 때, 뜻밖의 상황이 전개됩니다. 베트남 황제의 외척이자 중국계 호족인 호뀌리(Ho Quy Ly, 1336 ~ 1407) 장군이 명나라에서 화약 비법을 전수받아 화포를 장착해 전투에 나선 겁니다. 게다가 내부 첩자가 있었는지 참파 왕 포 비나수오르가 녹색 배에 탑승해 있다는 정보를 사전에 입수해 그 배에 일제히 포격을 가합니다. 이에 참파군이 혼란에 빠진 틈을 타 베트남 수군이 포 비나수오르 왕의 머리를 잘라 베트남 황제에게 바칩니다. 🐻

이 당시 우리나라 역시 화포 기술을 배워와 1380년에 최무선(崔

茂宣) 장군이 진포해전(鎮浦海戰)에서 첫 화포전으로 왜구를 격멸했으니, 10년 차이로 우리나라와 베트남이 화포로 대승을 거두었네요. 🐻

카리스마 넘치던 포 비나수오르 왕이 허망하게 전사한 뒤 참파는 두 번 다시 부흥하지 못하고 일방적으로 밀리게 됩니다.

반면 베트남은 이 전쟁으로 하마터면 멸망할 뻔한 쩐 왕조의 위신이 떨어지고 승리한 호뀌리 장군이 1400년에 아예 호 왕조(胡朝)를 세웁니다. 하지만 7년 만에 명나라의 침공을 받아 잠시 멸망하죠. 🐻

당시 새로 왕조를 연 호뀌리 황제는 명나라 태조 주원장(朱元璋)이 조공을 요구하자 "그대는 북쪽 황제, 나는 남쪽 황제"라며 맞장을 뜹니다. 🐻 주원장 입장에서는 어이가 없었겠지요. 늘 골칫거리였던 동쪽은 조선 이성계(李成桂)가 먼저 알아서 제후국이 되겠노라 충성 맹세를 하는데 베트남에서 황제라고 맞짱을 뜨니 말이죠. 이후 1407년에 명나라 정예군 20만 명을 출격시켜 수도가 함락되고 호뀌리 황제와 태자는 남경의 명 황궁까지 끌려가 목이 잘리면서 명나라의 지배를 받게 됩니다.

이런 역사를 보면 이성계가 위화도에서 회군(1388년)을 한 것이 결코 나쁜 선택이 아니었다고 보이네요. 🐻

이후 게릴라 전술로 명군이 철수한 뒤 여러 왕조가 명멸하면서 사대정책을 통해 침략을 막고 청(淸)나라로부터 새로이 월남(越南)이라는 국호를 받게 되니, 베트남이라는 이름이 비로소 정착하게 됩니다. 하지만 청나라 군대가 여전히 주둔하는 등 내정 간섭이 심하자 이를 벗어나려고 프랑스 선교사의 도움을 받아 1787년에 루이 16세(Louis IVI)와 베르사유 협약(Traité de Versailles)을 맺어 프랑스군을 끌어들인 것이 오히려 화근이 됩니다. 결국 1885년에 벌어진 청불전쟁에서 프랑스가 승리를 거두면서 베트남은 1887년에 프랑스령 인도차이나의 한 지방 식민지로 전락하고 맙니다. 🐻

1905년 을사늑약 체결 후 일본의 보호국 신세가 된 대한제국의 상황을 비판하고 민족적 자각을 이끌어내고자 1906년에 번역, 발간된 《월남망국사》라는 책은, 당시 우리나라 지식인들에게 필독서가 된 바 있다고 역사 교과서에 나오는데, 이 같은 역사적 동질감이 있었기 때문입니다.

이후 베트남인들은 2차대전 기간에 일본군에 협력해 프랑스를 몰아내려 하지만 일본군은 더 가혹하기 이를 데 없었는데, 쌀을 모조리 공출해가는 바람에 무려 200만 명이 굶어 죽었다고 하네요. 이는 그후 벌어진 베트남 전쟁 중 사망자 수와 맞먹습니다. 🐻

게다가 제2차 세계대전이 끝난 뒤 다시 프랑스군이 식민 지배를 하려 들자 이에 대항해 북부가 해방구가 되어 싸우다가 프랑스 군대가 철군하고, 이후 다시금 미국과의 전쟁이 1975년까지 20년 간 이어져 결국 호찌민(胡志明, Hồ Chí Minh)이 이끈 공산주의 북베트남(월맹, 베트남민주공화국)이 게릴라 전술을 전개한 베트콩을 지원해 자본주의 남베트남(베트남공화국)을 함락시킴으로써 남북을 통일하게 되고 연쇄적으로 캄보디아와 라오스도 내전을 거쳐 적화됩니다.

당시 우리나라 국군도 파병하여 용감히 싸웠지만 무기력한 남베트남의 패퇴로 철수합니다. 이 무력 통일 과정에서 수많은 남베트남인이 학살당하고 100만여 명이 보트피플(Boat People)이 되어 목숨을 건 탈출을 감행했던 것은 잊히고 있네요. 🐻

이후 1989년 베트남 정부는 국가 발전을 위해 개방화의 길을 걸으며 대한민국을 롤모델로 삼아 경제를 발전시키려고 노력하고 있는데, 북한은 베트남식 개방을 추진하겠다고 베트남을 롤모델로 삼고 있다니 참 묘한 인연입니다. 🐻

그동안 베트남은 이 같은 현대사의 질곡으로 인해 북부와 남부 간 지역감정이 매우 안 좋았는데, 박항서 감독 시절 축구 승전보로 인해 급속히 애국심이 올라갔다고 하니, 우리나라와 베트남의 인연은 참으로 남다르네요. 🐻

동남아시아에 대한 올바른 이해

마지막으로 함께 생각해보고 싶은 것이 있습니다.

최근 우리나라가 경제적으로 잘살게 됐다고 해서 우리보다 못 사는 국가 출신 사람들을 업신여기는 풍조가 노골적인데요. 🐻

그러면 안됩니다. 세계사 책에 동남아시아나 아프리카 등 주변 부 역사가 잘 안 나오다 보니 이들 나라들을 우습게 여기는데…, 웬만한 동남아 국가는 5천여 년 동안 우리보다 잘살았습니다. 🐻 쌀 3모작이 가능해서 식량이 풍족하니 인구도 많았고, 태국이나 미얀마(버마)도 우수한 문명을 이루어냈습니다. 태국과 버마 간 전 쟁도 엄청 버라이어티하더군요.

실제로 우리가 태국이나 말레이시아보다 국민 소득이 앞서기 시작한 것은 1980년대 중반부터입니다. 단군 할배 이래로 지금처 럼 우리나라가 국제적으로 대우받은 적이 없습니다. 그 원동력은 산업화를 통해 부국으로 나아가기 위해 노력한 수많은 우리 윗세 대 분들의 노고 덕에 이룬 경제 성장 덕분이지요. 예전 우리가 못 살았던 시절, 서구에서는 중국, 일본은 알아도 어디 한국이라는 나 라에 관심이나 가졌습니까? 한류 열풍도 그 이면에는 경제부국이 된 대한민국에 대한 호기심과 부러움이라는 배경이 있지요. 그러 니 각 국가들마다 간직한 고유한 역사에 대해 우리 모두 존중하는 마음가짐으로 동등하게 대해주면 좋겠습니다. 🐻

03
영국 왕실의 조상 바꿔치기 프로젝트

지금도 끊이지 않는 여러 국가 간, 민족 간 분규의 근본 원인을 따져 보면, 영국이 원인인 경우가 많습니다. '해가 지지 않는 나라'라고 불린 대영제국 시절에 온 세상을 들쑤시고 다닌 후유증이지요. 🐻

영국이 영광의 시기를 맞이하게 된 계기는 엘리자베스 1(Elizabeth I)세 여왕 시기에 에스파냐 무적함대를 격파하며 대항해 시대의 승자가 된 것이 출발점이라 할 수 있는데, 여왕의 아버지인 헨리 8세(Henry VIII)는 영국 국왕 중 가장 유명

헨리 8세 (출처 _ 위키피디아)

한 인물이기도 합니다.

그가 정략결혼한 첫 아내 카탈리나(Catalina de Aragón)의 시녀였던 앤 불린(Anne Boleyn)과 결혼하고 싶어 카탈리나와 이혼하려 하지만, 교황이 가톨릭 교리를 근거로 승인하지 않자 아예 영국 성공회를 만들어 로마 가톨릭과 결별한 사건은 한 편의 블랙 코미디이긴 합니다. 🐻

그런데 이 과정에서 헨리 8세는 잘 알려지지 않은 또 하나의 업적을 이루시니…, 영국 왕실 족보를 새로이 개편하여 왕실의 시조를 바꿔치기 했고 그것이 지금까지 면면히 이어지고 있습니다. 🐻

사연은 이렇습니다.

"사랑을 위해 왕실 족보 바꾸는 거 정도는 No problem~!"

우리에게 잘 알려진 영국 국왕으로는, 제3차 십자군의 스타였던 사자심왕 리처드 1세(Richard I, the Lionheart), 연애의 대가 헨리 8세, 동화 《왕자와 거지》의 주인공인 에드워드 6세(Edward VI), 피의 여왕이자 '블러드 메리'로 잘 알려진 메리 여왕(Queen Mary, a.k.a. Blood Mary), 영국을 강대국으로 성장시킨 엘리자베스 1세, 대영제국의 문을 연 빅토리아 여왕(Queen Victoria), 찰스 3세(Charles III)의 엄마 엘리자베스 2세(Elizabeth II) 등이 떠오를 겁니다.

알프레드 대왕 동상
(© Odejea) (출처 _ 위키피디아)

하지만 역대 영국 국왕 중 '대왕(The Great)'이라는 명예로운 호칭으로 불리는 왕은 따로 있으니, 바로 영국 왕실의 시조, 알프레드 대왕(Alfred the Great, 849~899)입니다.

응? 그게 누구냐고요? 🐱

로마 군단이 물러난 후 잉글랜드가 7개의 왕국으로 나뉘어 있던 시절에 남부 웨식스(Wessex) 왕국의 제25대 국왕으로 취임해 영국을 침략한 덴마크계 바이킹 데인족(Dane)을 상대로 치열하게 싸워 승리한 영웅입니다. 다만, 세계사적으로는 페르시아를 멸망시킨 알렉산더 대왕이나 프랑크 제국의 기틀을 다진 카를 대제(Karl the Great, a.k.a. 샤를마뉴(Carlemagnue)) 등 유럽 대륙의 다른 대왕에 비해 뭔가 업적이 부족한 것은 사실입니다. 우리도 잘 모르잖아요…. 🐻

실제로 헨리 8세가 영국 왕실 족보를 개편하기 전까지는 그저 고대 앵글로색슨 왕조의 한 왕이었던 인물입니다. 왜냐하면 영국 왕가는 1066년 헤이스팅스(Hastings) 전투를 통해 영국을 차지한 노르망디 공국(Duché de Normandie)의 정복왕 윌리엄 1세(William I)의 후손들이기에, 헨리 8세 당시까지는 윌리엄 1세가 왕실 시조로 숭상받던 상황이었거든요. 하지만 자신의 재혼을 위해 만든 성공회

를 믿게 하려니 잉글랜드 국민들을 설득할 영국 왕실의 역사적 명분이 꼬여버립니다. 🐻

> 헨리 8세 : "이제부터는 잉글랜드의, 잉글랜드에 의한, 잉글랜드를 위한 뉴 종교, 성공회를 믿으라아멘~."
>
> 잉글랜드인들 : "너네 왕가 시조가 침략자 윌리엄 1세인데 이제 와 무슨 잉글랜드 타령이냐노르만? 노 땡큐!"
>
> 헨리 8세 : "엇, 그러고 보니 우리 조상님이 바이킹 출신 정복자이니 명분이 없네써글랜드."

잉글랜드의 독자성을 주장하려다 보니 왕가 시조가 프랑스 노르망디 공작 출신이고, 더 거슬러 올라가면 노르웨이 바이킹이 원조인 상황을 쓰윽~ 가려야 할 필요가 생긴 것이죠. 🐻 이에 족보를 열심히 연구한 결과, 윌리엄 1세의 직계 후손인 노르만(Norman) 왕조의 마지막 임금인 헨리 1세(Henry I) 의 왕후 마틸다(Matilda)의 직계 조상이 알프레드 왕이라는 사실을 확인한 뒤 불꽃이 확 튑니다. 잘 하면 외가 혈통을 이용해 침략자 바이킹을 물리친 앵글로색슨족 알프레드 왕을 부각함으로써 잉글랜드 국민들의 마음을 되돌릴 수 있다는 정치적 계산이 딱 맞아떨어진 거지요. 그렇게 기존의 노르만 부계 혈통 대신 외가쪽 앵글로색슨 혈통을 내세워 바이킹을 물리친 알프레드를 대왕이라 숭상하며 왕가의 시조로 내세우는 극적인 족보 세탁 작업을 감행한 것인데, 이것이 지금까지도 공식적인 영국 왕실 족보로 이어지고 있는 겁니다. 🐻

앗! 지금 이게 어떤 전개인지 잘 이해가 안 된다고요? 잠시 영국의 초기 역사로 돌아가봅시다.

혼란스러운 영국의 초기 역사

로마 공화정을 제국으로 바꾼 문제적 인물, 율리우스 카이사르가 갈리아 정복 과정 중에 영국 상륙을 감행하기 전까지의 영국 역사는 전혀 기록이 남아 있지 않기에 "영국의 역사는 로마의 침략에서 시작되었다."는 웃지 못할 격언이 역사적 팩트입니다. 🐻

당시 유럽 전역에 광범위하게 살던 켈트족(Celts)이 브리튼 섬(잉글랜드, 웨일스, 스코틀랜드)과 아일랜드에 살고 있었지만 로마 제국이 지금의 잉글랜드, 웨일스 지역을 점령한 뒤 복속당한 켈트인들은 점차 로마인으로 동화되었고, 스코틀랜드와 아일랜드는 여전히 켈트 고유의 문화를 유지하며 살게 됩니다.

하지만 로마 제국이 분열되고 서로마 제국이 게르만족의 남하로 위기에 처하자 결국 AD 410년 서로마 호노리우스(Honorius) 황제의 명령으로 로마 군단이 떠난 뒤 덴마크 쪽에 살던 앵글로족(Anglo)과 독일 북부에 살던 색슨족(Saxon), 주트족(Jutes) 등 게르만 부족들이

브리튼 섬으로 쳐들어와 잉글랜
드의 새 주인이 됩니다. 🐻

앵글로색슨 7왕국 판도
(출처_ www.history.org.uk)

하지만 강력한 주도 세력
이 없어 잉글랜드 중부는 앵
글로족 3개국(노섬브리아
(Northumbria), 머시아(Mercia), 이
스트 앵글리아(East Anglia)), 남부
는 색슨족 3개국(웨식스, 서식
스(Sussex), 에식스(Essex)), 프랑
스와 마주보는 남부 해안가는 주트족의 켄트(Kent) 왕국으로 나
뉘어, 앵글로색슨 7왕국 시대가 약 500여 년간 이어집니다. 이들
국가 중 가장 강력한 군주가 스스로를 브레타왈다(Bretawalda 혹은
Brytenwalda)라고 부르며 나머지 나라를 명목상 종속국으로 삼는 그
들만의 규칙을 만들었다고 하네요.

처음에는 로마 제국과 가장 가까워 선진 문물을 받아들이기 유
리한 켄트 왕국이 우세하다가 가장 북쪽 노섬브리아가 주도권을
잡더니 이후 중부 머시아와 서로 왕이 죽고 죽는 대혈전을 벌입니
다. 이때 머시아의 오파(Offa) 왕은 첩첩 산으로 둘러싸여 정복이
쉽지 않았던 서쪽 웨일스와의 경계에 240킬로미터의 흙벽을 세우
니, 잉글랜드와 웨일스의 경계가 이때부터 명확해집니다.

이렇게 흥망성쇠를 거듭하던 7왕국은 800년대 들어 남부 웨식

스가 주도권을 잡는데, 난데없이 덴마크 바이킹이 영국을 침략해 오면서 상황이 급변하지요. 🐻

바이킹의 출현

우리에게는 엄청난 괴력을 가진 해적이라는 이미지가 강한 바이킹은, 지금의 스웨덴, 노르웨이, 덴마크 지역에 거주한 북방 게르만족을 통칭해 부르는 명칭입니다.

과거 빙하기 시절에는 빙하에 덮여 사람이 살지 못했던 지역이었지만 게르만 일파가 북상하며 거주하기 시작했다고 합니다. 중세 온난화 시기(950~1250)에는 농사가 잘되면서 인구가 증가하기 시작하는데, 이것이 오히려 이들이 바다 해적으로 발전하는 계기가 됩니다. 🐻 즉, 농사가 잘되어 인구가 늘어난 것은 좋았는데, 한두 세대를 지나면서 인구가 너무 많아지는 바람에 기존 수확량으로는 다 굶어죽을 상황이 되자 따뜻한 남쪽으로 약탈하러 갔고 일부는 아예 눌러앉아 살기 시작한 것이죠. 🐻

그런데 이들은 워낙 거친 환경 속에 각기 수천 년을 띄엄띄엄 흩어져 살다 보니, 살던 지형에 따라 지금의 덴마크, 스웨덴, 노르웨이의 지역별 차이가 그때부터 뚜렷했다고 합니다. 그중 노르웨이 바이킹은 800년대부터 서쪽 바다로 진출해 아이슬란드, 그린란드를 거쳐 빈란드(Vinland, 지금의 캐나다)까지 이주했던 종족입니다. (빈란드 발견 이야기는 4부에서 더 자세히 다룰게요. 🐻)

초대 노르망디 공작 롤로 동상 (출처 _ 위키피디아)

게다가 남쪽으로 진출한 부족장 롤로(Rollo, 880 ~ 932)는 끊임없이 프랑스 해안을 침략했고, 결국 막다가 막다가 지친 서프랑크 샤를 3세(Charles III)가 911년에 더 이상 약탈하지 말고 신하로 살라고 아예 노르망디 지역을 떼어주니, 그는 노르망디 공국을 건국하게 되지요. 🐻 이후 잉글랜드를 정복하게 되는 정복왕 윌리엄이 바로 이 롤로 노르망디 1대 공작의 고손자로, 지금 영국 왕실의 직계 조상이 됩니다. 이 이야기는 잠시 뒤 계속할게요.

두 번째로 소개할 덴마크 바이킹은 가장 형님 격인 바이킹이에요.

지금의 영토를 보면 워낙 스웨덴과 노르웨이 땅이 커서 의외라고 생각하겠지만, 실제로 유틀란트(Jylland) 반도가 작긴 해도 가장 남쪽에 있어 인구가 가장 많답니다. 그중 하랄드(Harald) 왕은 노르웨이, 스웨덴 일부 영토 획득 후, 965년에 세 나라 군사를 모아 영국 정복을 시도하게 됩니다. 또한 이들은 11세기에는 지중해까지 진출해 이탈리아 남부 및 시칠리아를 점령하게 되지요. 🐻

세 번째, 스웨덴 바이킹인 루스족(Rus)은 이들과는 달리 동쪽으로 눈을 돌려 볼가 강, 돈 강을 따라 흑해로 진출해 약탈보다는 무역을 주로 전개했는데, 워낙 경제 개념이 밝고 이익을 잘 챙겨 "스웨덴 사람은 돈 셀 줄은 알아도 친구 셀 줄은 모른다."며 주변 민족들의 비아냥을 받을 정도였지요. 뭐 최근에도 집에 놀러온 자녀의 친구에게 밥을 주지 않는 관습도 논란이 된 바가 있을 정도이니 말 다했지요, 뭐. 🐻

또한 이들 중 일부가 862년에 지도자 류리크(Rurik)의 인솔 하에 러시아 서부에 노브고르드(Novgorod) 공국을 건국했고, 이후 후계자 올레그(Oleg, 882 ~ 912)가 우크라이나 키예프(Kyev, 키이우)로 수도를 옮겨 882년에 키예프 루스(Kievan Rus) 공국을 건국하니 러시아의 기원이 됩니다. 따지고 보면 러시아(Russia)라는 이름 자체가 '루스인의 나라'라는 뜻이지요. 그래서 러시아인들은 키예프를 '러시아 도시의 어머니'라 부르는데, 이후 우크라이나인들이 이 지역을 차지하면서 러시아인들에게는 빼앗긴 고향 같은 상황인지라 두 민족 간 갈등이 늘 있어 왔고, 러시아-우크라이나 전쟁의 배경이 되었으니 실로 오래된 갈등인 셈입니다. 🐻

알프레드, 바이킹에 맞서다

이처럼 먹고살기 위해 바다로 나선 바이킹의 맏형, 덴마크 바이킹

성(St.) 커스버트 수도원 유적 (출처 _ www.english-heritage.org.uk)

이 드디어 영국 땅을 밟습니다. 당시 잉글랜드인들이 데인족이라고 기록한 이들은 서기 793년 6월 8일, 잉글랜드 동쪽 '린디스판 섬에 있던 성(聖) 커스버트 수도원(St. Cuthbert at Lindisfarne)'에 느닷없이 나타나 모든 것을 약탈하고 사람까지 납치하면서 건물들을 파괴하고 떠나버립니다. 🐻

지금도 폐허로 방치되어 있는 이 수도원은 100여 년간 영국 기독교 전파의 본부 역할을 해 온 학문과 예술 중심지였기에 여러 수도사들의 기록이 지금까지도 전해지고 있어 그때의 참상이 매우 자세히 남아 있답니다.

이날 침략 후 영국이 살 만한 곳이라는 사실을 확인한 데인족 바이킹이 잉글랜드의 각 나라들을 점령하기 시작해 결국 잉글랜드 중부 및 동해안 지역을 차지하게 됩니다. 따라서 앵글로색슨 국가라고는 남서부 웨식스만 남은 상황에서 871년, 22세 젊은 나이에 군주에 오른 알프레드는 데인족에 맞서기 위해 사제, 전사, 농민 등 세 계급에게 함께 나라를 지키자며 총동원령을 발령해 전투에 나섭니다. 하지만 초기에는 연전연패하며 런던, 켄터베리 등을 빼앗기고 추격당하는 신세가 되고 말지요. 🐻 이때의 한 에피소드는 영국 어린이들이라면 다 아는 유명한 동화 《알프레드와 케이크(King Alfred and the Cakes)》로 잘 알려져 있습니다.

《알프레드와 케이크》 중에서
(출처 _ www.historic-uk.com)

당시 추격을 피하다가 눈보라 속에 한 농가에 초췌한 몰골로 나타난 알프레드는 자신의 신분을 밝히지 않고 일꾼으로 써 달라고 요청합니다. 그를 불쌍히 여긴 농부 부부가 헛간에 재워주며 각종 잡일을 시켰는데, 어느 날 안주인이 외출하면서 화덕에 굽고 있는 빵을 잘 보라고 했는데 알프레드가 깊은 생각에 잠겨 깜빡하는 바람에 그만 빵이 다 타버렸다고 합니다. 이에 농부 부부가 크게 화를 냈는데, 끝내 본인의 정체를 밝히지 않고 묵묵히 야단을 맞았다고 합니다. 🐻

이 이야기가 왜 중요한 교훈이 되어 어린이 동화로 널리 퍼졌는지 이해가 잘 안 되는데, 우리나라에서 삼국 통일의 주역인 김유신(金庾信, 595~673) 장군의 스토리 중 수많은 업적은 놔둔 채 젊은 시절 기생에 빠져 놀기만 하다가 어머니의 질책을 받은 뒤 잠시 잠을 자는 사이 말이 원래 가던 천관녀 집에 당도하자 크게 화를 내며 말 목을 잘랐다는 이야기가 유명해진 것과 유사한 느낌이기는 합니다. 🐻

그런데 이처럼 알프레드를 곤경에 빠트린 바이킹은 실제로 해전보다 육상전이 더 강했다고 합니다. 🐮 근접전에 유용한 양날 도

바이킹의 롱쉽
(출처 _ warfarehistorynetwork.com)

끼나 바이킹 소드(Viking Sword, 탄소 비율 최적화된 강철검)를 들고 돌격하는 전술에 속수무책으로 당한 것이죠. 우리 역사 중에서도 고려 - 거란 전쟁 당시 고려군 중 가장 많은 병과가 도끼병이었다고 하네요.

또 바이킹은 능숙하게 도구를 잘 만들었는데, 바이킹하면 떠오르는 기다란 배, 롱쉽(Long Ship)도 아주 획기적인 배였습니다. 이들은 파도치는 바다에서 배가 앞으로 나아갈 때 선체가 좌우로 흔들리는 옆돌이 현상을 방지하기 위해 용골(배 바닥의 가운데를 받치는 긴 나무)을 사용해 이를 해결하고, 배 옆면 이음도 기존의 카벨 이음(carvel built, 나무판을 맞대어 평평하게 붙임) 대신 클링커 이음(clinker built, 아래 판 위에 윗판을 겹쳐 붙여 물고기 비늘처럼 만듦)으로 제작해 물의 길을 만들어 저항을 감소시키면서 배의 강도가 더 높아지도록 한 놀라운 제작 기술을 보유했던 겁니다. 🐻

이들은 전투선과 화물선도 구분해 사용했는데, 전투선 '드라카르(Drakkar)'는 20~30 미터 길이에 좌우 각각 16개의 노를 달고, 돛대는 18~20미터, 돛의 크기는 가로, 세로 각 10미터씩이어서 좁고 길며, 배의 높이가 매우 낮은 특이한 형태였지요. 특히 이 배는 앞뒤가 똑같아 방향만 바꿔 저으면 선체를 돌리지 않고 바로 후퇴가 가능했지요. 게다가 좁은 강 상류로 올라가다가 더 이상 가지 못하면, 배를 짊어지고 산 넘고 물 건너 갔다고 합니다. 🐻

또 이들이 해안 마을 간 이동 시에 사용한 화물선 '크나르(Knarr)'는 전투선보다는 폭이 더 넓고 길이는 짧은데, 그 기술력과 응용력은 지금도 감탄을 자아낸다고 하지요.

엇! 그런데 무슨 얘기를 하다가 롱쉽 이야기로 빠졌죠? 아~ 바이킹이 육지 전투를 더 잘했다는 얘길 하는 중이었지요? 🐻

이 같은 사실을 깨달은 알프레드 대왕은 "바이킹을 이기려면 육지보다 바다에서 싸워야 한다."고 간파하고 해전을 전개하는 등 반격을 시작합니다. 878년에 데인족 수장 구스룸(Guthrum) 군단을 격파하고, 886년에 드디어 런던을 탈환한 뒤 평화 조약을 맺어, 동부와 북부 일부 지역을 데인족 영토로 인정해 전쟁을 종결하니 바이킹 자치국 데인로(Danelaw) 공국이 성립됩니다.

이처럼 알프레드 대왕은 덴마크 바이킹에 멸망할 뻔한 웨식스뿐 아니라 7왕국 지역을 아우르는 유일한 국왕이 되었고, 수많은 지방 귀족도 몰락한 상황이라 강력한 왕권과 중앙집권 체계까지 갖추게 됩니다. 또 지역마다 다른 영어의 표준화를 시도하고 라틴어 문서를 영어로 번역하는 한편, 스스로 자서전을 쓰고 10개 주로 지방을 나누고 장관과 주교를 파견해 가톨릭을 전파하는 등, 정복군주이자 문화군주로서 세종대왕급의 위대한 업적을 남기게 됩니다. 🐻

그럼에도 그가 사망하자 다시금 데인족과 치열한 전투를 전개합니다. 결국 그의 손자, 애설스탠(Athelstan, 894~939)이 이들을 거의 몰아내고 잉글랜드 전 지역을 차지한 뒤 왕국 이름을 엥글라랜드(Englaland)로 선언하니, 잉글랜드라는 이름이 여기서부터 시작되었다고 하네요. 🐻

하지만 다시 덴마크 바이킹의 침략이 시작되어 결국 1016년에 덴마크 바이킹 크누트 대왕(Kunt den Store)이 잉글랜드를 점령해 50년간 왕위를 차지하게 되고, 이후 1066년에 프랑스에서 건너온 노르망디 공작 윌리엄 1세에 의해 본격적인 노르만 왕조 시대로 접어들고 지금까지 그 핏줄이 이어져 오고 있는 겁니다.

알고 보면 순정남, 정복왕 윌리엄

우리가 세계사 시간에 1066년의 헤이스팅스 전투로 영국을 차지했다고 배운 정복왕 윌리엄은 비록 직계 후손 헨리 8세로부터 시조 자격을 빼앗기긴 했지만 알고 보면 참 매력적인 인물입니다. 🐻

원래 노르망디 공국은 노르웨이 바이킹의 침략을 막다가 지친 서프랑크가 911년에 아예 땅을 떼어주며 더 이상 약탈하지 말고 신하로 살라고 해서 세워진 나라였습니다. 이후 초대 롤로 공작에 이어 제4대 공작이 로베르 1(Robert I)세였는데, 엄청난 바람둥이이

자 세금을 악착같이 걷어 '악마공(le Diable)'이라는 별명으로 불렸다네요. 🐻

그런 로베르 1세가 어느 날 민정 시찰을 나갔다가 거리에서 춤추는 에를르바(헬레바, Heleva of Falaise)에게 한눈에 반했다고 합니다. 로베르 1세는 가죽 장인의 딸로 천민이었던 그녀와 내연 관계를 맺어 사생아를 낳았는데, 그 아들이 바로 윌리엄이었고 그 아들 외에는 다른 여인에게서는 아들을 얻지 못했다네요. 그러다 1035년 예루살렘 순례길에 로베르 1세가 사망하자 자연스럽게 윌리엄이 일곱 살 어린 나이에 공작을 계승하게 됩니다.

그는 22세가 되는 1050년에 플란데런(Vlaanderen, 지금의 플란더스, Flanders) 공녀이자 프랑스 왕 로베르 2세(Robert II)의 외손녀인 19세 마틸다 판 플란데런(Matilda van Vlaanderen)에게 청혼하지만, 돌아온 답장은 "사생아 따위에겐 시집 안 간다."는 냉랭한 답장이었다네요. 🐻

이에 격분한 윌리엄은 플란데런으로 곧장 말을 달려 마틸다 공녀의 머리채를 잡아 땅바닥에 패대기치고 두들겨 팹니다. 🐼 딸이 얻어맞는 걸 눈앞에서 본 플란데런 공작 보두앵 5세(Baudouin V)가 눈이 뒤집어져 죽이려고 칼을 빼든 순간, 마틸다가 일어나더니 "이 남자가 아니면 결혼하지 않겠다."고 선언했다나요? 이게 대체 뭔 시츄에이션인지 다들 당황했지만, 얻어맞던 그 순간 그녀는 "아! 이 남자라면 절대 바람펴서 사생아는 낳지 않겠다."는 확신을

했다고 합니다. 🐻

그후 결혼해서 실제로도 평생 오붓하게 잘 살았다고 하는데, 윌리엄은 예전 조상들이 정복하지 못한 바다 건너 잉글랜드 땅을 노리게 되고, 결국 헤이스팅스 전투에서 승리해 잉글랜드를 차지하게 됩니다. 그런데 당시 운빨도 무척 좋았습니다.

원래는 정복하기 위해 더 서둘렀지만 역풍이 심해 대기하던 중에 노르웨이 왕국 하랄 3세(시귀르스손, Harald III Sigurdsson)가 먼저 영국을 공격하는 일이 벌어집니다. 당시 덴마크 바이킹의 후손인 잉글랜드 왕 헤럴드 2세(Harold II)가 1066년 9월 25일에 잉글랜드 북부 스탬퍼드 브릿지(Stamford Bridge)에서 하랄 3세를 죽이고 승리한 뒤 일부 군대만 거느리고 느긋하게 런던으로 복귀하던 중, 뒤늦게 노르망디 군대의 상륙을 알게 되어 서둘러 전투에 나섰으나 결국 헤이스팅스 전투에서 패해 사망하고 만 것이죠. 🐻

헤이스팅스 전투에서 활에 맞아 죽은 헤럴드 왕 (출처 _ www.historytoday.com)

용에서 사자로 바뀐 영국의 아이콘

웨일스 국기 (출처 _ 위키피디아)

이렇게 기존의 덴마크계 바이킹 왕조에서 노르웨이 바이킹 출신이지만 프랑스 시민권으로 세탁한 노르만 왕조로 교체된 이후, 영국의 상징도 바뀌게 됩니다.

원래 덴마크 왕조의 상징은 날개 달린 용이었지만 이제는 웨일스 국기로만 남아있고, 윌리엄의 정복으로 노르망디 공국을 상징하던 사자가 새롭게 영국의 마스코트가 되었고, 그의 후손 리처드 1세가 사자심왕으로 유명해지면서 이제는 완전히 굳어져 영국 프리미어리그 등에서도 사자가 등장하는 겁니다.

영국 축구협회 사자 로고
(출처 _ 위키피디아)

윌리엄은 이후 잉글랜드 전역을 파악해 세금을 칼같이 거둬들이기 위해 전국 조사 자료를 만드니 그 이름이 바로…, '둠스데이북(Dooms Day Book)'입니다. 뭔가 무시무시하죠? 🐻

그후 영국 왕조는 여러 차례 바뀌지만 여전히 영국 왕실에는 이 윌리엄의 피가 흐르고 있음에도 헨리 8세의 족보 세탁으로 지금은 영국 왕실의 시조가 알프레드 대왕으로 알려지고 있는 겁니다.

결론적으로 영국의 권력 이동은 처음에는 켈트족이 원주민이었다가, 로마 제국의 일부가 되었다가, 바다 건너온 앵글로색슨족이 차지했지만, 이후 덴마크 바이킹에 이어, 노르웨이 출신 노르망디 바이킹이 왕실을 차지한 뒤, 자신들의 조상은 앵글로색슨 국왕이라고 신분 세탁한 것이죠.

어떤가요? 알고 보면 참 재미있는 이야기가 많지 않나요? 🐻

04

알리고 싶지 않은
또 다른 십자군 이야기

2003년, 미국을 중심으로 한 다국적군이 대량 살상무기를 비축해 놓았다고 의심해 이라크와 2차 전쟁을 시작할 당시, 미국의 조지 W. 부시(George W. Bush) 대통령이 '십자군 전쟁(Crusade)'이라고 발언했었죠. 그걸 두고 일부에서 "무슨 21세기에 중세 시절 십자군 운운하느냐."고 비웃은 바 있습니다. 🐻

그런데 말입니다…, 우리가 배운 7차례에 걸친 예루살렘 해방 십자군 전쟁(1095~1291) 외에도 실제 서양 역사에서는 기독교 반대 세력과의 전쟁을 모두 십자군 전쟁이라고 부른 적이 있기에 전혀 틀린 표현은 아닙니다. 물론 기독교 입장에서나 '성스러운 전쟁'이겠지만요…. 🐻

십자군 전쟁의 시작

우리가 세계사 시간에 배운 예루살렘 수복 원정인 십자군 전쟁은 동로마 제국의 긴급한 구원 요청이 시작이었습니다.

1071년 동로마 제국은 만지케르트(Manzikert) 전투에서 셀주크 투르크에 패배하며 지금의 튀르키예 아시아 지역 영토인 아나톨리아 대부분을 잃으면서 국력이 급격히 쇠약해집니다. 때문에

클레르몽 공의회 (출처 _ 위키피디아)

1095년 동로마 사절단이 로마 교황 우르바노 2세(Pope Urban II)에게 군사적 지원을 요청하자, 11월 클레르몽 공의회 (Council of Clermont)에서 교황이 예루살렘을 되찾자고 호소하며 첫 십자군 원정대가 꾸려지지요.

당시 동로마 제국은 그저 자신들을 군사적으로 도와 달라고 한 것이었지만 그것만으로는 서유럽 국가들의 지원을 받기 어려운 것을 안 교황은 '예루살렘의 회복'이라는 보다 큰 비전을 제시한 겁니다. 🐻 다만 당시 교황이 "예루살렘을 방문하는 순례자들이 박해받는다."고 호소한 내용은 가리지날. 예루살렘이 이슬람 수중에 떨어졌던 637년, 기독교 예루살렘 교구 대주교와 이슬람 제2대

칼리파(Caliph, 무함마드의 계승자, 이슬람 지도자) 우마르(Umar) 사이의 아름다운 만남 이후 450여 년간 평화로운 상황이 이어지고 있었기에, 베네치아는 성지 순례 단체 관광으로 큰 수입을 올리고 있었고 이슬람 정권 역시도 짭짤한 관광 수익을 가져다주는 관광객을 늘 환영하고 있었습니다. 거 참, 아무리 서로 죽이려드는 두 종교 세력이어도, 모두 머니가 최고였던 겁니다. 🐻

예루살렘 함락 당시 시절로 되돌아가봅시다. 메카(Mecca) 부족장 출신으로 《쿠란(Kuran)》을 읽고 무함마드(Muhammad)를 만나 이슬람으로 개종한 우마르는 무함마드가 죽은 뒤 무함마드의 장인, 아부 바크르(Abu Bakr) 초대 칼리파(재임 632~634)에 이어 두 번째 칼리파(재임 634~644)가 되어 그동안 동로마 제국의 공격을 반격하던 수준에서 벗어나 지금의 시리아, 이라크, 이집트 지역을 정복해 이슬람 제국의 팽창을 주도한 인물입니다.

637년, 시리아 일대가 이슬람 제국 수중에 떨어지자 고립무원에 빠진 예루살렘 대주교 소프로니오(St. Sophronius)는 명예로운 항복을 선언하면서 칼리파에게만 항복하겠다고 주장합니다. 이 소식을 들은 우마르 칼리파는 장군들의 만류에도 불구하고 수행 하인 한 명만 데리고 예루살렘 성으로 향하게 됩니다. 🐱

우마르 칼리파는 평소 워낙 검소하게 살아왔고 남의 물건을 탐하지 말라던 소신으로 인해 당나귀 한 마리밖에 가진 것이 없었답니다. 게다가 마음씨도 고와 본인만 당나귀를 타고 가는 건 옳지 않다고 여겨 일정 시간마다 하인과 교대로 타고 갔는데, 하필 예루살렘 성문 앞에 도착했을 때는 하인이 당나귀를 타고 우마르 칼리파가 고삐를 쥐고 끌고 있던 상황이었다네요. 🐻 그래서 성문 앞에서 기다리던 소프로니오 대주교 일행이 나귀에 탄 하인에게 예를 올리려 하자 하인이 황급히 당나귀에서 내리며 고삐를 잡고는 걸어오신 분이 칼리파라고 소개해 모두들 당황합니다. 🐻

이에 예루살렘 성문을 통과하던 우마르 칼리파는 땅에 입을 맞추고 무함마드가 승천한 성지, 예루살렘에 축복을 내리면서, 이제 이슬람 제국 병사가 오겠지만 그 어떤 종교를 믿는 이라 해도 절대 해치지 않을 것이라고 약속합니다.

또한 예루살렘 주요 인사들이 성묘 교회로 그를 모시고 가며 이슬람식으로 예배를 올리라고 권하지만, 그는 교회에 들어가지 않고 "내가 여기서 예배를 본 사실이 알려지면 곧장 우리 병사들이 이 교회를 모스크로 개조하려 할 것이니 나는 무함마드가 승천하신 언덕에서 예배를 올리겠습니다."라며 언덕을 올라가니, 그곳에

예루셀렘 바위의 돔 (© Andrew Shiva)
(출처 _ 위키피디아)

나중에 황금 모스크, '바위의 돔(Dome of the Rock)'이 들어서고 이슬람교도의 거주지가 됩니다.

우마르는 맹신하는 인간들의 위험성을 잘 알고 있었기에 기존 유대교, 기독교 성지를 방

예루살렘 4개 구역 시가지 구분
(출처 _ travel2unlimited.com)

문하지 않거나 예배를 올리지 않음으로써 무슬림 광신도들의 침탈을 미리 방지하는 한편, 예루살렘을 4개 구역으로 나누어 유대교, 기독교, 이슬람교 3대 종교의 성지로서 평화로운 환경을 만드는 기틀을 다집니다. 🐻 다만 지금도 일부 서양학자 중에는 우마르가 642년에 이집트를 정복하면서 알렉산드리아 도서관을 불태우라고 명령했다고 비난하지만 그건 가리지날입니다.

이미 로마 제국 말기였던 297년과 391년에 기독교인들이 알렉산드리아 도서관을 불태우고 마지막 관장이던 여성 학자 히파티아(Hypatia)가 415년에 무참히 살해된 역사적 증거는 확실한 반면, 우마르가 불태우라고 했다는 기록은 600여 년 뒤에야 등장했기에 《로마제국 쇠망사(The History of the Decline and Fall of the Roman Empire)》를 쓴 에드워드 기번(Edward Gibbon)조차 "우마르에게 죄를 뒤집어씌우지 말라."고 비난했을 정도이지요.

그후 우마르의 이교도 정책은 계승되었고, 높은 세금 부담을 줄이려고 이슬람교로 개종하려는 이들이 늘어나자 세금이 줄어드는 것을 우려한 이슬람 정부가 "웬만하면 신념을 버리지 말라."며 개종을 말릴 정도였다고 합니다. 🐻

그러니 우르바노 2세의 성지 순례자와 거주민 핍박 호소는 진실이 아니었던 겁니다. 하지만 이 같은 호소로 진행된 1차 십자군은 예루살렘을 점령하면서 기독교도가 아닌 유대교, 이슬람교도들을 무참히 살해하고 맙니다. 🐻 같은 신을 다른 방식으로 믿는다는 이유만으로 이교도보다 더 잔혹하게 탄압하는 것이 과연 신의 뜻이었을까요? 🐻

그런데 왜 우르바노 2세는 그동안 전임 교황들이 외면하던 동로마 제국의 군사 지원 호소에 그리 적극적으로 나왔을까요? 당시 교황의 실추된 권위 회복, 땅을 갖지 못한 귀족 자제들의 불만 해소, 교역료 재확보 등 여러 이유가 있었지만, 그에게는 나름 믿는 구석이 있었습니다. 종교적 헌신으로 이교도 영토를 정복하던 십자군 전쟁이 이미 여러번 있었고 나름 성과를 거두고 있었던 것입니다.

초기 십자군

① 동방 십자군

십자군 전쟁에는 수도사이자 전문 전투 기사조직인 기사단들의 활약이 두드러졌는데, 그중 독일인이 중심이 된 튜튼 기사단(Tuetonic Order, 독일어 Deutscher Orden)은 1192년에 정식 인가를 받았으나 이미 그 기원은 프랑크 왕국(Frankish Kingdom) 당시부터 존재했다고 합니다.

1260년 독일 기사단령 지도
(출처 _ 위키피디아)

당시 엘베 강을 기점으로 서쪽은 게르만족이 동쪽은 슬라브족(Slavs)이 살던 상황이었는데, 원래 로마 제국 시절에는 엘베 강 일대에는 모두 게르만족이 살다가 훈족의 침입으로 모두 로마 제국 영토로 도망가면서 일시적으로 비어버린 땅을 슬라브 인들이 차지한 것이었죠. 따라서 게르만 정통 후계자라고 자처한 독일 기사들이 잃어버린 옛 땅을 찾고, 여전히 북방신화를 믿는 이 교도를 개종하자는 사상으로 엘베 강 너머 동쪽으로 진격하는 '동 방식민운동'을 전개합니다.

그들은 지금의 폴란드 북부를 지나 발트3국에 이르는 북방지역을

튜튼 기사단 마크
(출처 _ 위키피디아)

장악해 독일 기사단국(Deutschordensstaat, 1230 ~ 1525)을 만들었는데, 이것이 프로이센 공국(Herzogtum Preußen, 1525 ~ 1701), 프로이센 왕국(Königreich Preußen, 1701 ~ 1918)으로 발전되고, 이후 주변 게르만 소국을 통합해 나가면서 드디어 제2차 독일 제국(Deutsches Kaiserreich, 1871 ~ 1918)

을 건설하는 기반이 됩니다. 🐻

이 튜튼 기사단 마크가 검은 십자가였고 프로이센의 국기가 검은 독수리였기에 나치 독일이 그 상징을 이어받았고, 현재에도 독일을 대표하는 아이콘이 되었지요. 🐻

② 북방 십자군

발트 십자군(Baltic Crusades)이라고도 하는 북방 십자군(The Northern Crusades)은 기독교로 개종한 바이킹이 이교도를 개종한다는 신념으로 시작한 십자군이었는데, 스웨덴 북부, 핀란드 등을 정복합니다. 특히 핀란드는 동쪽에서 이주해온 핀족(Finn, 그들 스스로는 수오미)을 1154년부터 100여 년간 정복하여 스웨덴 영토로 만듭니다.

다만 지금의 발트3국 지역도 이교도 개종 명목으로 공격하지만 리투아니아만은 끝까지 살아남았죠. 현재 북유럽 5개 국가(덴마크, 노르웨이, 스웨덴, 아이슬란드, 핀란드)가 십자가 국기를 쓰고 있는데, 이 국기 속 십자가 마크가 바로 북방 십자군 아이콘이에요. 🐻

이처럼 북방 십자가 마크를 쓰는 국가 중 핀란드의 사연은 좀 기구합니다.

바이킹 3개 국가와 인

북유럽 5개국 십자가 국기
(ⓒ Hansjorn) (출처 _ 위키피디아)

종적으로도 전혀 다른 핀란드인들은, 오랫동안 자신들을 스웨덴인이라고 여기며 살다가 러시아가 스웨덴을 침략한 '핀란드 전쟁(The Finnish War, 1808년 2월 21일 ~ 1809년 9월 17일)'에서 스웨덴이 패배하면서 1809년부터 러시아 지배를 받게 됩니다. 당시 러시아 알렉산드르 1세 황제(Aleksandr I Pavlovich)는 이들 핀란드인들이 혹시나 스웨덴 치하로 되돌아가길 희망할까 봐 "너네 핀족은 스웨덴인들과 전혀 다른 민족"이라며 민족주의 의식을 심어주었는데…. 아뿔싸! 이것이 그만 독이 되고 마니, 뒤늦게 민족의식이 싹튼 핀란드인들은 독립국가를 만들겠다는 희망을 품기 시작합니다.

이후 후대 러시아 황제들이 이들을 계속 탄압하지만 제1차 세계대전 중 러시아 황제가 피살되고 볼셰비키 혁명(Bolshevik Revoution)과 내전이 이어지는 혼란에 빠지자 그 틈을 노려 러시아 치하 110년 만인 1918년에 드디어 최초로 자신들만의 나라를 건국합니다. 이후 제2차 세계대전 중 침공한 소련군에 맞서 '겨울 전쟁(The Winter War, 1939 ~ 1940)'에서 승리한 후 지금까지도 독립을 지키고 있어요. 🐻

③ 레콩키스타

초기 십자군 중 가장 대규모이자 가장 오래 걸린 십자군 전쟁은 이베리아 반도의 이슬람을 몰아낸 국토회복운동, '레콩키스타(Reconquiista, 재정복)'였습니다. 711년에 시작되어 1492년에 종결되었으니 781년이나 걸린 가톨릭 세력과 이슬람 세력 간의 영토 전쟁이었던 레콩키스타는, 당시 교황들로부터 십자군 운동으로 인정받습니다.

원래 이베리아 반도는 서로마 제국 멸망 당시 서고트(Visigothic) 왕국이 차지하고 있

레콩키스타 전개도 (출처 _ 위키피디아)

었습니다. 이후 이슬람 세력이 확장하면서 우마이야 왕조(Umayyad Dynasty)가 지브롤터 해협을 넘어 침략해 피레네 산맥 너머 프랑크 제국 영토까지 침범하는데, 732년에 카를 마르텔(Karl Martell)이 이끈 푸아티에 전투(Battle of Poitiers)에서 패배한 뒤 이베리아 반도 중남부만 점령하게 됩니다.

이 상황에서 722년에 서고트 왕국 잔존세력이 이베리아 북부 산악지대에 건국한 아스투리아스(Asturias) 왕국의 300여 기사단이 2천여 명의 아랍군을 물리친 코바동가 전투(Battle of Covadonga)를 기점으로 길고도 긴 전쟁이 이어집니다. 이 아스투리아스 왕국이 훗날 레온(Leon) 왕국이 되었다가 카스티야(Castile) 왕국으로 발전했고, 아라곤(Aragon) 왕국과 연합해 스페인(Spain) 왕국이 됩니다.

그후로도 오랫동안 이베리아 지역 가톨릭 교도들만의 전쟁이었지만 예루살렘 수복 성전이 시작되면서 이 지역에 대한 관심이

증가하게 되고, 교황이 동쪽 십자군 말고 서쪽 십자군 전쟁도 동일한 효력이 있다고 독려하면서 제2차 십자군 중 북방 십자군이 레콩키스타 전쟁에 참전하게 되니, 포르투갈의 수도가 될 리스보아(Lisboa, 리스본)의 탈환 전투에 노르웨이, 영국, 독일, 플랑드르 연합 십자군 1만 5천여 명이 활약하기도 합니다. 🐻

이처럼 당시에는 십자군 전쟁의 하나로 여겨진 레콩키스타는 1492년에 그라나다(Granada)가 함락되면서 종결되는데, 당시 스페인 제국은 레콩키스타가 끝났다고 여기지 않았죠. 그들은 과거 로마 제국 영토였던 모로코, 튀니지 등 지중해 너머 이슬람 영토까지 점령해야 국토 회복이 종결된다고 여겼는데, 프랑스가 계속 전쟁을 걸어오는 바람에 레콩키스타는 더 이상 진행되지 못합니다. 🐻

이후 스페인, 포르투갈 지역에서 무슬림과 유대인 추방이 이어 졌는데, 이 같은 보복 행위는 아이러니하게도 상업에 종사하던 전문 인력이 모두 사라지는 결과로 이어지면서 같은 해에 발견한 아메리카 신대륙에서 들여온 엄청난 금, 은으로 인한 경제적 효과를 제대로 활용하지 못하고 몰락하는 계기가 되지요. 🐻

지금까지 이어지는 십자군의 잔상

우리가 보통 '십자군 전쟁'이라 부르는 '예루살렘 수복 전쟁'은 결국 7차례 출전 끝에 실패로 끝나고 맙니다. 게다가 중간에 종교적 열정에 휩싸인 소년, 소녀들을 이슬람 해적단에 팔아넘긴 소년 십자군 사건도 벌어졌고, 무엇보다 동로마 제국 수도 콘스탄티노폴리스를 함락해 라틴 제국(Latin Empire)을 만든 제4차 십자군 사건은 지금까지도 비난을 받고 있습니다. 🐻

이 같은 십자군 운동의 실패는 교황의 권위 실추로 이어졌지만, 여전히 이교도를 처단하고 하나님의 뜻을 지상에 실현하겠다는 유사한 십자군은 계속됩니다.

후기 십자군

① 요한 / 로도스 / 몰타 기사단

예루살렘 수복을 꿈꾸던 십자군 기사단 중 요한 기사단(Order of Saint John)은 이후 지중해 로도스(Rhodes) 섬을 기반 삼아 오스만투르크를 끊임없이 괴롭히는 크리스트 해적단으로 변신합니다. 🐻 쉴레이만 대제(Süleyman the

로도스 기사단 성 유적 (출처 _ 위키피디아)

Magnificent)의 침공을 받은 로도스 공방전(The Siege of Rhodes, 1522) 이후, 몰타(Malta) 섬으로 옮겨 1565년에 성공적인 방어전을 펼치며 계속 성전을 벌이지만, 1798년에 같은 기독교 국가인 프랑스 나폴레옹(Napoléon Bonaparte)에게 항복한 뒤, 이제는 로마 시내 한 건물을 자치령으로 인정받으며 선교활동을 전개하고 있지요. 🐻

② 알비 십자군

중세 시절 프랑스 남부와 이탈리아 북부에는 '카타리파'라는 이단 종파가 크게 유행합니다. 금욕주의와 청빈사상을 내세우며 육체는 영혼을 가둔 감옥이고, 구약의 신은 가짜 신이며 오직 신약의 예수만이 참된 신이라고 주장하고 윤회를 믿는 등, 가톨릭이 보기에는 이단인 이들을 멸절시키기 위해 인노첸시오 3세 교황(Innocentius PP. III)의 명령을 받은 십자군이 투입되지요. 이들은 알비파가 있던 베지에(Béziers) 시를 공격하면서 가톨릭이건 이단이건 가리지 않고 시민 2만 명을 모두 죽입니다. "주님께서는 누가 당신의 백성인지 아신다."는 교황 특사의 지시에 따른 것이었지요…. 🐻

알비 십자군 (출처 _ 위키피디아)

아이러니하게도 당시 스페인 연합 왕국의 한 축인 아라곤 왕국은 카타리파 영주를 많이 거느리고 있었기 때문에, 1213년 알비 십자군(Albigensian Crusade)에 대항해 프랑스 남부 툴루즈(Toulouse) 백작 레이몽 6세(Raymond VI)를 돕고자 뮈레 전투(Battle of Muret)를 벌이지만, 전투로 단련된 알비 십자군 기사 870명에게 3만 명을 거느린 아라곤 왕이 전사하는 참패를 당합니다. 이 여파로 한때 프랑스 왕보다 강력했다던 툴루즈 백작국이 1245년에 완전히 소멸하게 되니, 프랑스 왕은 종교 전쟁을 빌미로 영토 확장과 왕권 강화를 이루어냅니다. 이에 재미를 들인 프랑스는 템플(성전) 기사단(Knights Templar) 해체(1312년)와 위그노(Huguenot) 전쟁(1562 ~ 1598)을 통해 프랑스 남부에 대한 지배를 공고히 하게 되지요. 🐻

③ 보스니아 십자군

보스니아 십자군(Bosnian Crusade)은 '보고밀파'를 처단하기 위해 헝가리 왕국이 주도해 일어난 토벌 전쟁이었습니다.

보고밀파는 앞서 소개한 카타리파처럼 교황이 이단으로 선포한 종파로, 아르메니아에서 시작되어 동로마 제국을 거쳐 보스니아에 전파되어 신도가 많았다고 합니다. 이 종교는 기독교 교리를 따르면서도 이슬람교처럼 하루 5번 예배를 보는 형태였다고 하네요.

1235년에 시작된 보스니아 십자군은 헝가리 왕국에서 거의 독립한 상태였던 보스니아 왕국을 다시 지배하기 위한 좋은 수단이 됩니다. 헝가리군이 주축이 된 보스니아 십자군은 보스니아 내 독립 교회들을 하나하나 토벌하지만, 1241년 4월 11일 유럽까지 진격한 몽골 군대를 만난 모히 전투(Battle of Mohi)에서 처절하게 패배합니다. 당시 듣지도 보지도 못한 몽골 군대를 만난 헝가리군은 "아니! 형이 거기서 왜 나와?"라는 심정이었을 거예요. 🐨

당시 헝가리 왕국은 몽골군으로인해 멸망 직전까지 몰립니다. 하지만 그해 12월 11일 오고타이 칸이 사망하면서 후계자 승계를 위해 몽골 군대가 전격 철수하게 되어 헝가리는 기사회생하게 됩니다. 하지만 더 이상 보스니아를 공격할 만한 여력이 없었고, 이후 보스니아 왕국이 헝가리와 별개의 보스니아 독립왕국이 되었다가 1463년에 오스만투르크에 패배해 오스만 제국의 일부가 되죠. 그리고 다시 오스트리아-헝가리 연합왕국 영토가 되었다가 1차대전 후 유고슬라비아의 일부가 되었고, 현재의 '보스니아-헤르체고비나'로 다시 독립한 상황입니다. 참 파란만장하네요…. 🐻

그런데 보고밀파는 어찌되었냐고요?

이후로도 탄압이 계속되던 중 오스만투르크 지배를 받던 시절 신도 대다수가 이슬람교로 개종했기에 지금은 발칸 반도 내 소수의 이슬람 교도로 남아 있다네요. 🐻

④ 후스파 십자군

1517년에 마르틴 루터(Martin Luther)가 종교 개혁 운동을 펼치기

100여 년 전에 이미 종교 개혁을 부르짖던 얀 후스(Jan Hus, 1369 ~ 1415)의 사상을 따르는 농민 세력이 크게 늘어난 적이 있습니다. 가톨릭 신부이자 프라하 카렐대학교(Charles University, 영어로는 찰스대학교) 총장이었던 얀 후스는 가톨

얀 후스 (출처 _ 위키피디아)

릭의 부패를 비판했다가 요한 23세(Antipope John XXIII)의 분노를 사 결국 화형에 처해지고 말지요. 🐻

얀 후스는 콘스탄츠 공의회(Council of Constance)에 참석해 달라는 교황의 요청을 받지만 '갔다가는 분명히 종교 재판을 받을 것'이라고 생각해 피신하려 합니다. 그런데 보헤미아(Bohemia, 지금의 체코) 왕국의 계승자이자 이후 신성로마 제국의 황제가 되는 지기스문트(Sigismund) 당시 '로마의 왕'이 보증서를 써주며, 신변을 보장해줄 테니 가서 하고 싶은 말을 해도 된다며 등을 떠밀었다네요.

하지만 정작 종교 재판이 열리자 나 몰라라 함으로써 얀 후스를 화형당하게 한 인물이라 그의 추종자들의 분노는 하늘을 찔렀고 보헤미아 신도들의 기세가 더 확산되면서, 1419년에 애꾸눈 장군인 얀 지슈카(Jan Žižka, 1360 ~ 1424)의 지휘 하에 농민군이 프라하를 장악한 뒤 시의원들을 프라하 성 창 밖으로 내던져 죽이는 등 강력하게 반발합니다. 🐱

이 사건을 눈앞에서 지켜본 보헤미아 왕 바츨라프 4세(Václav IV)가 충격으로 사망하자 교황청과 바츨라프 4세의 동생 지기스문트는 이들을 이단으로 규정하고, 1420년에 십자군 전쟁을 선포합니다. 하지만 쉽게 이길 줄 알았던 기사들은 걸출한 전략가 얀 지슈카가 이끄는 농민군이 전투용으로 개조한 수레를 활용한 바겐부르크(Wagenburg) 전술에 무려 5번이나 처절하게 패배합니다. 당시 얀 지슈카는 부상으로 나머지 한쪽 눈까지 실명하면서도 전투마다 승리를 거둬 불멸의 명장으로 칭송받았고, 이후 군사학자들은 징병된 일반인 군대가 전문 군사조직에 맞서 어떻게 싸워야 하는

지 새로운 전투 패러다임을 제시한 선구자로 그를 인정하고 있다네요. 🐻

이 같은 눈부신 승전을 거둔 농민군은 보헤미아 지역을 완전 장악해 임시 정부를 수립하고 서쪽 모라비아 (Moravia) 지역까지 진격하지만, 그만 감염병에 걸린 얀 지슈카가 눈을 감습니다. 그의 유언은 "나의 가죽으로 북을 만들어 내가 죽어서도 군대를 지휘하게 해 달라."였다네요. 🐻

타보르의 얀 지슈카 동상 (Josef Strachovský 작) (출처 _ 위키피디아)

그는 지금도 체코인들에게는 이순신 장군급의 국민 영웅으로 존경받고 있다고 합니다. 하지만 그가 죽은 뒤 교황청의 파문에 부담을 느낀 온건파가 십자군에 투항하면서 지리멸렬해지고 맙니다. 그럼에도 제대로 진압이 되지 않자 결국 1436년에 이흘라바 (Jihlava) 조약을 맺으며 후스파를 인정한다고 타협하게 되지요.

앞서 다수의 십자군이 유럽 내 이단 척결에 성공을 거두었지만, 이때에 이르러 무기도 빈약하고 훈련도 제대로 안 된 농민군에게 기사단이 패배하니, 1453년 동로마 제국의 멸망과 함께 중세 시대의 종말을 상징하는 사건으로 기억된다고합니다. 🐻

⑤ 독일 농민전쟁

이 같은 후스 전쟁의 여파로 교황청에 대한 영주들의 신뢰도가 하락하던 상황에서 드디어 1517년에 마틴 루터의 '95개 조항 반박문'이 게시되면서 종교 개혁이 촉발됩니다. 루터는 다수 귀족 영주들의 지지를 획득하면서 얀 후스와 달리 처형당하지 않고 버틸 수 있게 됩니다.

독일 농민을 저주한 루터 (Lucas Cranach 작) (출처 _ 위키피디아)

영주라는 세속 권력과 교회라는 종교 권력에 짓눌려 있던 농민과 농노들은 이 변화의 바람에 적극 앞장서기 시작하고, 1524년에 알자스(Alsace), 작센(Sachsen), 튀링겐(Thüringen)에 이어 스위스와 오스트리아 농민들이 수탈에 저항하며 무려 30만 명의 대규모 반란이 일어나니, 프랑스 대혁명 이전 최대 규모의 항쟁이었습니다. 🐼 이들은 농노 해방, 수도원 해체, 무주택자 거주지 마련, 십일조 헌금 폐지 등을 주장하는데, 얀 지슈카와 같은 전략가가 없었기에 교황청과 신성로마 제국이 결성한 귀족 십자군에 의해 10만 명 이상이 사망하며 종결되고 맙니다. 🐻

당시 농민들은 루터의 종교 개혁 선언에 큰 감명을 받아 새로운 세상을 꿈꿨지만, 정작 루터는 귀족 영주들의 지지를 등에 업고 있었기에 "악마의 소행을 저지르는 농민들은 개와 같은 존재"라고 비난하며 귀족들에게 진압을 호소하는 등 철저히 외면하는 이중성을 보여줍니다. 🐻

결국 이 독일 농민전쟁은 르네상스 시대에 오히려 중세 봉건제가 강화되는 퇴행으로 결말나고 마는데요. 🐻 즉, 독일 농민전쟁이 종교 전쟁인 30년 전쟁(1617~1648)으로 이어지면서, 독일이 영국, 프랑스에 비해 근대화가 늦어지고 식민지 경쟁에서도 밀리자, 결국 두 차례 세계대전을 일으켜 전 세계를 전쟁으로 몰고가는 엄청난 나비 효과를 불러일으킨 것이죠. 🐻

⑥ 위그노 전쟁

프랑스 역시 앞서 소개한 카타리파 처단을 통해 프랑스 왕권이 강화되는 효과를 얻게 되자 종교 개혁 이후 남부 프랑스를 중심으로 증가하던 칼뱅파(Calvin) 신교도(위그노, Huguenots)를 무력으로 진압하는 위그노 전쟁(French War of Religion, 1562~1598)을 일으킵니다.

프랑스 왕가는 십자군 예루살렘 원정 당시 활약했던 템플(성전) 기사단을 해체하는 과정에서 다수의 기사들을 학살한 데 이어, 이탈리아 메디치(Médici) 가문의 딸이자 교황의 조카였던 카트린 드 메디시스(Catherine de Médicis)가 프랑스로 시집와서 낳은 아들 샤를 9세(Charles IX)마저 위그노 지도자인 콜리니(Coligny) 제독에 감화되어 위그노 신앙에 빠져들 기미가 보이자, 결국 1572년 8월 24일

성 바르톨로메오 축제일의 학살
(François_Dubois 작) (출처 _ 위키피디아)

'성 바르톨로메오 축제일' 밤을 기해 파리 시내에서 콜리니 제독 포함 1천 명 이상의 위그노를 학살(Massacre de la Saint-Barthélemy)합니다. 🐻 그리고는 '위그노가 프랑스를 공화국으로 만들려고 했다'는 누명을 씌워 대대적인 위그노와의 전쟁이 이어지니, 이 내전 중에 발루아(Valois) 왕조 혈통이 끊어지고 부르봉(Bourbon) 왕조가 들어서게 됩니다.

당시 프랑스는 37년간 총 9차례에 걸친 신·구교 간 종교 전쟁을 통해 결국 가톨릭이 승리하는데, 신성로마 제국 내 각 영주 간 종교 갈등으로 촉발된 30년 전쟁 후반기에는 국익을 위해 개신교도 편을 드는 아이러니를 연출하지요. 🐻

우리에게 익숙한 알렉상드르 뒤마(Alexandre Dumas)의 소설 《삼총사(Les Trois Mousquetaires)》는 위그노 전쟁 이후 벌어진 위그노 잔당 축출 전쟁이자 영국의 재침공을 막아낸 라 로셸 공방전(Siege of La Rochelle)이 주요 내용인데, 대부분의 축약본에서는 이 흑역사 부분을 빼고 있지요…. 🐻

하지만 공화정 수립을 우려하며 위그노를 학살하던 프랑스 왕조는 결국 1789년 프랑스 대혁명 등 수차례 유혈 혁명을 통해 왕조가 몰락하고 세계사에 길이 남는 공화정의 시대를 열게 됩니다.

⑦ 신대륙 정복과 구대륙 전도

4부에서 자세히 설명하게 될 스페인의 아메리카 아즈텍, 잉카 제국 정복 전쟁 당시 스페인 군인들은 그들이 또 하나의 십자군 전쟁을 수행하고 있다고 생각했습니다. 지금 시각에서는 제국주의 침탈의 시작이라고 비난할 수밖에 없지만, 이교도들에게 진정한 종교를 알려주겠다는 신념을 가진 이들이 기사 및 수도사로서 낯선 땅에 들어가 열심히 정복과 동시에 포교를 진행했으니 당시 그들은 진심이었겠죠. 🐻

당시 교황청은 동아시아 포교에 적극적이었습니다. 루터의 종교 개혁으로 개신교와 힘 겨루기를 하는 위기 상황에서 돌파구를 마련해보려 한 것이지요. 교황으로부터 아프리카와 아시아 교역을 보장받은 포르투갈은 선교사를 보내 열심히 전도했는데, 일본 규슈의 다이묘(大名, 지방 군주)들까지 가톨릭으로 개종시키는 데 성공합니다. 일본에서는 이들 기독교도들을 '기리시탄(キリシタン)'이라고 불렀는데, 대표적 인물이 임진왜란 당시 선봉에 섰던 고니시 유키나가(小西行長)

고니시 유키나가 군대의 상징, 꽃십자가 문양 (ⓒ Mukai) (출처 _ 위키피디아)

였죠. 또 포르투갈 선교사들은 일본의 조선 침략 전쟁을 가톨릭 포교를 위한 좋은 기회라고 여겨 조선 땅을 밟습니다. 이들은 일본으로 끌고 간 조선인 중 일부를 가톨릭으로 개종시키니, 그중 권 비센테(Vicente Caun)라는 이를 다시 조선으로 보내 포교하려 한 적도 있습니다. 하지만 이후 들어선 도쿠가와 막부(德川幕府)는 기독교도들을 대대적으로 탄압했고, 이 과정에서 권 비센테 등 개종한 조선인들도 희생당하고 맙니다. 🐻

상상하기도 싫지만 만약 당시 조선의 남부 또는 전체가 일본 지배 하에 들어갔다면, 한반도의 천주교 전파는 이처럼 폭력적인 방법으로 250여 년 이상 앞당겨졌을 겁니다. 근세 유럽 열강 제국주의 국가들의 영토 침략 시 종교 전파는 해당 지역을 장악하는 도구로 쓰였고, 지금도 일부 종교인들의 열정으로 이루어지는 선교 활동이 국가 간 외교 문제로 비화되는 일도 있습니다.

창조주 신이 인간을 사랑하신다고 하면서도 결국 인간의 비뚤어진 욕망으로 인한 '십자군 전쟁'이, 과거 한때의 얼룩진 역사가 아니라 여전히 진행형이라는 사실이 저를 슬프게 만드네요. 🐻

4부에서는 신대륙 발견의 진실에서 시작해 아메리카와 아프리카 문명을 파괴한 유럽 대항해 시대의 잘 알려지지 않은 이야기, 미국과 멕시코 간 아픈 역사를 알아봅니다.

4부

제국주의 시대, 슬픈 이야기를 찾아서

01
아메리카 대륙을
처음 발견한 자는 누구?

세계사에서 하나의 큰 분기점이 있다면 '대항해 시대의 개막'과 이에 따른 글로벌 촌놈 '유럽인 시각의 신대륙 발견'을 거론할 수 있습니다. 다만 대다수 세계사 책에서는 1492년에 콜럼버스(Christopher Columbus)가 아메리카 대륙에 첫발을 내디뎠다고 소개하고 있지만, 이건 정말 리얼리 가리지날입니다. 🐻

생각해보세요. 콜럼버스가 도착했을 때 이미 그 땅에는 아메리카 원주민(a.k.a 인디언)들이 잘 살고 있었어요. 엄연히 주인이 있던 땅인데 인도로 가려던 콜럼버스가 본의 아니게 아메리카 대륙도 아닌 서인도 제도의 섬에 상륙해서는 정작 본인은 인도에 도착한 줄 착각한 건데, 이후 유럽인들이 맘대로 신대륙 발견이라고 하는 겁니다. 🐻 그리고, 굳이 유럽에서 배 타고 온 백인 방문객으로 한

정해봐도, 가장 먼저 도착한 사람 역시 콜럼버스가 아니예요. 🐻

유럽인 중 아메리카 대륙에 첫발을 내디딘 바이킹

응? 그럼 누구냐고요?

유럽인 중 처음 아메리카 대륙에 발을 디딘 사람은 레이프 에릭손(Leifur Eiríksson, 운이 좋은 '에릭의 아들', 970～1025)이라는 바이킹이에요. 🐻 그와 동료들이 1021년에 지금의 캐나다 동쪽 뉴펀들랜드(Newfoundland, 새로 발견된 땅) 섬에 정착했지요. 이 같은 사실은 1960년 캐나다 뉴펀들랜드의 '랑스 오 메도즈(L'Anse aux Meadows)'라는 어촌 마을에서 고대 스칸디나비아식의 8개 건축물 흔적과 바이킹 유물들이 발굴되면서, 바이킹 서사시에 등장하는 빈란드(Vinland, 풀의 땅)가 실은 아메리카 대륙이었다는 것이 처음 입증된 겁니다. 🐻

그래서 미국에서도 1964년부터 10월 9일을 '레이프 에릭손의 날(Leif Erikson's Day)'로 지정해 바이킹이 아메리카 대륙을 발견한 것을 기

캐나다 '랑스 오 메도즈' 복원 유적
(© Dylan Kereluk) (출처 _ 위키피디아)

념하고 있고, 미네소타 주 정부 청사 등 곳곳에 레이프 에릭손 동상도 세웠다고 하네요. 또한 미국에서 그가 주인공인 드라마 '바이킹스 : 발할라(Vikings : Valhalla)'도 제작된 바 있습니다. 🐻

이 바이킹 유적지 덕분에 캐나다 뉴펀들랜드 섬은 1978년에 유네스코 세계문화유산으로 지정되었는데, 이후 더 많은 연구가 진행되고 있습니다. 지난 2021년에는 네덜란드 호로닝언대학(University of Groningen) 연구팀이 유적지 나뭇조각에서 이들이 살았던 시기가 1021년이라고 확정하는 데 성공해 이를 세계적 학술지 《네이처(Nature)》에 발표하기도 했죠.

당시 아메리카 원주민은 쇠를 사용하지 못했는데, 해당 나무에서는 도끼로 추정되는 쇠날에 절단된 흔적을 확인해 유럽에서 건너온 바이킹들이 자른 것임을 입증한 것이죠. 🐼 그건 또 어떻게 증명할 수 있냐고요?

1960년대부터 미국 중부 미시시피 강 상류 지역 카호키아(Cahokia) 지역에서 발굴되고 있는 멕시코 이북 최대 규모 인디언 거주 유적지에서는 쇠로 된 유물이 전혀 나오지 않거든요. 즉, 그때까지 아메리카 대륙은 신석기 시대에 머물고 있었던 겁니다. 🐻

이 카호키아 언덕 유적지는 800년부터 1350년경까지 인디언들이 모여 산 도시였는데, 최대 인구 2만 명에 이르는 거대 촌락이었지만, 기후 변화로 식량 공급이 어려워지자 결국 버려졌다고 하네요. 🐻

에릭손 가문의 모험 : 그린란드, 빈란드의 발견

이처럼 최근 추가 발굴과 연구에 따라 그동안 막연히 서기 1000년 경으로 추정되던 에리프 에릭손과 그린란드인들의 아메리카 거주 시점이 1021년 전후임이 입증된 겁니다.

에릭손의 서쪽 바다 건너 탐험 기록은 구전되어 오다가 13세기에 아이슬란드에서 두 개의 서사시, 〈그린란드 사가(Graenlandinga Saga)〉와 〈붉은 머리 에리크 사가(Eriks Saga Rauda)〉가 문서로 남겨진 것이 가장 오래된 기록이라고 합니다.

기록에 따르면, 985년에 비야르니 헤르율프손(Bjarni Herjolfsson)이 그린란드를 향해 가다가 우연히 발견하고 돌아왔다는 마크란드(Markland, 나무의 땅)와 헬룰란드(Helluland, 평평한 바위의 땅)에 관한 소문을 들은 레이프 에릭손이 동료 35명과 함께 그린란드에서 출발했다고 하지요. 그가 굳이 나무가 많은 땅을 찾아나선 건, 당시 그린란드가 초원지대여서 농사와 목축은 가능했지만 나무가 없었기에 나무가 많은 땅이 있다는 얘기는 충분히 배를 띄울 이유가 되었던 것이죠. 🐨

이들은 서쪽으로 항해하면서 헬룰란드(지금의 래브라도 반도)와 마크란드(지금의 배핀 섬)를 지나 이틀을 더 항해하여 새로운 땅(뉴펀들랜드)에 상륙했다고 합니다. 우리에게는 낯선 지명이지만 캐나다 뉴펀들랜드 섬은 대한민국보다 약간 더 커서 아이슬란드와 비

숫한 크기예요. 다만 추운 곳이라 그 땅에는 고작 47만 명 정도만 살고 있다고 하네요. 🐻

어쨌거나 당시 레이프 에릭손은 그 땅을 '빈란드'라고 정하고 그 해 겨울을 난 후, 그린란드로 되돌아왔다고 합니다. 그 다음해에는 레이프의 동생 토르발드 에릭손(Thorvald Eiriksson)이 다시 빈란드에 갔다가 아메리카 원주민(스크랠링기, Skrælingi)의 공격을 받아 사망했고, 이후 다른 탐험대가 몇 차례 찾아갔지만 원주민의 공격에 결국 포기하고 그린란드로 되돌아왔다고 전해져 왔는데, 이 이야기가 역사적 사실이었음이 증명된 것이죠. 🐻

그런데 레이프 에릭손의 아버지인 '붉은 머리 에리크(Erik the Red, 토르발드 아스발드손의 아들, 950~1005)'도 아주 유명해요. 왜냐하면 유럽인 중 처음으로 982년에 그린란드를 발견한 이가 바로 그 사람이거든요. 와우! 🐻 아

바이킹의 아이슬란드, 그린란드, 빈란드 탐험 경로 (출처 _ www.guidetogreenland.com)

버지는 그린란드를, 아들은 아메리카 대륙을 발견했으니, 대단한 모험가 집안이네요. 🐻

이 붉은 머리 에 리크는 남들보다 유난히 빨간 머리

카락을 가졌던 모양입니다. 지금도 인구 중 빨간머리 비율이 10퍼센트가 넘는 지역이 노르웨이 남쪽 해안가, 스코틀랜드, 웨일즈, 아일랜드 북부 등인데, 이 지역들은 모두 과거에 바이킹들이 활발히 진출했던 지역이에요.

어쨌거나 이 위대한 모험가 핏줄을 이어받은 붉은 머리 에리크와 그의 아들 레이프 에릭손이 처음부터 모험가였던 건 아니예요. 원래 아버지 붉은 머리 에리크는 노르웨이에서 태어났지만, 그가 열 살 때인 960년에 아버지 토르발드 아스발드손(Thorvald Ásvaldsson)이 살인을 저질러 온 가족이 아이슬란드로 도망쳤다고 합니다. 🐨

당시 아이슬란드에는 기독교를 전파하러 온 아일랜드 수도사가 있어서 레이프 에릭손은 기독교를 믿게 되었다고 하네요. 그런데 공교롭게도 아들 역시 32세이던 982년에 살인 사건에 연루되어 아이슬란드에서 추방당하게 됩니다. 이 집안은 아빠 DNA가 유독 강한가 봐요. 🐻

이런 사건이 있었던 터라 배를 띄운 에리크는 아이슬란드 서쪽에 존재한다는 전설 속의 섬을 찾아나서 결국 그린란드 남부 해안에 도착합니다. 그렇다는 건 그 이전에도 누군가는 다녀왔다는 이야기인데…, 기록상 그 선구자의 이름은 '군뵤른 울프손(Gunnbjörn Ulfsson)'이라는 것만 알려져 있고, 상세한 내용은 아직 미스터리로 남아 있나 봅니다.

여하튼 붉은 머리 에리크가 상륙할 당시에는 그린란드는 사람이 살지 않는 무인도였다고 합니다. 최근 발굴 작업을 통해 그보다 먼저 이누이트(Inuit, 에스키모)가 살았던 흔적은 발견되었지만, 그가 도착한 때에는 버려져 있는 상황이었나 봐요.

도착 후 그가 본 풍경은 놀랍게도 끝없이 펼쳐진 푸른 초원이었다네요.  그래서 붉은 머리 에리크는 그 섬을 '그린란드(Greenland, 푸른 땅)'라고 부릅니다. 지금의 얼어붙은 그린란드를 생각하면 말이 안 되는 것 같지만, 그 당시 기후가 지금보다 온화하던 때여서 남쪽 해안은 사람이 살 만한 환경으로 바뀌었던 거지요. 그후 그는 3년간 그린란드 섬을 탐험한 후, 985년에 아이슬란드로 되돌아와 살기 좋은 푸른 땅, 그린란드가 바다 건너에 있다고 열심히 홍보합니다.

붉은 머리 에리크 : "동네 사람들~! 내가 서쪽 바다 건너 새 땅을 찾았다란드~."

아이슬란드 주민 : "엇? 3년간 행방불명이던 레이프 아닌가비크?"

붉은 머리 에리크 : "그 섬은 아주 식물이 잘 자라는 땅인데 지금 쌀 때 사야 한다란드~."

아이슬란드 주민 : "저 인간은 살인죄 저질러 도망쳤다던데 믿어도 될까르달?"

붉은 머리 에리크 : "속고만 사셨나? 이름도 예쁜 그린란드에서 새 인생을 시작해보아리크."

아이슬란드 주민 : "여긴 내 땅도 없는데 싼 맛에 확 이민갈까뱌크?"

왠지 기획부동산 같은 느낌이지만 무려 5천여 명이 그와 함께 그린란드로 들어가서 986년에 정착촌(지금의 브라타흘리드, Brattahlid)을 만들고 양과 소를 키웠다고 합니다. 그래서 17세기 소빙하기 이후 다시 얼어붙은 그 섬을 여전히 그때 드넓은 초원을 보며 불렀던 '그린란드'라고 부르고 있는 거지요. 첫 시작은 결코 사기 분양은 아니었다는 거~. 🐻

아버지를 따라 그린란드에서 자라난 레이프 에릭손은 아버지를 본받아 살인도 하고…, 앗! 이건 아닌가? 더 서쪽으로 가서 빈란드(아메리카 대륙)마저 발견했던 것이죠. 🐻

하지만 그린란드에서 출발한 개척자들이 조기에 철수하고 이들의 기록도 부실해 11세기 아메리카 대륙 발견과 정착촌 건설 사실은 오랜 기간 그저 전설로 치부되었고, 1492년에 콜럼버스가 아메리카 대륙에 도착한 사실만 널리 알려졌던 거죠. 네…, 무조건 기록을 남겨 놔야 합니다. '적자생존', 즉 '적는 자만이 생존한다.'고 하지 않았습니까? 그 뜻이 아니라고요? 알죠~, 하지만 사회생활을 하다 보니 "적는 자만이 살아남는다!"는 맞는 것 같아요~. 🐨

책상에서 신대륙을 발견한 페르시아 수학자

그런데 공교롭게도 레이프 에릭손이 신대륙을 발견할 당시, 지구 반대편에서 책상에 앉아 신대륙이 있을 것이라고 예측한 사람도 있었습니다. 🦉

그게 누구냐고요? 페르시아의 수학자이자 지리학자이자 천문학자인 아부 라이한 알 비루니(Abū al-Rayhān Muhammad ibn Ahmad al-Bīrūnī, 973 ~ 1048)였습니다. 그는 계산을 통해 지구가 둥글다는 사실을 입증했습니다. 그러면서 지구의 크기를 미루어 짐작해보면 유라시아 대륙 반대편

라이한 알 비루니
(출처 _ 위키피디아)

에도 그만 한 크기의 거대한 대륙이 있어야 균형이 맞을 것이라고 예측했습니다. 🐻

결국 연구실에서 아메리카 대륙을 발견한 셈이긴 한데, 이는 사실 판단 오류입니다. 🐻 비루니 말고도 오랜 기간 많은 학자들은 지구가 공처럼 둥글며 안정적으로 자전한다는 사실에 비추어볼 때, 육지와 바다가 골고루 배치되어 있어야 지구가 한쪽으로 기울지 않을 것이라고 여긴 거예요. 그래서 예상보다 남반구의 땅 면적이 북반구보다 적은 것에 비추어 균형을 맞추려면 남극 부근에 큰 땅이 존재해야 한다고 결론을 내린 겁니다. 🐻

지금도 첨단 과학기술을 가진 초고대 문명이 존재했다고 주장하는 이들이 근거로 내세우는 자료 중 하나가 오스만 투르크 해군 아흐메드 무힛딘 피리 레이스(Piri Reis, 1465 ~ 1554) 제독이 1513년에 만든 지도인데요. 이 지도에서 남아메리카 대륙이 상세히 그려져 있

피리 레이스 제독 지도
(출처 _ 위키피디아)

고 당시 발견되지 않은 남극이 크게 그려져 있다며, 이는 빙하기 이전 고대 인류 또는 외계인이 알려준 고대의 지식이라고 주장하고

있습니다. 하지만 앞서 비루니의 예측에서 보듯, 당시 남반구 육지 면적이 북반구보다 작은 것을 보고 나름 합리적으로 남극 인근에 큰 대륙이 있어야 한다고 예상하고 만든 가상의 그림입니다. 🐻

또한 일부에서는 지금의 남극 대륙 해안선과 맞지 않고 더 크게 그려져 있는 것도 빙하가 덮히기 이전 남극 대륙의 모습이라는 둥, 이집트 카이로 상공에서 촬영한 인공위성 사진과 일치한다는 둥의 주장도 나왔지만, 남극이 빙하에 덮인 지 1700만 년이 넘었기 때문에 빙하에 덮히기 전 모습이라고 하기에는 너무 오차가 크기도 하답니다. 🐻

결국 결론은, 콜럼버스, 레이프 에릭손 모두 아메리카 대륙을 최초로 발견한 사람이 아니라는 겁니다. 빙하기 시절 얼어붙은 베링 해협을 건너간 아메리카 원주민의 조상님들이야말로 진정한 최초의 발견자들이니까요. 그러니 다들 원조 논쟁은 이제 그만하자고요. 🐻

그럼, 이제부터 아메리카 원주민들의 비극 이야기로 넘어갑시다. 🐻

02
아즈텍 제국 멸망의 진실은?

앞서 콜럼버스 이야기를 했는데요. 유럽인의 아메리카 상륙은 결국 아메리카 원주민들에게는 재앙이 되었습니다. 🐻

비록 구대륙에 비해 뒤처지긴 했지만 아메리카도 다양한 문명이 번성해 왔는데 유럽인들의 침략으로 중앙아메리카 아즈텍 제국, 남아메리카 잉카 제국이 멸망하고 원주민은 가혹한 수탈과 전염병으로 희생됩니다. 그나마 살아남은 이들도 다수가 백인, 흑인과 혼혈이 되어, 이제는 원주민 순수 혈통이 드문 상황이죠. 🐨🐻

그중 잉카 제국의 멸망은 황제를 포로로 잡은 뒤 황금을 빼앗고 멸망시킨 피사로(Francisco Pizarro González) 군대의 만행으로 잘 알려져 있지만, 이보다 앞서 1521년에 아즈텍 제국을 정복한 코르테스(Hernándo Cortés, 1485 ~ 1547)의 이야기는 잘 알려져 있지 않는데, 여기에는 특별한 사연이 숨어 있습니다.

아즈텍 제국의 멸망을 부른 코르테스 원정대

에르난 코르테스 초상화 (Cristoph Weiditz 작) (출처 _ 위키피디아)

아즈텍 제국의 멸망은 1519년 2월 10일, 스페인 에르난 코르테스 원정대가 멕시코만에 상륙하면서 시작됩니다.

당시 서인도 제도를 하나하나 정복한 스페인은 본격적으로 아메리카 대륙으로 진출하게 되는데, 먼저 유카탄 반도를 탐험한 선발대가 황금이 많다고 알려옵니다. 그 소식을 듣고 서인도 제도를 총괄하던 벨라스케스 (Diego Velázquez) 총독이 두 차례 조사단을 파견하는데 돌아오지 않자, 쿠바 정복에 참여했고 이미 부자였던 코르테스에게 일부 비용을 댈 터이니 원정대를 꾸려 달라고 제안합니다. 그는 왜 코르테스에게 손을 내밀었을까요?

이유는 코르테스가 스페인 하급 귀족 출신이지만 장남이 아니라 작위를 물려받을 수 없는 처지여서 출세를 꿈꾸며 19세 때 아메리카로 건너온 뒤 쿠바 원정대에 참여해 실전을 경험한 베테랑이었기 때문이었습니다. 게다가 산토도밍고 공무원 시절에 총독의 처제와 연애하다가 걸려 강제로 결혼당한 동서지간이기도 했으니, 가족 비즈니스를 하려고 한 겁니다. 🐻

총독이 대륙 원주민과의 거래 독점권을 주겠다는 권유에 코르테스는 자기 돈으로 배 10척을 꾸리고 원정대를 모집합니다. 그러자 전설처럼 전해지던 황금의 도시 '엘도라도(El Dorado, The Golden City)'를 찾으러 간다고 소문이 나서 수많은 하급 귀족 집안 청년들이 '로또, 아니 황금만이 살 길이다'라며 부푼 꿈을 안고 몰려드니, 코르테스는 600여 명의 무장 군인과 300여 명의 현지 원주민 보조병을 이끌고 멕시코만 해안에 발을 내딛습니다.

코르테스 원정대는 전혀 몰랐지만 당시 멕시코 일대를 지배하던 아즈텍 제국은 인구 500만 명에 독자적인 문자를 가지고 있었으며, 역사상 최초로 전 국민에게 의무교육을 제공한 문명 국가였습니다. 모든 남자 청소년에게 의무적으로 군사 교육을 시킨 것은 스파르타가 최초이지만, 모든 남성에게는 군사 훈련, 여성에게는 가사 일 등을 체계적으로 교육시킨 건 아즈텍 제국이 처음이라고 하네요. 🐻

이처럼 체계적인 전 국민 군사 훈련을 시킨 저력으로 주변 30여 부족을 장악한 군사 강국이었지만, 코르테스 원정대에 의해 불과 2년 만에 멸망하고 맙니다. 비록 아즈텍 무기가 화살과 돌창, 돌칼 등 신석기 수준 무기뿐이었다지만, 겨우 900여 명의 스페인 군대에게 무너졌다는 것이 좀 이상하지 않나요?

그동안의 세계사 책에서는 아즈텍 멸망 원인에 대해, 아즈텍인들의 전설에 케찰코아틀(Quetzalcohuātl) 신이 언젠가 다시 돌아와 지배할 것인데, 큰 키에 수염을 기른 흰 얼굴을 갖고 있을 것이라고 구전되어 온 바람에 코르테스를 신으로 착각했고, 스페인의 신식 무기가 압도적인데다가 이들이 가져온 천연두, 홍역 등 감염병에 취약해 모두 사망했기 때문이라고 소개하지요.

하지만 실제 역사는 많이 달랐습니다. 코르테스의 아즈텍 정복은 아즈텍 제국에 지배당하던 30여 부족이 스페인 군대와 연합해 숫적 우위로 아즈텍을 무너뜨린 겁니다. 당시 멕시코 일대 총 인구수는 5500만 명에 달했다고 하는데, 아즈텍 인구보다 10배 많은 현지 부족이 스페인 군대와 연합하는 데 핵심적 역할을 한 이가 있었으니, 그 사람은 바로 '말린체(Malinche)'라는 마야족 출신 여자 노예였습니다. 🐻

하지만 아즈텍의 후손이라는 정체성을 가진 현재 멕시코시티 등 수도권 사람들은 그녀를 매국노라고 생각해 그녀의 이름을 부르는 것조차 불경스럽게 여기고 있고, 유럽인들 역시 원주민의 도움을 받아 정복했음에도 원주민을 혹사시키고 감염병으로 집단 사망시켰다는 흑역사로 이어지기에 굳이 상세한 과정을 들추기 싫어하는 것이죠. 🐻

역사를 바꾼 여성, 말린체

아즈텍을 무너뜨린 죄(?)로 지금도 욕먹는 말린체는 굴곡 많은 삶을 살다 갔습니다. 🐻

1501년경 멕시코 중남부 파이날라(Painalla)에서 마야 귀족의 딸로 태어나 다섯 살 때부터 귀족 자녀가 다니는 고등 교육기관 칼메칵(Calmecac)에서 역사, 지리, 수학, 예술, 사고 예절 등을 교육받았다고 합니다. 하지만 아버지가 사망한 뒤 어머니가 재혼하면서 상황이 반전됩니다. 새로 결혼한 귀족과 낳은 아들에게만 재산을 물려주려고 아홉 살 된 딸을 노예로 팔아넘기고는 주위 사람들에게는 죽었다며 장례식까지 치른 거예요. 🐻

당시 유럽은 큰아들에게만 재산을 몰빵해주는 사회였지만, 중앙아메리카는 딸에게도 동등하게 유산을 분배하던 사회였는데 전 남편과 낳은 딸을 비정하게 버린 것이죠. 노예상인에게 팔린 말린체는 그후 여러 번 팔려다니며 각지의 풍습과 종교, 언어를 습득했는데, 특히 언어적 재능이 뛰어나 마야어와 함께 아즈텍인들이 사용하는 나우아틀어(nāhuatl)를 능숙하게 말할 줄 알았다고 하네요.

그런 그녀에게 운명의 날이 찾아옵니다. 원래는 원주민과 평화적으로 교역을 하라는 임무를 받았지만 아예 정복할 꿈에 부푼 코르테스 원정대는, 상륙 후 만난 부족이 반항하면 무력으로 진압하며 금을 강탈하던 상황이었어요. 당시 타바스코(Tabasco) 부족을 진압할 때 이들이 화해의 의미로 여성 노예 20명을 바쳤는데 그중에 말린체가 포함된 겁니다. 당시 노예 여성들을 심사한 코르테스는 미모와 함께 언어 재능도 뛰어난 말린체를 통역관으로 발탁합니다. 코르테스는 어떻게 말린체가 언어 천재인 걸 알았을까요? 🐻

그건 수년 전 원정대가 상륙하던 초기에 배가 난파되면서 마야 부족에 포로로 잡혀 마야어를 할 줄 알았던 게로니모 데 아귈라르(Geronimo de Aguilar)라는 프란시스코회 수도사를 구출해 통역관으로 활용하고 있었는데, 아귈라르가 말린체는 마야어뿐 아니라 아즈텍어까지 할 줄 안다고 보고한 것이죠. 중앙아메리카 부족 간 공용어 역할을 하던 아즈텍어를 할 줄 아는 사람이 없어 고민하던 코르테스는 무척 기뻐합니다.

그후 코르테스가 스페인어로 말하면 아귈라르가 마야어로 통역하고, 이를 다시 말린체가 아즈텍어로 통역하는 방식으로 각 부족과 소통했는데, 얼마 뒤 말린체가 스페인어도 능통해지면서 스페인어를 곧장 아즈텍어로 통역하게 되니 아귈라르는 졸지에 실업자가 되고 맙니다. 🐻 전해지는 이야기로는 말린체가 불과 이틀 만에 스페인어를 알아듣기 시작했다나요? 🐻

영특한 말린체는 이 천금 같은 기회를 놓치지 않았습니다. 그녀가 적극적으로 기독교 개종을 희망하니 아메리카 원주민 최초로 천주교 세례를 받았고, 이후 스페인 군인들로부터 '도나 마리나(Dona Marina)'라고 귀족 부인 존칭으로 불리게 되었다고 합니다. 🐻

이는 스페인이 이베리아 반도에서 이슬람 왕국을 몰아낸 일종의 십자군 전쟁인 국토 회복 운동 '레콩키스타'를 완수한 지 채 30년이 안 된 상황이라, 자신들은 신대륙 원주민들을 교화시키는 성스러운 임무를 띠고 있다고 생각한 탓이

〈코르테스와 말린체〉 (José Clemente Orozco 작) (출처 _ 위키피디아)

라고 합니다. 참 자기네 맘대로였군요. 🐻

　참고로 이 여인의 진짜 이름은 말리날리 테네팔(Malinali Tenepal)이었다고 합니다. 하지만 스페인 사람들이 자기들 편의대로 줄여 부른 '말리나(Malina)'라는 이름 뒤에 아즈텍어 존칭 'tzin'이 붙어 '말린친'이라고 부른 것이 변형되어 말린체라고 알려졌다네요. 🐻

　코르테스와 늘 붙어다닌 말린체는 이 지역 부족 대다수가 아즈텍의 지배에 불만이 많아 이를 뒤엎을 강력한 세력이 나타나길 기다리고 있었다며 그들을 우리 편으로 포섭해야 승산이 있다고 알려줍니다.

　그녀가 저렇게 말한 당시 멕시코 지역은 어떤 상황이었을까요? 잠시 이 지역의 역사를 살펴봅시다.

현재까지 알려진 중앙아메리카 고원의 첫 문명은 BC 12세기 멕시코 중부에 출현한 올멕(Olmec) 문명으로 알려져 있습니다. 고유 문자를 만들고 달력을 사용했으며 신앙 차원에서 인신공양을 시작했다고 하지요. 이들은 최대 3미터 크기, 14톤에 이르는 수수께끼의 거대한 돌머리 조각을 남겼는데, 현재까지 13개가 발견되었다고 합니다. 하지만 이 조각 얼굴들이 모두 흑인 얼굴에 동양적인 눈매로 조각되어 있어, 대체 이들은 어떤 존재였는지 여전히 논란이 되고 있습니다. 🐻

올멕 문명 거석인두상 (출처 _ 위키피디아)

그후 AD 2세기가 되면 멕시코 중부 고원지대에 테오티우아칸(Teotiuacán) 문명이 등장합니다. '신들에게 바쳐진 도시'라는 의미의 테오티우아칸은 도시를 양쪽으로 나누는 '죽은 자의 길'과 '달의 피라미드', '태양의 피라미드'라는 거대한 유적을 남겼는데, 이 명칭은 훗날 아즈텍인들이 붙인 명칭이고 당시 그들의 문자 기록은 전혀 남아 있지 않아요. 현재 추정으로는 전성기인 350년부터 650년 사이에는 20만 명 이상이 살았을 것으로 보인다고 하니 엄

청난 문명을 이루었네요. 🐻

하지만 AD 700년경 테오티우아칸 문명이 멸망하고 톨텍족(Toltec)이 주도권을 잡습니다. 이들은 AD 8 ~ 12세기 사이에 멕시코 고원지대를 지배하지만 느닷없이 등장한 아즈텍족에게 멸망하게 됩니다. 코르테스 군대가 상륙할 당시 최고의 전성기를 구가하던 아즈텍인들의 과거

멕시코 텍스코코 호수 (출처 _ 위키피디아)

는 여전히 미스터리한데, 어느 날 그들의 본거지인 북쪽 아스틀란 (Aztlan)에서 남하해 텍스코코(Texcoco) 호수를 향해 진격합니다. 우리가 통상적으로 부르는 '아즈텍(Aztec)'이라는 명칭은, 유럽인들이 그들의 원래 고향인 아스틀란에서 따와 부른 이름이고, 이들은 스스로를 멕시카(Mexica)족이라고 불렀기에 지금의 멕시코라는 국명이 여기서 비롯된 것입니다만, 여기서는 통용되는 명칭인 아즈텍이라고 계속 지칭할게요.

아즈텍인들은 '우이칠로포츠틀리(Huītzilōpōchtli)'라는 태양신 겸 전쟁신을 믿었고, 이 신이 텍스코코 호수를 약속의 땅이라고 인도했다고 믿었다는데, 이 신의 탄생 신화는 그들의 성정만큼이나 매우 격렬합니다. 🐻

그 신화 내용은 이렇습니다.

용맹한 여신 '코아틀리쿠에(Coatalicue)'는 신령한 기운이 깃든 뱀의 산에서 우연히 깃털로 만든 공을 발견해 허리에 차고 다녔는데 어느 날 사라졌다네요. 그런데 알고 보니 그 깃털 공이 그 여신의 몸 속으로 들어가 임신이 된 거였답니다. 🐻

자식들은 어머니가 부정을 저질렀다고 생각해 경악을 금치 못했고, 딸 코욜사우키(Coyolxauhqui)가 앞장서서 400명의 남동생들에게 "어머니를 죽여야 신들의 진노를 막을 수 있다."고 선동하여 어머니를 죽이러 갑니다. 어이~! 🐻

이때 코아틀리쿠에는 뱀의 산에 올라가 참회의 기도를 올리던 중 우이칠로포츠틀리를 낳게 됩니다. 그런데 깃털 공에서 태어난 이 아들은 완전 무장하고 태어나서는 앞장서서 죽이러 올라오던 누나 코욜사우키를 갈기갈기 찢어 죽이고 400명의 형들도 모두 죽이는 무시무시한 전투력을 선보였다네요. 🐭 결국 마지막 형제를 물리친 곳에 선인장 한 그루가 솟아오르더니 독수리 한 마리가 날아와 앉더랍니다. 우이칠로포츠틀리는 그를 따르는 아즈텍인들에게 "독수리가 뱀을 물고 앉은 호숫가 선인장이 있는 곳에 도읍을 세우라."고 지시했다는 내용입니다.

지금의 멕시코 국기 속 문양을 자세히 보면 바로 뱀을 문 독수리가 선인장에 앉은 모습이랍니다.

멕시코 국기 속 뱀을 물고 있는 독수리 (출처 _ 위키피디아)

신화의 내용에 따라 아즈텍인들은 텍스코코 호수가 신이 말한 장소라고 확신해 1325년에 호수 위에 인공섬을 만들어 그들의 수도로 삼으니, 이 인공도시 이름을 멕시코 – 테노치티틀란(Mexico – Tenochititlan, 지금의 멕시코시티)이라고 불렀는데, 그 뜻은 '멕시카인의 선인장 땅'이라는 의미였다네요. 🐻

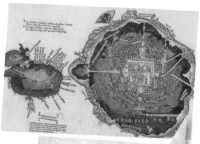

코르테스가 보고서에 그린 테노치티틀란 지도 (출처 _ 위키피디아)

이 도시는 서울 여의도 면적의 4배에 해당하는 큰 섬이었고 몇 개의 다리로 연결된 천혜의 요새였습니다. 하지만 톨텍 문명에 짓눌려 있다가 1428년에 주변의 두 도시, 텍스코코, 틀라코판(Tlacopan)과 삼각 동맹을 맺고 톨텍을 무너뜨리면서 멕시코 중부 일대를 장악합니다. 🐻

아즈텍 5대 왕이던 몬테수마 1세(Montezuma I, 재위 1398 ~ 1469)는

〈Codex Magliabechiano〉에 실린 인신 공양 제사 의식 그림 (출처 _ 위키피디아)

연이어 홍수 등 자연 재해가 발생하자, 이는 태양의 기력이 쇠하여 생긴 일이니 사람의 심장을 공양해야 한다고 생각해 타 부족 청년들을 희생하는 인신공양을 늘렸는데 재해가 줄어들더랍니다. 우연의 일치였지만 인신공양 덕분에 태양이 기력을 다시 얻은 것이라고 해석하는 바람에, 제물로 바칠 인간을 확보하고자 대대적인 정복 전쟁을 벌여 본의 아니게 멕시코 일대를 다 장악하게 된 것이죠. 🐻

그후 아즈텍은 해마다 한 부족을 지정해 전쟁을 선포하고 날짜를 통보한 뒤 칼과 창 대신 몽둥이를 들고 가 약속 대련을 하고서는, 젊은 청년들을 붙잡아 와 피라미드 신전 위에서 심장을 도려내는 무시무시한 인신공양 제사를 올리고 여성은 살갗을 벗겨 죽이고 사체를 먹었는데, 정기적으로 벌어진 이 인간 제물 확보 전쟁을 '꽃 전쟁(guerra florida)'이라고 불렀다네요. 🐻

그는 강력한 제국을 물려주면서 자신들의 제국이 천년 만년 지속되길 바랐을 겁니다. 하지만 채 100년도 안 돼 뜻밖의 방문객이 이 모든 걸 뒤흔들어버리지요.

그런데 젊은 청년들을 제물로 바치도록 지명당한 부족이 꽃 전

274

쟁을 거부하면 어찌되었냐고요? 아즈텍은 제물 바치기를 거절하는 부족은 아예 남녀노소 모두 몰살해버렸기에 이 같은 광경을 본 주변 부족들은 순순히 '싱싱한 심장을 제공하는 인간 사육장'으로 전락한 상황이었던 겁니다. 🐻

그렇습니다. 구대륙 고대 문명에서는 하늘을 관측하여 과학적 지식을 쌓아 농사 등에 유용하게 활용했는데, 아메리카 원주민들은 태양의 움직임을 엉뚱하게 해석해 사람의 피를 바쳐야 하는 끔찍한 신앙으로 잘못 정착한 겁니다. 🐻 이 같은 잘못된 믿음은 올멕 문명부터 멕시코 중부 고원 문명들이 계속 유지해 왔으며, 마야 문명에서 남미 페루와 칠레 해안가에 존재했던 치무(Chimu) 문명에 이르기까지 광범위하게 퍼져 있었습니다. 그렇기에 이집트나타 지역의 피라미드형 건축물은 대부분 무덤인 반면, 아메리카 대륙의 피라미드는 사람의 심장을 바치던 신전이었어요. 🐻

네? 그런데 그 유명한 마야 문명은 왜 언급하지 않느냐고요?

마야 문명 유적지 (© chensiyuan)
(출처 _ www.worldhistory.org)

🐻 마야 문명의 주무대는 멕시코 남부 유카탄 반도와 온두라스 지역이어서 맥시코 중부 지역의 쟁패와는 한 발 떨어져 있었어요.

마야는 기원전 2000여 년부터 존재하며 3800여 년간 찬란한 문명을 꽃피웠지만 아즈텍 문명이 등장할 무렵에는 겨우 명맥만 유지할 정도로 피폐해진 상태였습니다. 이는 마야인들이 살던 지역이 강이 별로 없는 정글 지대여서 농지를 확보하고자 숲을 불태워서 농사짓는 화전(火田) 농법을 주로 사용했는데, 이런 방식이 기후 변화에 매우 취약해서 그렇습니다.

특히 이들의 주식인 옥수수는 한 톨을 심으면 최소 70톨에서 150톨까지 수확량은 엄청나게 많은 반면, 땅의 유기질을 쪽쪽 빨아먹는 탓에 한 번 심은 땅에서는 수년간 다시 재배할 수 없다는 치명적 약점이 있어서 매해 새로운 땅에 불을 질러야 했죠. 그런데 기후 변화로 숲이 회복되지 못해 화전 농법으로 식량을 확보할 수 없는 상황이 되면서 더 이상 도시를 유지하지 못하고 뿔뿔이 흩어지는 상황이 계속 반복되었던 거죠. 이로써 자연스럽게 수렵·채취 상태로 회귀했고 그에 따라 인구도 줄어들었는데, 결국 무섭게 확장하던 아즈텍 제국에 복종하는 상황이 되고 말았고 말린체 역시 아즈텍에 대한 강한 적대감을 갖고 살았던 것이죠. 🐻

'슬픔의 밤'

다시 코르테스 이야기로 돌아옵시다.

코르테스는 아즈텍에 앙심을 품은 부족들의 도움을 받아 본격적으로 진격하기에 앞서, 스페인 선박이 지속적으로 정박할 수 있도록 베라크루스(Veracruz)라는 첫 식민지 항구 도시를 건설하던 중 아즈텍 제국 황제 몬테수마 2세(Montezuma II)의 사절단을 맞이하게 됩니다. 그런데 뜻밖에도 이들은 "황제가 여러분을 수도로 모시고자 한다."며 초청 인사를 하는 게 아니겠습니까? 🐻

왜 아즈텍 황제는 침략자인 코르테스 원정대를 수도로 초청했을까요? 주류 역사서에서는 코르테스 일행을 신이 보낸 사자(使者)로 착각해 융숭한 대접을 한 것이라고 기술하지만 그건 가리지 날! 실제로는 이들이 그저 바다 건너온 약탈자라는 것을 진작에 알고 있었다고 합니다. 🐻

몬테수마 2세 황제는 전국에 깔아 놓은 인적 네트워크를 통해 이미 서인도 제도가 유럽인들에게 정복되었고 원정대가 온 것을 보고받고 있었다고 합니다. 하지만 처음 보는 무시무시한 불을 뿜는 막대기와 상반신은 사람인데 하반신은 다리가 4개인 엄청난 전투 괴물로 묘사된 기마병 등에 대한 보고를 듣고 어찌 격퇴해야 할지 고민을 거듭했다고 하네요. 그래서 맞상대하기보다는 화해의 제스처를 보여 원하는 만큼 금을 주고 이들과 연합해 타 부족을 더 장악하려 했을 것으로 여겨진다고 합니다. 🐻

코르테스는 적은 수의 병사로 수도까지 진격하기에는 무리라고 여기던 차에 몬테수마 2세의 초청에 응하기로 합니다. 그래서 동맹을 맺은 틀락스칼라(Tlaxcala) 부족 병사들과 함께 아즈텍의 수도 테노치티틀란으로 향하는데, 중간중간 기습 공격도 당하고 적대적이었던 한 도시는 완전히 불태워버리는 등의 우여곡절 끝에 드디어 수도에 입성합니다.

원정대는 호수 위에 떠 있는 20만 명이 사는 거대한 도시에 우선 놀랐고, 그 도시에 쌓여 있던 황금에 또 한 번 놀라고 맙니다. 이들은 환영 인사차 나온 몬테수마 2세와 함께 궁전에 들어간 뒤 탐욕스럽게 금을 요구합니다. 그 와중에 코르테스는 황제의 딸과 연애까지 했다는군요. 참 부지런하셨네요, 그쵸? 🐻

그렇게 시간을 보내던 차에 코르테스는 뜻밖의 소식을 접하게 됩니다. 베라크루스 항구에 1200명의 코르테스 체포조가 들어왔다는 것입니다. 교역만 하라고 했는데 허가 없이 전쟁을 벌이고 있는 코르테스를 잡아오라고 보낸 총독의 군대였던 것이죠. 🐻

코르테스는 100명의 원정대와 틀락스칼라 부족은 남겨 놓고 300명의 부하들을 데리고 추격조와 한판 승부를 펼치려 출발하려는데, 몬테수마 2세 황제가 얼마 뒤면 명절이니 인신공양 축제를 허락해 달라고 요청했다고 합니다. 적은 병사만 남기고 가야 하는 코르테스로서는 허락해주는 것이 아무래도 낫다고 여겨 승낙해주고 떠납니다.

하지만 아뿔싸…! 축제가 시작된 1520년 5월 10일, 제물로 바쳐지게 된 희생자들이 하필 스페인 군대와 동맹을 맺은 틀락스칼라 부족 사람들이었던 겁니다. 스페인군과 함께 이 축제를 지켜보던 틀락스칼라 군인들은 동족이 죽는 것을 지켜봐야 하는 상황에 눈이 뒤집어졌고, 살아 있는 청년의 심장을 꺼내고 여성의 살갗을 벗겨내 죽이는 참상을 눈앞에서 목도한 스페인 군인들이 더 이상 참지 못하고 그만 사고를 칩니다. 이교도들과 싸워서 스페인 왕국을 세운 이들이기에 종교 교리상 인신공양을 허용해주는 것은 악마와 거래하는 것이라 여겼겠지요. 때문에 축제를 즐기던 100여 명의 아즈텍 귀족들과 사제들, 구경 나온 시민들을 죽이고 몬테수마 2세를 인질로 잡아버립니다. 어지러운 상황 속에서 가까스로 탈출한 사람들이 각 내륙의 아즈텍 부족민들에게 호소하니, 수만 명의 아즈텍 전사들이 수도로 몰려들게 됩니다. 🐻

이런 상황을 모른 채 200여 킬로미터를 내달려 베라크루스에 도착한 코르테스는 불과 300여 명의 군사로 1200명의 체포조와 격돌하게 되는데, 그가 곧장 상대편 지휘관과 1대1 결투를 벌여 승리하고는 아즈텍에서 가져온 금을 보여주니, 나머지 체포조 군인들이 모두 코르테스 편으로 돌아서고 말지요. Show me the Gold~! 🐻

한편 상륙 당시보다 더 많은 군대를 몰고 의기양양하게 돌아오던 코르테스는 중간에 상황을 전해듣고 대경실색합니다. 이대로 좋게좋게 지내며 금을 많이 확보할 수 있는, 말 그대로 '황금 같은' 기회가 날아갔으니까요. 🐻 하지만 아직 황제와 스페인군이 도시 내에 갇혀 있다는 소식에 적이 섬 너머에 포진한 줄 알면서도 다시 테노치티틀란에 들어갑니다.

결국 우려한 대로 곧 수만 명의 아즈텍 병사들이 포위 공격을 감행합니다. 코르테스는 위기를 타개하고자 몬테수마 2세 황제를 내세워 포위를 풀려 하지만, 성난 아즈텍 병사들이 던진 돌에 맞은 황제가 큰 부상을 입고 곧 숨집니다. 다만 그후 생존자들의 기록이 서로 엇갈리는데, 대다수는 황제의 출혈이 너무 커 숨졌다고 했지만, 말린체에 밀려 실업자 신세였던 아귈라르는 "더 이상 써먹을 가치가 없다고 여긴 코르테스가 죽였다."고 썼다네요. 🐻

그후 며칠간 공방전이 벌어지는데 죽여도 죽여도 계속 공격해오는 적에게 맞서 승산이 없다고 판단한 코르테스는 결국 다리를 건너 후퇴할 것을 명령하는데, 많은 군인들이 너무 많은 금을 쑤셔넣고 뒤뚱거리며 도망치다가 창에 찔려 죽거나 물에 빠져 죽습니다. 또한 같이 데려가려던 황제의 딸도 다리에서 떨어져 숨지는데, 일부 기록에서는 질투에 눈이 먼 말린체가 일부러 밀었다고 써 있다나요? 🐻

17세기에 그려진 '슬픔의 밤' 상상도
(출처 _ 위키피디아)

이날의 후퇴는 참혹했으니 1200여 명의 원정대 중 겨우 400명만 살아남았고, 8천여 명의 틀락스칼라 부족 병사 중 2천여 명만 탈출에 성공합니다. 무사히 추격을 피해 언덕에 올라간 코르테스는 테노치티틀란을 바라보며 대성통곡했다고 하는데, 유럽 군대가 아메리카 원주민에게 가장 크게 패한 1521년 6월 30일 밤을 후대에 '슬픔의 밤(La Noche Triste)'이라고 부르게 되지요. 🐻

17세기에 그려진 '오툼바 전투' 상상도
(출처 _ 위키피디아)

대역전극, 오툼바 전투

코르테스는 추격군을 피해 틀락스칼라 부족 거주지까지 철수하던 중, 슬픔의 밤 일주일 뒤인 1520년 7월 7일에 오툼바(Otumba) 평원에서 2만 명의 추격군에 포위당합니다. 동맹 부족군은 이미 뿔뿔이 흩어지고 여기저기 부상 입은 400여 스페인 군인만 남은 상황에서 코르테스는 대담한 작전을 펼칩니다. 본인을 포함한 23명의 기병이 수많은 적을 뚫고 돌진해 화려한 모자를 쓰고 지휘관기를 들고 있던 아즈텍 총사령관을 죽이고 깃발을 빼앗아 높이 치켜든 겁니다. 그걸 본 아즈텍 군인들은 지휘관이 죽은 것은 신의 뜻이 저들에게 있는 것이라고 여겨 황급히 철수하고 말지요. 평소 현지인들의 관습을 눈여겨본

코르테스의 결단이 돋보인 순간이었습니다. 🐻

며칠 뒤 틀락스칼라 부족장을 만난 코르테스는 아즈텍 총사령관 깃발을 바치며 다시 한 번 함께 싸우자고 요청합니다. 이미 스페인 군대가 전멸했다고 들었던 이들은 무적의 아즈텍군 총사령관의 깃발을 들고 나타난 코르테스 일행에게 전율을 느끼고 다시 굳건한 동맹을 약속합니다. 게다가 본국에 보낸 아즈텍 제국 현황 보고서를 본 스페인 국왕이 노다지가 흐르는 땅을 정복하라고 지원군까지 보내줌으로써 다시금 제대로 된 군대를 만들고야 맙니다. 아아~! 의지의 사나이 코르테스 그는 대체…. 🐻

아즈텍 제국의 멸망

자신감을 되찾은 코르테스는 이번에는 서두르지 않고 여러 부족들을 체계적으로 규합하기 시작합니다. 귀신 같이 이기는 것을 본 부족들은 어차피 이래도 죽고 저래도 죽을 운명이었기에 말린체의 호소에 귀 기울여 스페인 군대와 일제히 동맹을 맺고 식량과 무기도 보급합니다. 결국 원정대는 '슬픔의 밤' 후퇴 이후 1년여 만에 주변 부족들과 힘을 합쳐 테노치티틀란을 포위합니다. 당시 스페인 국왕에게 보낸 보고서에 따르면 스페인 군인은 906명인 반면, 동맹 원주민 군대는 12만 5천 명에 달했다고 하네요. 🐻

1521년 8월 13일 운명의 날, 스페인군은 대포를 실은 범선 13척을 텍스코코 호수에 띄워 포격하니, 카누 수준에 불과한 아즈텍 수군은 화력 차이를 이기지 못했고 그간 복수를 꿈꿔 오던 주변 부족들이 잔혹한 학살극을 전개하며 아즈텍 제국의 숨통을 끊어버립니다. 결국 현지 원주민들과 이들을 규합해준 말린체가 아즈텍 정복의 일등 공신이 된 거지요. 🐻

이처럼 2년여 간의 공방전 끝에 아즈텍을 멸망시킨 코르테스는 테노치티틀란의 호수를 메우고 이곳을 '누에바 에스파냐(Nueva España, 뉴 스페인)' 총독부로 삼으니, 지금의 멕시코시티로 재탄생합니다.

스페인 국왕은 스페인 본국보다 훨씬 넓은 영토를 바친 코르테스에게 후작 작위를 하사했고, 멕시코 및 쿠바 총독으로 임명합니다. 인생 역전한 코르테스는 5년간 승승장구합니다. 그는 식인 풍습을 없애고자 스페인에서 돼지, 소 등 가축을 들여와 목축을 유도하고, 자신을 적극 지원해준 틀락스칼라 부족은 이후 식민지 시절 내내 자치령으로 남겨두고 그들의 지위를 인정하며 자비롭게 통치했다고 하네요. 살인마 정복자가 자비롭다는 것이 좀 아이러니하지만, 그의 정복 방식을 배워 잉카 제국을 정복한 코르테스의 7촌 친척 피사로(Francisco Pizarro)가 자신에게 협력한 부족들을 몰살시킨 것에 비하면 상대적으로 인간적이긴 합니다. 🐻

말린체의 최후

정복 전쟁이 끝난 다음해인 1522년, 코르테스와 말린체 사이에서 아들 마르틴(Martin)이 태어나니, 역사상 최초의 공식적인 백인과 인디오 혼혈, 메스티소(Mestizo)가 탄생합니다. 하지만 코르테스는 이미 서인도 총독 처제와 결혼한 사이라 말린체는 그저 현지처 신세였고, 심지어 다른 여성과도 아이를 낳았다고 하네요. 🐻

하지만 그에게 시련이 닥쳐옵니다. 처음에는 엄청난 공물에 만족하던 기존 국왕 페란도 2세(Fernando II de Argon)가 죽고 손자 카를로스 1세(Carlos I)가 후임으로 등극하더니, 혹시 코르테스가 스페인으로부터 독립하지 않을까 걱정해 1526년에 월권행위를 했다는 이유로 파면하고 스페인으로 불러들입니다.

뻗대다가는 목이 달아날 상황이 된 코르테스는 장남 마르틴만 데리고 스페인으로 돌아가면서, 말린체에게 큰 땅을 선물하고 부하 장교였던 후안 하라미요(Juan Jaramillo)와 결혼시켜 아메리카 원주민 최초의 스페인 귀족 부인이 되도록 선처를 베풉니다. 🐻 그는 스페인에 돌아가 열심히 국왕에게 해명하는 상황에서도 서자(庶子)이지만 첫 아들인 마르틴을 귀족으로 만들고자 교황에게 적장자 대우를 요구하는 탄원서를 쓰는 등 많은 노력을 기울여, 결국 마르틴이 귀족으로 인정받도록 도와준 자상한 아버지가 됩니다.

반면 멕시코 땅에 남은 말린체는 새 남편 사이에서 딸 마리아

(Maria)를 낳고 마리아가 후손을 이어가니, 이후 말린체는 '모든 메스티소의 어머니'라고 불리게 되었다네요.

그러나 아즈텍만 무너뜨리면 될 줄 알았던 원주민들은 스페인에 배신을 당합니다. 가혹한 광산 노동 강요와 스페인 군인들이 들여온 천연두에 저항력이 없어 원주민의 90퍼센트 이상이 사망하는 참사가 벌어지는데, 말린체 역시 1529년경 천연두에 걸려 사망합니다. 1605년 멕시코 식민지 정부의 인구조사 당시 원주민 숫자는 불과 100만 명뿐이었다고 하네요. 🐻

훗날 북아메리카에서도 영국인을 사랑한 인디언 추장 딸 포카혼타스(Pocahontas)가 결혼 후 영국 방문을 마치고 돌아와 전염병으로 젊은 나이에 사망하는 유사한 운명을 맞이하지요. 2000만 명이 넘었던 북아메리카 인디언 역시 학살과 전염병으로 1800년대 후반에는 25만 명까지 줄었는데, 지금도 겨우 200만 명 수준이에요. 🐻

말린체가 사망한 뒤 코르테스는 국왕의 신임을 얻어 다시 10년간 부에나 에스파냐 총독으로 부임했고, 이후 스페인으로 돌아가서는 환갑이 넘은 나이에 신성로마 제국 내 신구교 전쟁에 참가해 공을 세우는 등 노익장을 과시한 후 스페인에서 사망하게 됩니다. 코르테스는 재혼한 부인과 자녀들에게 멕시코 땅에 남은 옛 애인들과 그들의 자식을 챙겨 달라고 부탁하고, 서자들에게도 유산을 동등하게 상속해준 뒤 자신을 멕시코에 묻어 달라고 유언해 멕시코 땅에 묻힙니다.

멕시코인들의 평가

그렇다면 지금의 멕시코인들은 이 사건을 어떻게 생각할까요?

코르테스에 대해서는 여전히 역사적 평가가 엇갈려 그의 기념 동상을 민족주의자들이 파괴하는 등 논란이 이어지는 상황이라고 하네요. 말린체 역시 평가가 엇갈리는데, 코르테스에 협력한 덕에 우대받은 틀락스칼라 부족이 살던 멕시코시티 동남쪽 지역은 지금도 틀락스칼라 주(州)로 불리는데, 이곳에는 말린체의 공로를 기념하는 해발고도 4420미터의 '라 말린체(La Malinche) 산'이 존재합니다. 반면, 멕시코시티 전설에서는 말린체가 코르테스에게 버림받고 아들도 빼앗겨 한을 품고 죽은 뒤 구천을 떠도는 귀신 '라 요로나(La Llorana)'가 되어, 술 취한 남성을 유혹하여 죽이거나 혼자 있는 어린 남자아이를 채간다는 무시무시한 이야기가 전해집니다. 🐻

이처럼 당시의 앙금이 500여 년 넘게 남아 있어 지금도 멕시코시티 사람들과 틀락스칼라 주 사람들 간에 서로 '식인종 후손' vs. '매국노 후손'이라고 다투는 사이라고 하네요. 🐻 살벌한 두 지역 간 감정 싸움과 별개로 현재 멕시코의 입장은 어떨까요?

지난 2019년 몬테수마 황제의 후손과 코르테스 후손이 극적으로 만나 화해하는 자리가 마련되는 등 과거를 잊자는 분위기도 존재하지만, 여전히 사죄를 요구하는 목소리가 더 큽니다.

템플로 마요르 유적 (© Roger Atwood)
(출처 _ www.archaeology.org)

2021년 8월 13일, 멕시코 정부는 아즈텍 멸망 500주년을 맞아 과거 아즈텍 궁전과 대신전 '템플로 마요르(Templo Mayor)'가 있었던 소칼로(Zócalo) 광장에서 기념식을 개최하며 '원주민 저항 500주년'이라고 선포합니다. 당시 로페스 오브라도르(Andrés Manuel López Obrador) 멕시코 대통령은 스페인과 교황청에 500년 전 학살과 압제에 대해 사과하라고 요구하며, 아즈텍 등 아메리카 원주민 조상을 멕시코인의 정체성으로 자리매김합니다.

하지만 예상한 대로 스페인 정부는 "500년 전 일을 지금 이 시대의 논리에 따라 판단할 수는 없다."고 일축하죠. 이처럼 멕시코 역사와 불행한 과거에 대해 여러 입장이 혼재한 상황입니다. 🐻

마야인을 위해 죽은 스페인 남자

그나저나 앞서 말린체가 낳은 아들 마르틴이 공식적인 첫 메스티소라고 했다는 말은 비공식적으로는 먼저 태어난 메스티소 혼혈이 있었다는 뜻이라는 것을 눈치채셨겠지요? 🐻 비공식적으로

마르틴보다 먼저 태어난 메스티소가 있습니다. 이 사연은 꽤 감동적입니다.

코르테스에 앞서 유카탄 반도에 도착한 유럽인이 마야인들의 포로가 된 경우가 종종 발생했는데, 그중 곤살로 게레로(Gonzalo Guerrero, 1470 ~ 1536)라는 선원이 있었습니다.

1511년에 풍랑을 만난 배가 유카탄 해안가에 표류해 어떤 부족에게 붙잡혔는데, 그 부족 사람들이 이들 중 5명을 인신공양했다고 하네요. 남은 생존자들이 어찌어찌 기를 쓰고 탈출해 헤매다가 체투말(Chactemal) 마을에 들어갔는데, 그 부족은 다른 곳과 달리 낯선 이방인들을 손님으로 대접해줍니다.

이후 다른 일행들이 다시 길을 떠날 때 곤살로 게레로는 이 부족과 함께 살겠다고 남았고, 건장한 신체를 눈여겨본 족장의 눈에 들어 그의 딸과 결혼시켜 최초의 메스티소 아이들이 태어났다고 합니다. 그후 장인어른이 돌아가신 뒤 그가 체투말 부족장이 되었다네요. 🐼

그때 코르테스 원정대가 상륙해 아귈라르 등을 구출하면서 마야 족장이 된 스페인 사람 소식을 듣고는 아귈라르를 보내 같이 스페인으로 돌아가자고 제안했답니다. 아마도 말린체를 만나기 전이었겠지요. 하지만 게레로는 "나는 이미 결혼해 아이가 셋이나 있고 체투말 부족장이니 마야인들과 함께하겠다."고 거절합니다. 그냥 원정대에 투항해 통역관으로 살았다면 본인도 한몫 잡았을 터이지만, 그는 마야인을 너무나 사랑해 스스로 고난의 길을 선택한 겁니다.

코르테스 원정대가 2년여 만에 아즈텍 제국을 무너뜨리고 저항하는 주변 부족들을 평정하지만, 마야족이 끝까지 저항함에 따라 유카탄 반도 장악은 오랜 시간이 걸리게 됩니다. 이는 곤살로 게레로가 흩어진 마야족들을 규합하고 "절대 백인을 믿지 말라!"며 결사 항전을 독려한 까닭이었다고 하지요. 그는 제국주의 유럽인의 속내를 너무 잘 알고 있었던 겁니다.

결국 투쟁 17년 만인 1536년 6월말, 체투말 부족을 완전 제압하기 위한 치열한 전투가 벌어졌고, 게레로는 66세 나이에 마야인들과 함께

나는 이미 결혼해 아이가 셋이나 있고 체투말 부족 족장이니 마야인들과 함께 하겠다

최후를 맞이하고 맙니다. 당시 화승총에 맞아 죽은 그의 시체를 확인한 스페인군은 마야인과 똑같은 복장을 하고 온 몸에 문신을 한 그의 모습에 놀랐다고 하지요. 🐻

현재 유카탄 반도 메리다(Mérida) 시에는 그의 동상이 세워져 마야인을 위해 목숨을 바친 게레로를 기리고 있으며, 코르테스가 아니라 그야말로 '모든 메스티소의 아버지(Padre del Mestizaje)'라고 존경하고 있습니다.

이처럼 스페인에서 아메리카 대륙으로 남자들이 건너와 현지 여성과 피를 섞은 탓에 남미인들은 스페인에 대한 적개심과 함께 '스페인은 아버지의 나라, 우리나라는 어머니의 나라'라는 복잡한 민족인식을 갖고 있다고 합니다.

그런데 말입니다…, 원주민에 동화되어 고향에서 온 침략자들

곤살로 게레로 동상
(출처 _ mxcity.mx)

과 맞서 싸운 이 스토리를 어디서 본 것 같지 않습니까? 네, 맞아요. 영화 '아바타'의 모티브가 바로 이 사람이라고 하네요. 🐱

어떻습니까? 유럽인의 첫 아메리카 대륙 정복 이야기에 참 많은 사연이 숨어 있지요? 🐻

03
미국 속의 또 다른 나라, 텍사스

우리나라 대기업이 미국에 진출할 때 텍사스에 공장을 짓는 경우가 많습니다. 이는 텍사스 주가 세금 감면 등 각종 혜택이 많기 때문인데요. 영국 〈파이낸셜타임스(Financial Times)〉가 선정한 '미국 내 사업하기 좋은 도시' 1위에 선정된 휴스턴(Huston)을 비롯, 플래노(Plano, 3위), 어빙(Irving, 4위), 댈러스(Dallas, 5위), 오스틴(Austin, 7위), 샌 안토니오(San Antonio), 피닉스(Phoenix) 등 미국에서도 손꼽히는 대도시가 많고, 테슬라(Tesla), 델(DELL), HP 등 주요 기업체와 금융 허브,

미국 내 텍사스 위치 (출처 _ 위키피디아)

교통 네트워크 등 각종 인프라가 발달되어 있는 것도 텍사스가 선호되는 이유입니다. 이 같은 노력에 힘입어 최근 텍사스 주 하나만 떼어 봐도 우리나라와 이탈리아를 제치고 세계 8위권의 경제 규모로 성장하고 있다네요. 🐻

다만 단점이 하나 있으니, 텍사스 주는 단독 전력 시스템이어서 미국 내 다른 주와 전력망이 연결되어 있지 않아 갑작스러운 전기 공급 중단 시 대안이 없긴 합니다. 🐻 응? 그게 무슨 말이냐고요?

미국은 땅이 넓다 보니 단일 전력망으로 이루어져 있지 않고 동부, 서부, 텍사스 주, 이렇게 세 개로 나뉘어 있는데, 유독 텍사스 주만 다른 주의 전기를 끌어오지 못합니다. 이는 1935년에 루스벨트(Franklin Roosevelt) 대통령이 미국 전력 시스템을 재편할 당시 유일하게 텍사스 주만 이에 반대해 다른 주와 동일 시스템으로 연결하지 않았기 때문입니다. 그래서 지난 2021년 초 예상 밖 강추위가 닥쳤을 때, 텍사스 주만 한동안 전력 공급에 큰 차질이 생겨 난방이 되지 않아 일부 주민들이 사망한 바 있었지요. 🐻

왜 텍사스는 고집을 피워 단독 전력망을 고수했던 걸까요?

당시 거절 이유는 여러가지였다지만, 원래 텍사스 주는 처음부터 미국 연방이 아닌 텍사스 공화국이라는 별개의 독립국으로 시작했기 때문에 미연방과 거리두기를 하려는 의식이 매우 높기 때문이라고 합니다. 🐻

대체 어찌된 사연인지 궁금하지 않으세요?

텍사스의 역사

원래 텍사스는, 앞서 소개한 1521년에 아즈텍 제국이 스페인 코르테스 원정대에 멸망한 뒤 300여 년간 스페인 제국의 식민지 '누에바 에스파냐'의 일부였습니다. 하지만 척박한 사막지대인 북방, 즉 텍사스 지역으로 이주한 멕시코인들이 워낙 적어 200여 년이 지나도록 겨우 7천 명 정도만 살았고, 그 넓은 텍사스 땅에는 체로키(Cherokee) 부족 등 아메리카 원주민이 훨씬 더 많이 살고 있었다네요.

영어로는 뉴 스페인(New Spain)이라 불린 누에바 에스파냐 식민지는 지금의 멕시코, 미국 남서부, 플로리

누에바 에스파냐 (© Eddo)
(출처 _ 위키피디아)

다, 쿠바, 과테말라, 푸에르토리코는 물론 태평양의 괌과 필리핀까지 아우르는 거대한 통치 구역이었는데, 필리핀과 괌을 제외한 아메리카 대륙 식민지의 인구는 겨우 800만 명에 불과했다고 합니다.

때문에 에스파냐는 인구 증가를 위해 별의별 노력을 전개하지만, 이미 전염병으로 원주민은 줄어들었고 스페인 본국에서도 유

입이 거의 이뤄지지 않아 소용이 없었답니다. 그러던 중 스페인이 나폴레옹에 의해 점령되는 등 본국 자체가 위기에 처하자, 식민지 정부는 더 가혹하게 세금을 걷다가 반발에 직면하게 되고, 연이은 독립투쟁 끝에 1821년에 드디어 멕시코로 독립하게 됩니다. 다만, 안타까운 점은 멕시코 독립의 주도자, 아구스틴 데 이투르비데 (Agustín de Iturbide, 1783 ~ 1824) 장군이 탄압받던 식민지인들에게 풍요롭고 자유로운 삶을 선사하겠다는 올바른 신념으로 독립을 성공시킨 것이 아니었다는 겁니다. 🐻

미구엘 이달고 신부 (Joaquín Ramírez 작) (출처 _ 위키피디아)

첫 독립 봉기는 1810년 9월 15일 아침 미사에서 시작되었습니다. 멕시코시티 근처 돌로레스(Dolores) 성당의 미구엘 이달고(Miguel Idalgo) 신부가 아침 미사 도중 신도들에게 "가혹한 스페인 통치에서 벗어나 독립하자!"고 호소한 '돌로레스의 외침(Grito de Dolores)'으로 시작된 첫 독립 무장투쟁은, 초반에는 승승장구하지만 스페인군에 의해 와해되고 이달고 신부가 교수형을 당하면서 끝납니다. 🐻

참고로 현재 멕시코에서는 이날의 독립선언을 기념해 해마다 9월 15일이 되면 멕시코 대통령이 직접 종을 친 후 이달고 신부의 '돌로레스의 외침'을 낭독하고, 다음날인 9월 16일에는 독립기념일 기념 행사를 열고 있다고 하네요.

뒤이어 남은 독립군은 호세 모렐로스(José María Morelos) 신부의 지휘 하에 3년간 투쟁을 이어가 한때 멕시코 남부 일대를 석권하지만, 결국 스페인 정규군에 패배해 처형됩니다. 🐻

이처럼 가톨릭 신부들이 선봉에 서서 이끈 두 차례 독립 투쟁이 실패로 끝나는데, 세 번째 반란은 엉뚱하게도 독립군을 진압하던 아구스틴 스페인 군 북부 총사령관이 일으키게 됩니다.

멕시코 제국 아구스틴 황제 초상화 (출처 _ 위키피디아)

당초 그는 두 차례 독립투쟁을 물리친 전쟁 영웅이었지만, 스페인 국왕은 본토 출신이 아닌 현지 출생 신분이라는 이유로 훈장 수여를 거부하는 말도 안 되는 결정을 내립니다. 🐻 수년간 독립분자들을 물리쳐 에스파냐 본국에 충성했던 자신의 과거가 송두리째 부정당하자 완전히 눈이 뒤집힌 아구스틴은 그만 독립투사로 대변신을 하게 됩니다. 🐻

그는 자신을 따르던 군대의 충성심을 확인하고 독립군과 화해한 뒤 멕시코의 독립을 선언합니다. 이에 화들짝 놀란 스페인이 급히 본국에서 군대를 급파하지만 베라크루스 항구 앞바다에서 격퇴당하면서 멕시코는 독립을 이루게 됩니다. (베라크루스 지명이 낯이 익죠? 코르테스가 만든 첫 식민 도시죠. 🐻) 그러자 자신감에 넘친 아구스틴은 멕시코 군대를 동원해 남쪽에 위치한 스페인 왕국 별도 관리 구역인 과테말라 왕국까지 냅다 점령해 파나마 북쪽 지역까지 광활한 영토를 다스리게 됩니다.

이후 아구스틴은 프랑스 나폴레옹을 흉내내어 스스로 아구스틴 황제라고 선언하고 멕시코 제1제국을 건국합니다. 스페인과 연을 끊고 첫발을 내디딘 멕시코 제국은 북방 영토를 개척하기 위해 1823년에 미국인 이민을 유치하기로 결정하는데, 이것이 큰 실수라는 걸 깨닫기까지는 오랜 시간이 걸리지 않았습니다. 🐻

독립 당시 멕시코 인구는 750만 명 내외였던 반면, 지금의 미국 동부와 중부에 거주한 미국 인구는 2300만 명으로 인구가 3배나 많았고 토지를 확보하지 못한 이들이 서부로 계속 이동하던 상황이었기에, 멕시코로서는 이민 정책이 꽤 수지맞는 장사라 여긴 모양입니다. 문제는 양키 농민들이 멕시코 농민처럼 순종적이지 않고 총으로 무장한 깡패와 다를 바 없는 집단이라는 걸 미처 몰랐다는 거죠. 🐻

당시 텍사스로의 이주 조건은 멕시코 제국의 국교인 가톨릭으로 개종하는 것이었고, 당연히 멕시코 국민으로서 스페인어를 사용하며 현지 법을 따

스티븐 오스틴
(출처 _ 위키피디아)

르는 조건이었다고 합니다. 이로써 첫 300여 이주민 가족이 텍사스로 이민 오게 되는데, 누에바 에스파냐 식민지 시절 미리 건너와 정착한 이주 브로커 스티븐 오스틴(Stephen Fuller Austin, 1793~1836)이 멕시코 정부와 협상을 벌여 정착에 큰 도움을 주게 됩니다. 🐻

사실 신생 멕시코 제국이 미국 이주민을 받는 이민 정책을 수립하는 데 결정적 조언을 한 이가 바로 스티븐 오스틴이었습니다. 그는 원래 미국인으로 켄터키 주 트랜실베이니아대학교(Transilvania University)에서 지리, 수학, 천문학과를 졸업한 뒤, 일리노이 주 민병대원으로서 아메리카 원주민을 격퇴하고 1815년에는 미주리 주 하원의원으로 선출된 엘리트였습니다. 🐻

이처럼 미국 하원의원으로 승승장구하던 양반이 왜 1820년에 멕시코로 건너가 멕시코 국민이 되어 미국인 이민 브로커가 되었을까요? 그건 아버지 모지스 오스틴(Moses Austin)과 은 광산을 공동 운영하다가 실패하는 바람에 회사가 부도나서 멕시코로 튀었던 겁니다. 🐻

스티븐 오스틴 : "아마르 메히코~(사랑해요 멕시코~)!"

식민지 나리들 : "어. 앵글로(영국인) 어서 오고~. 그런데 어째 이름이 600만 달러 사나이랑 똑같나?"

스티븐 오스틴 : "그건 기분 탓이다아메. 그나저나 북쪽 테사흐(텍사스) 땅은 왜 텅텅 비었냐리카?"

식민지 나리들 : "거긴 사막이라 우리 메히코 사람이 도저히 살 데 못 된다리코~."

스티븐 오스틴 : "땅을 못 구해 눈이 뻘건 미쿡 농민들이 있는데 좀 데려올까? 세금 팍팍 낸다메리카."

식민지 나리들 : "그거 굿 아이디어~! 얼른 도장 찍자그라시아스."

그는 멕시코 이주 후 스페인어를 열심히 배워 누에바 에스파냐 식민지 정부 인사들의 신임을 얻자 "빈 땅에 미국 농부들을 받아 들여 개척하면 세금도 들어오고 식량도 늘어나니 서로 좋지 않겠냐?"고 제안해 미국 농민을 데려오면 파격적인 조건으로 땅을 헐 값에 주겠다는 계약을 체결한 상황이었습니다.

그런데 이주를 준비하던 1821년에 느닷없이 멕시코 제국이 수립되자 그 혼란한 와중에도 기존 조약서를 내밀며 이주 정책을 지속하자고 요구해 본격적인 이주가 시작됩니다. 하지만 가난한 자작 농민들이 이주해 세금을 꼬박꼬박 잘 낼 것이라 여긴 멕시코 정부의 순진한 기대는 산산조각나게 되니…, 부유한 미국 남부 농장주들이 싼 토지에 군침을 흘리며 들어와 흑인 노예를 동원한 대규모 농장을 운영하는 것이었습니다. 🐻

게다가 첫 이주민들이 오자마자 멕시코 정계는 또 한 번 요동을 치는데, 초대 황제 아구스틴 1세가 각종 부정부패와 독재를 일삼다가 채 2년을 못 채우고 쿠데타로 쫓겨난 겁니다. 앞서 스페인 군대를 베라크루스 항구에서 격퇴해 아구스틴을 황제로 만들어준 1등 공신 산타 안나(Santa Anna) 장군이 반란의 주동자였으니, 반역이 또 다른 반역을 낳는 참으로 격변의 시기였다고 할 수밖에요. 🐻

이후 멕시코 임시 정부는 공화국으로 정치 체계를 바꾸기로 하고, 1823년에 산타 안나를 초대 대통령으로 선출합니다.

그러자 옛 과테말라 왕국이었다

지지리 운도 없는 산타 안나 대통령 (출처 _ 위키피디아)

중앙아메리카 연방공화국에서 분리된 나라들 (© Tania Rodríguez) (출처_www.researchgate.net)

가 멕시코 제국에 점령당했던 남부 지역이 혼란한 틈을 타서 중앙아메리카 연방공화국(República Federal de Centroamérica)이라는 이름으로 멕시코로부터 독립합니다. 하지만 이 신생 공화국은 불과 15년 만에 지역감정과 종교 갈등으로 인해 1838년에 니콰라과가 분리를 선언한 데 이어 1840년에 온두라스와 엘살바도르의 독립, 1841년에 코스타리카까지 줄줄이 독립하며 나뉘어져 오늘에 이르고 있습니다.

멕시코 제국이 무너진 뒤 남쪽 영토를 잃어버린 멕시코 공화국은 추가 분란을 막고자 미국 정부에게 멕시코 내 미국인 거주지를 계속 인정한다고 약속합니다. 하지만 미국 남부 노예주 농장주들은 싼 값에 면화와 밀 농사가 가능한 멕시코 땅으로 꾸역꾸역 밀고 들어오니, 멕시코 정부의 시선이 곱지 않았죠. 당시 이주한 농장주 다수는 독일계 미국인이었다고 하는데 이들은 영국에 비해 늦게 신대륙으로 건너오다 보니 이미 좋은 땅은 다 놓친 상태라 서부로 계속 이동하던 중이었다고 합니다. 그런 상황에서 첫 이민 이후 불과 10년이 안 되어 정착한 이주 미국인이 멕시코인보다 10배나 많

아지자, 드디어 가면을 벗어던집니다. 🐻

이들은 "가톨릭으로 개종 못하겠다. 멕시코 법을 따르지 않겠다. 영어를 쓸 테니 너희들이 알아들어라. 우리가 스스로 총 들고 인디언 쫓아내겠다. 계속 노예를 데리고 들어오게 해 달라."며 억지 주장을 하니, 멕시코 정부로서는 기가 막힐 따름이었겠지요. 영국에서 처음 미국으로 건너온 청교도부터 애당초 인디언 말을 배울 생각을 안 하고 인디언 청년들을 납치해 영어를 배우게 한 뒤 통역관으로 써먹던 이들의 후손이, 잘도 스페인어를 배우리라 기대한 것이 잘못이라면 잘못이긴 합니다. 이래서 세계사 공부를 제대로 해야 하는 겁니다. 🐻 (《알아두면 쓸데 있는 유쾌한 상식사전》 제3권, '언어•예술 편' 첫 에피소드를 참고해주세요. 🐻)

한편 미국에 앞서 1829년에 노예제도를 진작에 폐지한 멕시코 공화국은, 멕시코 법률을 지키지 않고 불법으로 총기류로 무장해 멕시코 경찰과 무력 대결을 펼치는 미국 이민자들에 질려 "이제 더 이상 이민은 받지 않을 것이며, 멕시코 정부의 허락 없이 텍사스 주민들은 누구도 총기를 가질 수 없다."고 선포합니다.

그럼에도 이주민들은 콧방귀를 뀌며 무장 수비대 '게리슨(garrison)'을 전 지역 단위로 체계적으로 조직하기 시작하는데, 알고 보니 그 중심에 선 주동자가 다름 아닌 스티븐 오스틴이었으니…, 멕시코로서는 완벽한 배신을 당한 것이었지요. 🐻

스티브 오스틴은 1823년에 첫 이민자를 받을 때부터 이미 민병대 조직을 구상하고 명칭 마저 '텍사스 레인저(Texas Rager)'라고 직접 붙인 바 있었습니다. 다만 처음에는 체로키족 등 아메리카 원주민이나 강도 집단으로부터 스스로를 지켜려던 것이었지만, 시간이 지나면서 점차 반체제 무장단체로 변모해 갑니다. 🐻

실제로 이주민과 멕시코 정부 간에 세금 징수 등에 대한 분란이 일어나서 이들 민병대가 텍사스 주둔 멕시코군과 전투를 벌이는 지경이 되자, 1834년에 멕시코 정부는 오스틴을 배후 주동자로 지목해 체포하는 강경책을 씁니다.

그러나, 어라? 쫓기는커녕 이주민들이 무력 항쟁에 들어가게 되고, 1836년 3월 1일, 텍사스 북방 브래저스 강변의 한 마을에 모인 49명의 이주민 지도자들은 텍사스 공화국 독립을 정식으로 선언하고, 그들이 모인 마을을 미국 워싱턴 D.C.를 본떠 '브래저스 강변의 워싱턴(Washington on the Brazos)으로 이름을 바꿔 수도로 정합니다. 이와 더불어 샘 휴스턴(Samuel Houston, 1793 ~ 1863)을 텍사스 독립군 사령관으로 추대하니, 미국 독립전쟁과 판박이 방식의 텍사스 독립 투쟁이 본격화됩니다. 🐻

텍사스 독립군 사령관으로 선출된 샘 휴스턴은 텍사스로 오기 전 미국 테네시 주지사를 지낸 정치 거물이 었습니다. 또한 1812년 미국이 캐나

샘 휴스턴 (출처 _ 위키피디아)

다 영토를 침범했다가 영국군에 밀려 워싱턴 D.C.가 점령당하고 백악관이 불탔던 미영전쟁 당시에 그나마 분전한 전쟁 영웅이기도 했으니, 사령관으로 아주 적합한 인물이기는 했습니다.

그런데 왜 미국 정치 거물인 그가 엄연히 멕시코 영토인 텍사스 땅에 와 있었던 걸까요? 그건 텍사스 분쟁이 심해지자 미국 앤드류 잭슨(Andrew Jackson) 대통령이 멕시코령 텍사스와 미국 영토를 오가며 약탈하는 체로키족과 협상하러 보낸다는 명목으로 외교 사절로 보냈기 때문인데, 실은 텍사스 독립 무장 투쟁 가능성을 염두에 둔 치밀한 작전이었습니다. 🐻

당연히 이 상황을 지켜보는 멕시코인들의 분노는 하늘을 찔렀습니다. 빈 땅에 와서 살게 해줬더니, 불과 13년 만에 은혜를 갚기는커녕 멕시코로부터 독립하겠다니 뭐 이처럼 말도 안 되는 억지가 없었던 겁니다. 🐻

게다가 뒤에서 부추기는 정황이 뻔히 보이는 미국 정부마저 "미안하다, 사랑한다. 이렇게 된 거 텍사스를 100만 달러에 미국에 팔면 어때?"라고 염장을 지르자, 격분한 산타 안나 대통령은 텍사스 영토 내 이주민 전원 퇴거 명령과 함께 직접 6000여 명의 군대를 통솔해 무력으로 쫓아내기로 결심하고 진격을 시작합니다.

이때 텍사스 남부 민병대는 대포까지 동원해 샌안토니오와 곤잘레스를 점령하고 있었는데, 멕시코 군대가 2월 초에 이미 텍사스에 진입한 건 모르고 있었다나요? 4천여 명의 멕시코 군대가 진격해 들어오자 189명의 민병대와 일부 주민들이 알라모(Alamo) 요새로 들어가 무려 13일을 버티지만, 북쪽에서 지원군이 도착하기 전 3월 6일에 끝내 함락되어 전멸하고 맙니다.

영화 '알라모' 포스터
(출처 _ 구글이미지)

당시 멕시코 군대는 여성과 아기, 흑인 노예 등 세 부류만 풀어주고, 그 외 사살된 민병대원들은 한데 모아 불을 질렀다고 합니다. 🐻

분노가 폭발한 이주민들은 "알라모를 기억하라!"며 샘 휴스턴 독립군 사령관을 중심으로 똘똘 뭉칩니다. 여기에 "독립 성공 시 땅을 주겠다."는 약속에 몰려온 다른 주 미국 청년까지 합세하니, 알라모 요새 전투 한 달 뒤인 4월, 산 하신토(San Jacinto) 전투에서 텍사스 민병대가 멕시코 대통령을 생포하는 극적인 승리를 거둡니다. 민병대 사령관 샘 휴스턴은 당초 미국 앤드류 잭슨 대통령이 파견한 인물이었기에 포로가 된 산타 안나 대통령은 워싱턴 D.C.까지 압송됩니다. 이후 산타 안나 대통령은 미국 대통령 앞에서 텍사스 분리 승인 도장을 찍고서야 풀려날 수 있었으니…, 결국 미국의 계략에 멕시코가 말려들었다고 볼 수밖에요. 🐻

하지만 애초 텍사스의 독립을 부추겼던 미국은 정작 연방 가입을 미룹니다. 이는 당시 멕시코 국민들의 분노가 엄청났고 미국 영토의 확대를 원치 않는 유럽 각국이 간섭했기에, 멕시코 대통령이 미국 연방 가입을 하지 않는다는 조건으로 텍사스의 분리 승인 도장을 찍었기 때문이었습니다. 게다가 그 사이 멕시코에서는 산타 안나 대통령을 탄핵해 다른 이가 대통령이 되면서 미국과의 조약은 무효라고 버팁니다. 🐻

결국 신생 텍사스 공화국은 홀로 자립할 수밖에 없었고, 투표를 통해 독립 전쟁의 영웅 샘 휴스턴을 초대 대통령, 스티븐 오스틴을 국무장관으로 선출합니다. 또한 신생 수도 이름을 '브래저스 강변의 워싱턴'에서 휴스턴 초대 대통령 이름을 딴 휴스턴으로 바꾸고, 3년 뒤에는 독립을 처음 주장한 스티븐 오스틴의 이름을 딴 계획도시, 오스틴으로 수도를 옮깁니다.

그 외에도 독립 투쟁 당시부터 사용하던 '외로운 투쟁'을 상징하는 '별 하나'가 그려진 텍사스 공화국 국기를 공식화하고 헌법을 정하는 등, 9년간 4명의 대통령을 배출하게 됩니다. 참고로 우리나라를 계속 괴롭히는 사모펀드 기업, 론스타 펀드(Lone Star Fund)가 텍사스 주에서 탄생한 기업이라 그런 이름을 갖고 있어요. 🐻

텍사스 주기 (출처 _ 위키피디아)

또한 뒤늦게 미국으로 건너온 유럽 각국의 이민자들이 새 땅을 찾아 텍사스로 모여드니, 지금도 타 주에 비해 유럽 도시 이름을 딴 지명이 많습니다. 그래서 텍사스 주에는 런던(London)을 포함해 베를린(Berlin), 함부르크(Hambrug), 프랑크푸르트(Frankfurt), 뮌헨(Munich), 파리(Paris), 브뤼셀(Brussels), 취리히(Zurich), 프라하(Prague), 밀라노(Milano), 모스크바(Moscow), 이탈리아(Italy), 팔레스타인(Palestine) 등 자신들의 고향 명칭을 그대로 따온 지명이 많아, 텍사스 내에서 이들 도시를 여행하면 마치 유럽 여행을 다녀온 기분을 낼 수 있지요. 🐻

유럽 각지에서 몰려온 이민자가 많아 영국 문화권인 미국 연방과 거리감을 두던 텍사스 주민들이었지만, 드넓은 땅을 스스로 지키기에는 재정이 부족해 군대 유지조차 안 되자 자칫하면 다시 멕시코에 먹힐지도 모른다고 우려해, 일부의 반대에도 불구하고 결국 1846년에 미연방 편입을 찬성하는 국민투표를 거쳐 미국의 28번째 주가 됩니다.

다만, 이 과정에서도 텍사스 정부는 텍사스 레인저를 미국 연방군과 별개의 조직으로 남기는 것을 미국 정부와 협상하고, 각종 인프라 사업 역시 독자적으로 추진하기로 합의합니다. 🐻

애초에 협상한 조약을 어기고 텍사스가 미연방으로 편입되는 상황을 지켜본 멕시코는 강력 항의했으나, 미국은 "이웃 나라가 스스로 원해서 국민투표로 미국의 일원이 되길 요청해 받아들였을 뿐"이라는 오리발을 내밀더니, 더 나아가 새 국경선인 리오그란데(Rio Grande) 강을 통해 수시로 국경을 넘어 무력 충돌을 벌입니다. 멕시코는 국경을 넘어 들어온 미국 군대를 두고 볼 수 없어 반격하자 냉큼 미국이 멕시코에 선전포고를 하고 진격을 감행하니, 1846년 4월 25일부터 2년에 걸친 '미국-

미국 – 멕시코 전쟁 전개도
(© Kaidor) (출처 _ 위키피디아)

멕시코 전쟁(The Mexican War)'이 터지게 됩니다. 🐻

　당시 미국 의회는 "이참에 멕시코를 격파해 태평양 캘리포니아까지 미국 영토로 만들자."는 의견이 지배적이었지만, 일리노이 출신의 젊은 초선 국회의원이 "이는 비도덕적 행위"라며 반대합니다. 미국의 비도덕성을 지적해 주목받은 그 초선의원은 우리가 너무나 잘 아는 인물인데요, 나중에 미국 대통령이 되는 에이브러햄 링컨(Abraham Lincoln)이었습니다. 하지만 링컨의 반대에도 압도적인 표차로 선전포고가 이루어지고 미군은 멕시코 국경을 넘어 진격해 들어가지요. 🐻

　그러자 멕시코 국민들은 쫓아냈던 산타 안나를 다시 대통령으로 앉혀 결사항전을 전개합니다. 그런데 미군은 곧장 남쪽으로 진군하지 않고 서쪽 캘리포니아를 주 목표로 진군합니다. 게다가 텍사스와 마찬가지로 캘리포니아 주 역시 미국에서 이주한 거주민들이 무장한 채 캘리포니아 공화국이라는 허수아비 국가를 만들어 미국으로의 합병을 선언해 멕시코를 좌절에 빠뜨립니다. 🐻

이후 1년 여 만에 애리조나, 뉴멕시코, 캘리포니아 지역까지 점령한 미군은 남쪽으로 진격하니, 1847년 9월 15일에 멕시코 공화국의 수도, 멕시코시티까지 점령합니다. 당시 산타 안나 대통령은 차풀테벡(Chapultepec) 언덕에 마지막 방어선을 구축했지만, 한

용감한 젊은 미군 장교가 언덕 뒤편으로 돌아가 멕시코 수비군을 궤멸시켜 명성을 날리게 됩니다. 그 장교의 이름이 바로, 로버트 에드워드 리(Robert Edward Lee, 1807 ~ 1870)였습니다. 네? 전주 이씨 집안 사람이냐고요? 우리나라 이씨랑은 전혀 관계없어요. 🐻

로버트 에드워드 리 장군
(출처 _ 위키피디아)

리 장군은 미국 남북전쟁 당시 남군 총사령관이 되는 인물인데, 미국 남북전쟁의 주요 인사들이 이때 이미 두각을 나타내기 시작한 것이네요.

미국-멕시코 전쟁 기간 미군은 멕시코 민간인 학살, 약탈, 방화 등 각종 악행을 저질렀고, 일부 미국 국회의원들은 이참에 아예 멕시코 전체를 병합하자고 촉구하지만, 문화도 다르고 종교도 다른 800만 멕시코인들을 연방으로 편입하는 것은 아무래도 무리라고

미국이 멕시코로부터 빼앗은 영토
(출처 _ mlbpark.donga.com)

판단한 미국 정부가 멕시코 영토 절반을 차지하는 선에서 종결합니다. 결국 멕시코는 1848년 2월, 굴욕적인 조약을 맺고 미국에 전체 영토의 55퍼센트를 빼앗기게 되는데, 미국은 형식적으로 1500만 달러에 이 땅을 매입하는 것으로 처리합니다. 🏺

이처럼 텍사스를 비롯한 미국 남서부는 엄연히 멕시코 영토로 슬금슬금 밀고 들어온 미국인들의 전략적인 영토 약탈 전쟁으로 빼앗은 지역이었지만, 세계사 시간에는 그저 프랑스로부터 루이지애나를 구입한 데 이어 "멕시코로부터 땅을 할양받았다."라고만 간략히 서술되고 있을 뿐입니다. 🐻

텍사스 공화국 시절, 두 차례 대통령직을 수행한 샘 휴스턴은 미국 연방 편입 후에는 텍사스 주지사로 재선임되고, 남북전쟁이 터지자 노예제를 지지하며 남부 연합(아메리카 연합)의 한 축이 되지만 패전하고 맙니다. 그러자 노예 해방에 반대한 농장주들이 "다시 텍사스 공화국으로 독립하자."고 요구하는데, 샘 휴스턴은 "텍사스는 미국 연방에 남아야 생존이 가능하다."고 설득해 지금에 이르고 있습니다. 그럼에도 독자 전력망을 구축하고 타 주에 비해 외국 기업에 더 유연한 지원을 시행하는 등 독특한 노선을 유지하고 있고, 아주 소수이기는 하지만 여전히 독립을 추진하자는 목소리가 나오고 있는 실정이라네요.

미국은 텍사스 공화국 독립 성공 방식을 그후로도 요긴하게 써먹습니다. 그래서 텍사스 편입 이후에도 캘리포니아 공화국, 하와이 공화국 등, 마치 이주민들이 자발적으로 독립한 후 미국 연방에 들어오는 형식으로 영토를 지속적으로 넓혀 나갑니다. 🐻

제1차 세계대전에 미국이 참전한 결정적 이유

굴욕적으로 영토를 강탈당한 멕시코는 마음이 편치 않았지만 국력 차이를 실감하면서 그저 조용히 지냈는데, 20세기 들어 다시 영토 문제가 불거집니다. 🐻

대부분의 세계사 책에서는 제1차 세계대전 당시 미국이 처음에는 중립을 지키지만, 독일의 무차별적인 선박 공격으로 영국 여객선 루시타니아 호(RMS Lusitania)에 타고 있던 미국인 128명이 사망하자 드디어 참전하는 것으로 서술되는데, 실제 상황은 이와 달랐습니다. 🐼

루시타니아 호 침몰 사건은 1915년 5월 7일에 발생했고, 참전은

2년 뒤인 1917년 4월 6일에 결정되었기 때문에 시간 차이가 너무 커요. 선박 침몰로 미국인들이 격앙된 것은 사실이지만, 당

루시타니아 호 침몰 (© Bundesarchiv)
(출처 _ 위키피디아)

시 미국 정부의 거센 항의에 독일이 사과하면서 잠시 잠수함 무제한 공격 작전을 중단하는 성의를 보이며 위기를 넘깁니다. 게다가 나중에 밝혀진 사실이지만, 실제로 이 배에는 각종 무기가 실려 있었으니 무고한 민간 선박 공격이 아니긴 했습니다. 🐻

하지만 1년 반 동안 잠수함 공격이 중단되자 영국으로의 보급이 정상화되어 전쟁이 불리해진 독일은 1917년에 들어 다시금 무제한 잠수함 공격을 할 수밖에 없다고 판단하지요. 다만 작전 재개 시 미국이 연합국 편에 서서 참전할 것으로 예측한 독일이 은밀하게 멕시코에 공작을 펼칩니다. 🐻

1917년 1월, 독일 외무장관 침머만(Zimmermann)이 멕시코시티 독일 대사관에 비밀 전보를 보냅니다. "미국과 전쟁을 하면 우리가 도와주겠다. 빼앗긴 옛 땅을 되찾고 싶지 않느냐?"며 멕시코 정부에 제안해 제2 전선을 만들려고 한 겁니다. 독일 입장에서는 멕시코가 이에 응해 국경에서 무력 충돌이 터지면 미국이 유럽 전쟁

독일 첩보 문서(좌)와 침머만 외무장관(우) (출처 _ 위키피디아)

에 신경을 쓰지 못할 것이라는 계산이었을 텐데, 멕시코 정부는 단칼에 거절합니다. 독일이 대서양을 건너와 자신들을 도와줄 형편이 안 된다는 걸 너무 잘 알고 있었던 것이죠. 독일 말만 듣고 덜컥 전쟁을 일으켰다가 일어나게 될 결과는 안 봐도 뻔했거든요. 🐻

그런데 아뿔싸…! 멕시코의 거절도 뼈아픈데, 당시 세계 최고의 첩보 능력을 보유한 영국 첩보국 MI6가 이 전보를 해석해버립니다. 다만 영국도 찜찜한 구석이 있었던 것이, 영국 첩보국이 미국 롱아일랜드 전신국을 도청하다가 독일에서 멕시코로 가던 암호 전보를 빼냈다는 거죠. 🐻

당시 중립을 지키던 미국은 독일에서 아메리카 대륙으로 보내는 전보를 미국 전신망을 이용할 수 있게끔 호의를 베풀고 있었는데, 독일은 이 전신망으로 멕시코에 미국과 싸우라고 부추기고, 또 믿었던 영국도 미국 내 정보를 엿듣고 있었던 겁니다. 🐻

미국 전신망을 도청한 사실이 알려질까 두려운 영국은 시치미를 뚝 떼고, 멕시코에 있던 첩보원이 전보문을 입수했다며 미국 우드로 윌슨(Thomas Woodrow Wilson) 대통령 앞에서 독일의 암호문 해독 과정을 시연하는 퍼포먼스까지 전개하고, 다음날 많은 미국 신문에 일제히 제1면 톱기사로 대대적으로 보도됩니다. 🐻

침머만 전보 사건 당시 〈뉴욕타임스〉 제1면 기사 (출처 _ thehistorypress.co.uk)

이 '침머만 전보 사건'이 공개되자 그동안 참전을 망설이던 미국은 상·하원 의회 모두 압도적으로 전쟁에 찬성표를 던지게 됩니다.

게다가 이 전보가 공개되면서 깜짝 놀란 나라가 또 하나 있었으니, 그건 일본이었습니다. 당시 일본은 미국과 함께 연합국 진영이었는데, 전보 마지막 부분에 독일 정부가 멕시코 주재 독일 대사에게 "멕시코 정부를 통해 일본과의 관계도 개선하라."고 한 부분이 드러난 거지요. 🐻

이에 일본은 곧바로 "우리는 영원히 미국 편이데스. 독일은 상종 안 한다시마쇼!"라는 성명을 발표하며 혹시나 불똥이 자신들에게 튈까 우려합니다. 그렇게 공개적으로 미국을 지지하고 전승국으로서 독일 영토였던 사이판을 빼앗은 일본이, 불과 24년 뒤인 1941년에 진주만을 기습하며 미국 뒤통수를 거하게 때렸다가 원자폭탄 2방을 맞게 되는데, 지금까지도 피해자 코스프레를 하면서 또다시 아주 노골적으로 미국 편을 들고 있지요. 🐻

이처럼 외교사를 보면 국가 간 관계라는 것이 아침 드라마보다 더한 막장 스토리라는 생각이 드네요. 에휴~. 🐻

애당초 독일은 1914년 전쟁 시작과 동시에 속전속결로 승리할 것이라 자신했지만, 동쪽으로는 러시아 전선, 서쪽으로는 프랑스 전선 양쪽으로 나뉘어 지리한 참호전을 하느라 지친 상황에서 극적 반전을 위해 두 개의 첩보 작전을 전개합니다. 두 작전 중, 러시아 첩보 작전은 멋지게 성공한 반면, 멕시코 첩보 작전의 실패는 독일 입장에서 정말 뼈아팠습니다.

독일이 성공한 러시아 첩보 작전이 뭐냐고요?

부패한 러시아 제국이 오랜 전쟁으로 흔들리다가 1917년 2월에 혁명이 터져 황제가 폐위되고 인민 임시정부가 들어서자, 망명 중이던 레닌(Vladimir Ilyich Lenin)과 비밀 협상을 벌여 러시아로 몰래 잠입시킨 겁니다. 독일의 예측대로 레닌이 10월 볼셰비키 혁명에 성공해 소비에트연방(소련)으로 바뀌고 최고 권력자로 등극하자 바로 협상을 맺어 동부전선을 종결한 것이죠. 이처럼 독일의 도움을 받은 레닌은 독일과의 굴욕적인 조약에 반발한 이들의 쿠데타로 총상

볼셰비키 혁명 당시 연설하는 레닌
(출처 _ pcr.org.ar)

을 입는데, 1922년에 독일에서 의료진을 불러와 총알 제거 수술을 받은 후 생명을 연장하기도 합니다. 🐻 그런데 독일은 러시아 식민지였던 핀란드의 독립을 암암리에 지원함으로써, 신생 소비에트 연방을 정신 못 차리게 하는 치밀함도 선보입니다. 🐻

이렇게 동부 전선을 정리해 한숨을 돌린 독일이 서부 전선에 집중하려던 프로젝트였는데, 첩보가 누설되어 미국이 전쟁에 뛰어들게 만드는 치명적인 실수를 한 겁니다. 영국, 프랑스에 비해 인구와 생산력 면에서 더 압도적인 미국이 참전하자 전쟁 양상은 급속도로 바뀌며 독일이 항복한 것이죠. 그동안 아메리카 대륙에서만 대장 노릇을 하던 미국은 제1차 세계대전 승리에 결정적으로 기여하면서 세계 최강국으로 나아가게 됩니다. 또한 영국의 뛰어난 첩보 능력을 본받아 CIA와 FBI를 창설하게 되지요. 영국 MI6의 첩보원 007이 달리 유명한 것이 아닌 겁니다. 🐻

이처럼 해묵은 미국과 멕시코 간의 국경 분쟁은 세대를 넘어 200여 년째 이어지고 있고, 국경선을 따라 장벽이 세워지는 상황으로 전개되고 있습니다.

지금은 캐나다, 미국, 멕시코가 나프타(NAFTA, 북미자유무역협정) 등 경제 공동체로 친밀한 관계이고 2026년 월드컵을 공동 유치하게 되는 돈독한 관계이기 때문에 처음부터 좋은 사이인 줄 알지만, 알고 보면 불과 150여 년 전만 해도 미국이 두 나라를 침공했다는 아픈 역사는 어물쩍 넘어가고 있네요. 🐻

04
아프리카 저항의 상징,
불꽃여왕 은징가

아즈텍과 잉카 문명을 무너뜨린 스페인과 포르투갈은 사이좋게 중남미 지역을 나눠 먹지만, 수탈과 전염병으로 무수히 많은 아메리카 원주민이 죽어나가자 아프리카 흑인을 잡아와 노예로 부리는 끔찍한 만행을 수백 년간 저지릅니다. 🐻

　이 같은 엄혹한 시절에 유럽인에 맞선 위대한 여전사가 존재했으니, 그녀는 지금의 남서아프리카 앙골라 지역에 있었던 은동고(Ndongo) 왕국의 공주, 은징가 음반데(Nzingha Mbande, 1583 ~ 1663)였습니다.

은동고 왕국
(출처 _ www.britannica.com)

은동고 왕국에 나타난 포르투갈 배

1500년대 중반 어느 날 수상한 배가 앙골라 해안에 나타납니다. 배에서 내린 그들은 창백한 얼굴에 이상한 옷을 입은 채 은동고 왕궁을 찾아와 왕에게 각종 진귀한 보물을 선물하며 친하게 지내자면서 "젊은 남자들을 넘겨주면 더 많은 진귀한 보물을 주겠다."고 제안하니 솔깃해진 왕은 노예 무역을 승낙합니다. 평상시에도 주변 나라를 공격해 노예로 삼아 왔는데 남는 노예 몇 명만 넘겨주면 될 거라고 생각한 것이죠. 🐻

아프리카에서 조용히 살던 은동고 사람들은 미처 몰랐지만, 이미 이 포르투갈인들은 은동고 왕국의 북쪽에 위치한 콩고(Kongo) 왕국에서 남자란 남자를 모두 끌고간 뒤 그 검은 손길을 은동고 왕국까지 뻗친 것이었습니다. 🐻

대항해 시대 초기, 스페인과 포르투갈이 치열하게 경쟁하다가 1494년에 교황 알렉산데르 6세(Alexander PP. VI)가 중재에 나서 서경 43도 37분을 기점으로 서쪽은 스페인, 동쪽은 포르투갈 영역이라고 신의 이름으로 선언한 '토르데시야스 조약(Tratado de Tordesillas)'이 확정됩니다. 이로써 아프리카를 비롯해 멀리 한반도와 일본까지는 모두 자기네 땅이라고 교황에게 인정받은 포르투갈은, 아프리카 해안 거점마다 항구를 개척하며 아프리카 서남부 해안까지 온 것이죠. 🏰

이들 포르투갈 상인들은 처음에는 아프리카와 거래할 만한 물품이 없어 그저 인도까지 가는 항로의 거점 항구만 차지할 생각이었지만, 얼마 지나지 않아 매우 가성비 높은 무역 상품을 발견하니…, 그건 바로 건장한 흑인 남성들이었습니다. 🐻

노예 무역의 실상

우리는 신대륙 발견 이후, 유럽 열강들이 앞다퉈 아프리카 흑인들을 신대륙으로 끌고 와 혹사시킨 비정한 역사를 알고 있고, 미국이 남북으로 갈라져 싸운 남북전쟁의 주요 갈등 중 하나가 노예 해방 여부에 대한 논란이라는 사실은 잘 알고 있습니다. 하지만 노예무역의 상세 내용을 들여다보면 우리의 상식과는 다른 부분이 많다는 사실도 알게 됩니다. 실상 이 흑인 노예의 시작은 엉뚱하게도 아메리카 원주민들의 인권을 보장하려던 한 가톨릭 신부의 선의에서 비롯된 것이니, 이 역시 역사의 아이러니죠. 🐻

스페인과 포르투갈은 현지 원주민을 동원해 금과 은을 캐는 한편, 사탕수수, 커피, 면화, 담배 등 각종 농산물 재배로 큰돈을 벌기 시작합니다. 원래 설탕이 유럽에 알려진 것은, 기원전 4세기 알렉산드로스 대왕이 인도를 공격할 당시에 "인도에서는 꿀벌 없이도 나무에서 꿀을 얻는다."는 믿기 힘든 정보를 들었다는 기록이 최초라고 합니다. 당시 인도인들이 동남아시아 사탕수수를 가공해 설탕으로 만든 것인데, 제조 과정을 모르는 유럽인들이 보기엔 인도에서는 나무에서 꿀이 난다고 믿은 것이죠. 하지만 인도 정복에 실패하면서 나무에서 나는 꿀, 설탕을 맛보지는 못했다네요. 🐻

그래서 유럽인들이 실제로 설탕을 맛보기 시작한 것은 5~6세기에 인도를 거쳐 무역을 한 아랍 상인들이 소개한 것이 최초라고 합니다. 원산지인 인도 산스크리트어로 '샤카라(Shakara)'가 아랍 상인들을 거치면서 현재의 '슈가(Sugar)'로 불리게 된 것으로 추정하는데, 당시에는 아직 정제 기술이 덜 발달해 누리끼리한 갈색 흑설탕만 있었다고 합니다. 당시에 설탕물을 마시면 아픈 이가 벌떡 일어나는 명약이라고 소문이 나서, 설탕 1킬로그램이 소 한 마리 값과 맞먹을 정도였다고 합니다. 🐻

후추에 비해 덜 유통되기는 했지만 인도를 찾아나선 이유 중 설탕도 주요 원인이었던 것이고, 포르투갈이 인도와 직거래에 성공하면서 사탕수수 재배와 가공법을 드디어 알아냅니다. 기후대가 동남아시아와 유사한 대서양 마데이라(Madeira) 제도에서 첫 사탕수수 농장을 만들어 설탕 재배와 가공에 성공한 포르투갈인들은, 브라질 식민지에 대규모 사탕수수 농장을 만들어 엄청난 돈을 벌게 되지요. 그러자 평생의 라이벌, 스페인도 이에 뒤질세라 중남미 식민지에 커피, 면화, 담배 농장을 확장하면서 노동력이 절실해집니다.

하지만 고된 노동과 전염병으로 아메리카 원주민들이 죽어나가자 멕시코 주교이던 '바르톨로메 데 라스 카사스(Bartolomé de Las Casas, 1484 ~ 1566)' 신부는 스페인 국왕 페르난도 2세(Fernando II)를 만난 자리에서 "원주민을 강제로 동원하는 것은 부도덕하니

'인디오의 아버지' 바르톨로메 데 라스 카사스 신부 (출처 _ 위키피디아)

차라리 아프리카 흑인들을 대신 쓰자."고 주장했는데, 재위를 이어받은 아들 카를로스 1세가 이에 찬성하고 도미니크 수도회가 이를 거들면서 아프리카 흑인을 노예로 끌고 오게 됩니다. 🐻

원주민을 혹사시키는 노예 농장이 문제라면 비인권적인 노예 제도를 없애는 것이 맞는데, 엉뚱하게도 아프리카 흑인을 대신 부려먹자는 대안이 종교인의 입을 통해 주장되고 이것이 인권 신장이라고 믿은 것은, 당시 유럽인들이 흑인은 자신들과 유사하기는 하지만 사람은 아니라고 여긴 오만한 무지 탓이기도 했습니다. 심지어 19세기에 이를 때까지도 일부 유럽인들은 유색 인종도 지성을 가진 인격체로 봐야 할지 논쟁을 벌였고, 흑인이 고통을 느끼는지 알아본답시고 칼로 팔을 잘라보기까지 했으니까요. 🐢

이처럼 아메리카 원주민의 인권 보호에 앞장서 '인디오의 아버지'라 불리며 사후 성인(聖人)으로 추대된 라스 카사스 신부는, 흑

인 노예들의 참상을 알게 된 뒤 자신의 발언을 후회하며 뒤늦게 노예제 폐지를 주장합니다. 이후《인디오의 역사(Historia de las Indias)》라는 책자를 쓰면서 서문에 "신께서 스페인을 멸망하려 하신다면 이는 모두 서인도에서 자행한 만행 때문일 것"이라고 썼다가 스페인에서 금서가 되었는데, 반면 영국과 프랑스에서는 베스트셀러가 되어 스페인의 부도덕성을 공격하는 데 활용됩니다. 하지만 스페인의 부도덕성을 손가락질하던 영국과 프랑스는 나중에 스페인보다 한술 더 떠 온갖 만행을 자행하죠. 🗿

그게 그저 남의 나라 일인 것 같나요? 알고 보면 우리나라도 이들 유럽 열강의 피해국입니다.

러일전쟁 당시 러시아가 승리해 조선을 차지하면 드디어 부동항(不凍港), 즉 얼지 않는 항구를 갖게 되어 자국의 해양 패권을 잃을 것이라고 걱정한 영국이 일본을 적극적으로 지원합니다. 또한 영국의 영원한 동지, 미국도 이에 동조해 일본을 후원해준 뒤 "미국은 필리핀을 차지할 것이니 일본은 대한제국을 가져가라."고 사이 좋게 가쓰라-태프트 밀약(Taft-Katsura Agreement)을 맺었지요. 아주 장하십니다들…! 🗿

아 참, 이 신부님의 최고 베스트셀러는 따로 있었으니,《크리스토퍼 콜럼버스의 항해록(Archiving Christopher Columbus' Journal)》입니다. 콜럼버스는 원래 살아 생전에는 '콜롬보'로 불렸으나, 이 신부가 그 책에서 라틴어로 이름을 적었기에 이후 다들 콜럼버스라고

The Trans-Atlantic Slave Trade Uprooted Millions

Number of enslaved Africans arriving on the American continent (1514-1866)

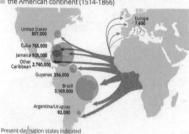

Europe
7,600

United States
307,000

Cuba 765,000

Jamaica 935,000

Other
Caribbean 2,760,000

Guyanas 356,000

Brazil
3,169,000

Argentina/Uruguay
92,000

Present-day nation states indicated
Source: Slavevoyages.org

흑인 노예 거래 현황
(출처 _ www.statista.com)

부르고 있어요. 🐻

이처럼 '아메리카 원주민의 인권을 위해서는 흑인을 노예로 부리는 것이 더 낫다'는 가톨릭의 승인이 무색하게 백인들이 갖고 온 각종 전염병으로 원주민이 팍팍 죽어나가자 일손이 부족한 스페인과 포르투갈은 본격적으로 노예 무역을 전개합니다. 물론 처음부터 마구잡이로 잡아온 것은 아니었고, 아프리카 거점 항구를 중심으로 그 주변 왕국이나 부족장들, 아라비아 상인들에게 돈이나 모직물 등 서양 물품을 쥐어주고 대신 잡아오게 했지요. 🐻

왜냐면 당시 유럽 화약무기 성능이 아직 압도적이지 않아 아프리카 부족들이 합심해서 공격할 경우 소수의 인력으로 감당할 수 없었기 때문입니다. 앞서 코르테스의 아즈텍 정복 과정에서 수차례 패배했고, 마젤란(Magellan) 선단이 필리핀에서 원주민들에게 공격받아 다수가 사망한 사실이 이를 잘 입증해주지요.

주로 황량한 사하라 지대를 지나 가나, 토고, 나이지리아 등 아프리카 중서부 해안이 집중 공략 대상이 되었고 노예 해안이라 불릴 정도로 노예 무역이 활발했는데, 유럽에서도 가깝고 아메리카

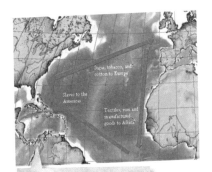

삼각무역 전개도 (© SimonP)
(출처 _ 위키피디아)

대륙까지의 거리도 짧아 가장 안성맞춤이었지요.

포르투갈은 자국에서 술, 모직물을 아프리카에 내다 팔고, 아프리카에서는 노예를 사서 아메리카로 보내고, 아메리카에서는 노예들이 재배한 설탕과 담배, 커피를 유럽에 가져와 파는 '삼각무역' 체계를 완성합니다.

이처럼 포르투갈이 개척한 노예 무역 시장에 새로운 경쟁자가 등장하니, 그 나라는 바로 영국이었습니다. 👻 왜 교황님이 포르투갈에 할당해주신 영역에 영국이 등장한 걸까요? 이는 스페인의 사주 때문이었습니다. 아프리카는 포르투갈 영역이었기에 스페인이 대놓고 침범할 수 없다 보니, 슬그머니 영국에게 흑인 노예 배송을 의뢰한 겁니다.

가장 열정적으로 가톨릭의 수호자를 자처하던 스페인으로서는 교황과의 영토 조약을 어길 수는 없지만 당장 자신들의 아메리카 식민지 면화, 사탕수수 재배에 노예가 필요하다 보니 성공회로 독립해 교황청 명령이 씨알도 안 먹히는 영국을 활용하기로 한 것이죠. 그래서 영국은 30년간 스페인의 식민지에 노예 독점 공급권을 획득해 엄청난 수익을 거둡니다. 🐱

그러자 장사의 달인, 네덜란드도 슬금슬금 노예 무역에 나서는데, 스페인 노예 무역 루트는 영국이 꽉 잡고 있어 아예 발상을 전환해 1619년부터 오히려 영국 식민지인 북아메리카 버지니아 농장에 흑인 노예를 파는 진풍경이 펼쳐집니다. 아주 환장의 콜라보였네요. 🐻

이 같은 경쟁적인 노예 무역으로 인해 16세기부터 19세기 말까지 1500만 명 이상의 아프리카 사람들이 노예로 끌려가면서 아프리카의 인적 경쟁력이 더욱 쇠약해집니다. 그런데 토고, 가나, 나이지라아 쪽에서 처음 노예 무역이 시작되면서 그쪽 바닷가 이름마저 노예 해안이라 불려 그곳에서 가장 많은 흑인이 잡혀간 줄 알겠지만 그건 가리지날…!

실제로 가장 많은 흑인이 노예로 잡혀간 곳은 중앙아프리카 해안가인 지금의 콩고, 앙골라 해안이었는데, 그 인원이 570만 명이나 되어 전체 흑인 노예의 40퍼센트 가까이 차지하지요. 반면 노예 무역의 대명사인 노예 해안은 다 합쳐서 480만 명 정도입니다. 그럼 왜 중앙아프리카 지역 노예 무역은 잘 알려지지 않았을까요? 이 지역 노예 무역은 포르투갈이 거의 독점했는데, 유럽의 주요 국가인 영국, 스페인이 주도한 노예 해안 지역에 비해 주목을 덜 받았기 때문입니다. 🐻

콩고 왕국의 몰락을 자초한 유럽빠 은쿠와 왕

노예 무역이 본격화되기 전에는 그저 인도로 가는 항로 구역마다 보급 항구를 확보하려던 포르투갈은, 아메리카 대륙 발견 이전인 1483년에 콩고 왕국과 처음 접촉하게 됩니다. 당시 콩고 왕국은 지금의 콩고는 물론 남쪽 은동고, 마탐바(Matamba) 등 여러 작은 나라들에게 조공을 받는 강력한 세력이었답니다. 🐻

그래서 포르투갈인들은 우선 지배자를 구워삶기로 하니, 첫 방문 당시 호화로운 보물과 서양 물건을 선물하며 항구 사용을 요청합니다. 당시 콩고 국왕 은징가 은쿠와(Nzinga Nkuwa, ? ~ 1509)는 서구 문명의 우수성을 확인하고는 1491년에 포르투갈 선교사를 받아들여 가톨릭으로 개종하고, 스스로 '주앙(João)'이라는 유럽식 이름으로 바꿀 정도로 신문

은징가 은쿠와 콩고 왕 (© Pierre Duflos) (출처 _ 위키피디아)

물을 적극 수용합니다. 하지만 백성들이 가톨릭 포교에 반발하자 포르투갈군의 도움을 받아 불신자들을 진압하는 한편, 후계자인 은징가 음벰바(Nzinga Nbemba, 1456 ~ 1543) 왕자의 이름을 '아폰수 (Afonso)'로 바꾸고 포르투갈에 10년간 유학을 보낼 정도로 유럽식

으로 나라를 개혁하고자 합니다. 🐻

하지만, 노예 무역이 정당화되자 포르투갈의 정책이 바뀌면서 콩고를 노예 포획 장소로 활용하기로 마음먹게 됩니다. 마침 서구 문물을 수입하느라 진 막대한 빚을 노예로 대신 갚으라고 강요하니, 콩고 국왕은 어쩔 수 없이 이웃 국가를 쳐들어가 잡아온 포로를 포르투갈 상인에게 넘기게 됩니다. 기록에 따르면 이때 매년 1만여 명 가까이 노예선으로 실어나르다 보니 콩고 일대에는 사람이 남아나지 않는 지경이 되어 대규모 공격 위협이 사라졌고, 그때부터는 포르투갈 상인들이 고용한 용병들이 직접 노예 사냥에 나서게 되었다고 합니다. 그제야 자신의 실수를 깨달은 은징가 은쿠와는 죽기 직전 기독교 신앙을 버리지만, 이미 나라 꼴은 엉망이 된 뒤였지요. 🐻

1526년에 아들 아폰수(은징가 음벰바) 왕은 포르투갈 왕에게 "포르투갈 상인들이 끊임없이 우리 국민들을 끌고 가며 심지어 왕족과 귀족도 잡아가니 이를 말려주십시오."라는 편지를 보내며 노예 무역 중단을 간청하지만 무시당하고 맙니다. 포르투갈은 한발 더 나아가 콩고 앞 상투메(São Tomé) 섬을 직접 지배하며 아메리카 사탕수수 밭으로 보낼 노예 사냥을 더욱 확대하면서 더 남쪽으로 내려가, 지금의 앙골라에 해당하는 은동고 왕국으로 내려왔던 것이지요.

은징가 여왕의 저항

은징가 여왕 초상화 (Achille Devéria 작) (출처 _ 위키피디아)

이미 노예 무역 노하우를 장착한 포르투갈인들에게 국왕인 아버지가 휘둘리는 상황을 못마땅하게 지켜보던 한 공주가 있었으니, 그녀가 바로 은징가 음반데였습니다. 🐻

비록 노예 출신 후궁의 딸로 태어났지만 아버지의 총애를 받던 은징가 공주는 포르투갈 상인들과 함께 온 가톨릭 선교사를 통해 배운 포르투갈어를 능숙하게 구사할 정도로 영민한 면모를 보였다고 하네요. 그녀는 아버지가 포르투갈의 본심을 뒤늦게 깨달아 무려 30년간이나 전쟁을 벌일 때, 두 여동생과 함께 여전사 부대를 이끌고 게릴라 전법으로 맞서며 국민들의 지지를 받았다고 합니다. 🐻

하지만 1617년에 아버지가 사망하고 왕위에 오른 이복 오빠 음반디(Mbandi)가 다른 형제와 남자 조카들을 모두 살해하면서도, 백성들에게 인기가 높은 은징가 등 세 공주는 죽이지 않고 이용하려 합니다. 어린 아들이 희생당한 은징가는 은동고 왕국을 탈출해 그동안 자기 나라를 침범하던 여러 주변 부족을 찾아다니며 동맹을 맺거나 싸우면서 방랑합니다. 🐻

하지만 3년 뒤 전쟁에 지친 오빠가 포르투갈과 평화협정을 맺기 위해 은징가에게 돌아오라고 요청합니다. "포르투갈어도 잘하고 평소 잘 알던 이도 많으니 대신 협상장에 가 달라. 잘 협상한다면 귀국을 허락한다."고 한 것이었지요.

어처구니는 없었지만 나라를 구해야 한다는 생각에 화려한 왕가 예복을 입고 국왕 대리 자격으로 포르투갈인들이 1575년에 건설한 루안다(Luanda) 항구(지금은 앙골라의 수도)로 간 은징가는 모욕적인 광경을 접하게 됩니다. 협상장에는 의자가 하나밖에 없었는데, 포르투갈의 데소사(De Sousa) 총독이 화려하게 보석으로 장식한 그 의자에 앉더니 은징가에게는 방석을 던져주면서 앉으라고 한 것이죠. 그렇게 함으로써 본인은 내려다보고 은징가 공주는 우러러보는 모양새가 되도록 해 처음부터 강압적으로 나가려 한다는 것을 깨달은 은징가는 눈짓으로 시녀들에게 지시합니다.

그러자 이 같은 상황을 예상한 시녀가 바닥을 짚고 엎드렸고, 은징가는 엎드린 시녀의 등에 앉아 총독을 똑바로 쳐다보며 협상에 임하게 되지요. 🐷 포르투갈 총독이 "포로로 잡아 간 군인들을 풀어주면

시녀 등에 앉아 협상한 은징가 상상 판화 (출처 _ 위키피디아)

은동고 왕국을 독립국으로 인정하겠다. 노예상의 활동을 제한하지 말라."고 한 것은 수용한 반면, 매해 공물을 바치라는 요구는 끝까지 거부합니다. 그 대신 포르투갈군이 해안을 따라 만든 요새의 철수를 주장하는데, 포르투갈 총독이 미적거리자 비장의 카드로 가톨릭으로 개종하겠다는 조건을 내겁니다. 아프리카를 침략하면서 내건 "이교도를 개종시킨다."는 위선적인 그들의 명분을 찌르고 들어간 것이죠. 이에 은징가는 '안나(Anna)', 두 여동생은 '바바라(Barbara)', '그레이스(Grace)'라는 세례명을 받으면서 협상이 완결됩니다. 🐻

하지만 그 평화 조약은 오래가지 못합니다. 신대륙의 노예 수요가 높아지자 영국은 물론 프랑스, 네덜란드 등 다른 유럽 국가들도 아프리카를 침략해 노예 공급을 늘려 나가자, 포르투갈 역시 종잇조각인 평화협정 따위는 집어던지고 다시금 침략하지요. 🐻

그런데 얼마 지나지 않아 오빠 음반디 왕과 아들이 갑자기 죽는 일이 벌어지고 은징가가 여왕으로 등극해 다시 전쟁을 시작합니다. 진실은 알 수 없지만 아마도 오빠 음반디 왕이 전투를 미적거리자 은징가가 오빠와 후계자인 조카마저 죽인 것이 아닐까라고 추측한다네요. 권력 유지를 위해 자신의 아들까지 죽인 오빠이니 그 원한이 얼마나 사무쳤을까 생각해보면 능히 그럴 수 있었다고 보입니다. 하지만 은동고의 귀족, 은골라 하리(Ngola Hari)가 적과 내통해 왕궁이 함락되자 그녀는 옆나라 마탐바 왕국으로 도망치게 되는데, 한때 은동고 왕국을 침탈하던 임방갈라족(Imbangala)이 그녀를 도와주니 음우옹고(Mwongo) 마탐바 여왕을 내쫓고 마탐바 왕국을 차지하는 데 성공합니다. 🐻

이후 1635년에 은징가 여왕은 마탐바, 은동고, 콩고, 은뎀보(NDembo) 등 여러 국가들을 단결시켜 포르투갈의 내륙 진출을 저지했고, 포르투갈이 30년간 스페인 펠리페 2세(Felipe II)의 지배를 받는 정치 격변으로 주춤한 사이 1641년에 네덜란드가 포르투갈인들의 거점 항구 루안다를 점령하고 다시 1648년에 포르투갈이 루안다를 탈환하는 혼란기를 맞아 노예 무역이 급격히 위축됩니다. 또한 이때 스페인 선교사들도 포르투갈의 영토 확장을 방해하고자 바티칸에 중재를 요청하는 등, 은징가 여왕을 간접적으로 도와줍니다. 이때 포르투갈은 "은징가 여왕은 사람을 잡아먹는 식인종 여왕"이라고 가짜뉴스를 퍼뜨리며, 하나님의 은총을 베풀기 위해 아프리카의 식민 지배는 정당하다는 논리로 합리화를 시도하게 되지요. 🐻

하지만 마탐바의 항쟁이 계속되자 결국 포르투갈은 1675년에 은징가가 다시 은동고 왕국의 여왕으로 복귀하는 것을 도와줄 것이며 포로로 잡은 여동생을 돌려줄 테니, 대신 다른 내륙국가에서 노예를 잡아갈 때 영토를 지나가게 허락해 달라고 요청합니다. 이때 이미 73세 노인이 된 은징가는 이를 수락하고 은동고 왕국으로 돌아와 성대한 즉위식을 치른 뒤 1663년 81세까지 나라를 다스렸고, 유언으로 가슴에 활과 화살을 쥔 채 매장되길 희망하니 죽어서도 외적으로부터 나라를 지키겠다는 결연한 의지를 보여주었습니다. 🐻 그후 그녀의 여동생 캄부(Kambu, 세례명 바르바라, Lady of Barbara)가 여왕으로서 독립을 유지하지만, 결국 포르투갈이 1671년에 은동고 왕국을 점령해 식민지로 만듭니다. 🐻 그후로도 노예 무역은 성행해 1775년부터 1800년 사이에 해마다 200만 명 이상 끌고 가는데, 1800년을 넘기며 노예 사냥이 확~ 줄어들게 됩니다. 🐻

이는 인권 의식에 눈떠서 그런 것이 아니라 설탕 생산량이 너무 늘어나 가격이 내려가면서 이익이 남지 않게 되자 더 이상 노예가 더 필요하지 않게 되었기 때문이었지요. 그러자 그동안 노예 무역에서 가장 큰 이익을 보던 영국이 가장 먼저 노예제 폐지를 선언하면서 발빠르게 손절에 나섭니다. 🐻

물론 여기에는 윌리엄 윌버포스 (William Wilberforce, 1759 ~ 1833)라는 정치인의 헌신이 큰 영향을 미치니, 상인들과 귀족들의 반대에도 1807년에 노예 무역 폐지법을 통과시켰고, 1833년에 완전히 노예제도 자체를 폐지합니다.

이로써 도덕성 경쟁에 나선 프랑

윌리엄 윌버포스 (Anton Hickel 작)
(출처 _ 위키피디아)

스, 덴마크 등도 잇달아 노예제도를 폐지하면서, 1850년대가 되면 유럽의 노예제도는 거의 사라집니다. 하지만 미국은 1863년에야 남북전쟁을 거치면서 겨우 노예제도가 폐지되는데, 이는 멕시코 등에 비해서도 늦은 것이니 미국은 흑인 인권 면에서는 여전히 후진국이었습니다. 🐻

아프리카 식민지 쟁탈전

하지만 노예제도가 사라졌다고 모든 것이 나아진 게 결코 아니었습니다. 1850년대부터는 아예 본격적인 아프리카 식민지 쟁탈전이 시작되니, 유럽의 이율배반적인 행태는 정말 아이러니하지요. 🐻

당시 기관총 등 대량 살상무기가 본격적으로 등장했고, 산업혁명을 거치며 무기 생산 효율성도 높아져 본격적으로 소수의 군사만으로도 충분히 아시아, 아프리카를 지배할 수 있는 여건이 마련되던 차에, 마침 남아프리카공화국에서 다이아몬드가 대량으로 발견되고 고무가 널리 사용되기 시작하면서, 아프리카 영토 자체의 가치가 급상승한 겁니다. 🐻

영국은 이집트에서 남아프리카공화국까지 남북으로, 프랑스는 알제리부터 동서 방향으로 횡단하다가 충돌을 빚는 등 열강의 아프리카 쟁탈전이 뜨거워진 반면, 아프리카 개척의 선두주자였던 포르투갈은 뒤처지기 시작합니다.

일단 스페인과의 경쟁, 나폴레옹의 침략에 이어, 1822년에 최대의 식민지 브라질이 독립하면서 막대한 경제적 손실을 입는 등 내부 위기가 많았거든요. 포르투갈은 그나마 손에 쥔 앙골라 식민지를 내륙 쪽으로 더욱 확장하기로 결정해 1870년대에는 내륙 마탐바까지 완전 복속했고, 은동고와 마탐바, 두 나라 백성들이 '왕'이라는 의미로 부르던 '은골라(Ngola)'를 포르투갈인들이 잘못 이해해 두 왕국 땅을 '앙골라(Angola)'라고 부릅니다.

다만 이 과정에서 은동고 북쪽 콩고 영토를 두고 느닷없이 벨기에와 프랑스 간 쟁탈전이 벌어지면서, 결국 유럽 열강의 아프리카 식민지 나눠 먹기 원칙을 마련하는 것으로 이어집니다. 🐻

세 나라의 콩고 쟁탈전

벨기에로 여행 간 관광객들은 온갖 화려한 건물에 눈이 휘둥그레진다고 하지요. 그저 유럽의 작은 나라로 생각한 선입견을 깨는 멋진 유산이 가득한 나라이기는 한데, 그 영광 뒤에는 수많은 아픔이 존재하고 있습니다.

벨기에는 중세 초기 프랑스 지배 후 합스부르크의 지배를 받다가 다시금 프랑스 나폴레옹의 지배를 거쳐 네덜란드의 지배를 받

벨기에 레오폴드 2세
(© Carolus) (출처 _ 위키피디아)

는 등 온갖 부침을 겪다가, 1830년에 혁명을 거쳐 1831년에 벨기에 왕국으로 재출발한 뒤, 1839년에 영세중립국 지위를 인정받으며 뒤늦게 제국주의 대열에 참가합니다.

제2대 국왕 레오폴드 2세(Leopold II, 재위 1865~1909)는 아프리카 식민지 경쟁에 본격적으로 뛰어들었는데, 포르투갈, 영국, 프랑스 등 강대국들이 거점 항구를 통해 해안가를 지배한다는 틈을 노려 아프리카 내륙을 공략합니다. 🐻

콩고 강을 발견한 유명 탐험가인 영국 출신 헨리 모건 스탠리(Henry Morton Stanley, 1841~1904)를 고용해 중앙아프리카 내륙의 각 족장들에게 선물 공세와 협박으로 영토 포기 각서를 받아내면서 콩고 강 하류에 본인의 이름을 딴 도시, 레오폴드빌(Leopoldville, 지금의 킨샤사, Kinshasa)을 건설합니다.

하지만 이미 400여 년 전부터 콩고 왕국을 간접 지배한 포르투갈이 자신들의 땅이라고 시비를 걸었고, 인근 땅을 차지한 프랑스까지 세 나라 간 일촉즉발의 상황이 되자, 1884년에 독일 제국 총리 비스마르크(Otto von Bismark)가 15개 나라를 초빙해 베를린에서 국제회의를 개최하며 식민지 소유에 대한 국제 표준을 만들게 되니, 유럽 열강의 제국주의 팽창 정책의 표준 매뉴얼이 됩니다. 🐢

비스마르크가 이 회의를 주관한 건 프랑스 – 프로이센 전쟁 (Franco-Prussian War)에서 승리하여 독일 제국을 선포한 직후였기에, 신흥 강대국으로서 프랑스를 대신해 독일이 유럽의 중재자로 각인될 수 있는 절호의 기회이기도 했지만, 바다로 진출하는 데 늦어 타국에 비해 식민지 관련 이해관계가 적었던 점 역시 주변 국가들의 반발을 줄여주는 역할을 했습니다. 이 회의에는 미국도 참가했는데, 해를 넘겨 1885년에 드디어 식민지 소유 원칙을 확정한 베를린 협정(Berlin Conference)으로 공식화하게 되지요. "군대와 이주민을 가장 먼저 정착시킨 나라가 차지한다."는 원칙이었는데, 미국의 텍사스 점령 등이 아주 좋은 예시가 되었지요. 네네~! 🎳

이처럼 열강들이 아시아와 아프리카 지역을 무력으로 땅따먹기 경쟁을 한다는 규칙이 정해지면서 결국 자로 잰 듯이 국경선을 갈라먹습니다. 이 회담 결과 콩고 왕국의 가장 넓은 면적이 벨기에 차지가 되니, 무려 벨기에의 80배 면적이 레오폴드 2세 개인 땅(지금의 콩고민주공화국)으로 인정받게 되고, 그외 땅은 프랑스(지금의 콩고공화국)와 포르투갈(지금의 앙골라)이 나눠

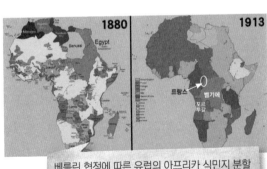

베를린 협정에 따른 유럽의 아프리카 식민지 분할
(© Carolus) (출처 _ 위키피디아)

가지게 됩니다. 🐻

벨기에는 새로 얻은 식민지를 '콩고 자유국'이라 칭하고 고무 농장을 만들어 원주민을 착취했는데, 기존 열강들보다 더한 악행을 일삼지요. 그들은 감당하지 못할 고무 수확 목표량을 제시하고 이를 못 채우면 손이나 발을 잘랐는데 다섯 살 아이 손도 자를 정도였고, 전체 목표량을 못 맞췄다고 마을 주민 전체를 학살하는 등 20년간 무려 1천만 명 이상의 원주민을 죽입니다. 🐻 이러한 악행이 알려지면서 벨기에 내부에서도 의회가 규탄하자 결국 레오폴드 2세는 1908년에 벨기에 정부에 소유권을 넘깁니다. 이후 콩고가 다시 독립하는 것은 1960년에야 가능했습니다. 하지만 여타 아프리카 신생국가들과 마찬가지로 이념 간, 부족 간 갈등으로 치열한 내전이 이어져 지금까지 600만 명 이상이 또 희생되는 슬픈 역사를 갖게 되지요. 🐻

벨기에의 콩고 지배 사례를 보면, 어느 나라든 기회만 된다면 능히 악랄한 갑질을 할 수 있음을 보여준 흔한 사례라 할 수 있습니다.

포르투갈의 또 다른 식민지, 모잠비크와 조선의 인연

한편 포르투갈은 기존의 기니비사우(Guinea-Bissau), 콩고, 앙골라 침탈 당시에 인도로 가는 항로를 따라 아프리카 동쪽 해안 모잠비크(Moçambique)도 식민지로 장악하게 됩니다. 이곳에서 아메리카 대륙으로 노예를 보내기에는 거리가 멀었기에 그나마 가까운 인도, 중국으로 노예를 팔았는데, 임진왜란 당시 조선에 파병된 명나라 군대에도 이들 모잠비크 출신 흑인 노예병이 참전합니다. 🐻

《조선왕조실록(朝鮮王朝實錄)》선조(宣祖) 31년(1598년) 5월 26일 기록을 보면, 명군이 이들 모잠비크 흑인 군인들을 조선군에 선물하니 이들을 수군에 배치해 물속으로 잠수해 일본 군선에 구멍을 내는 특수임무를 맡겼다고 합니다. 이때 이들을 처음 본 우리 조상님들이 매우 놀라며 "명나라에서는 귀신도 군인으로 부린다."며 이들을 해귀(海鬼)라고 불렀고, 일본군도 이 시커먼 흑인 부대를 두려워했다고 합니다. 🐻

따지고 보면, 임진왜란 이전에 조총을 일본에 판매한 자들도 포르투갈 상인이었고, 머나먼 조선 땅까지 와서 일본군과 싸운 모잠비크 출신 명나라 흑인 노예병들도 포르투갈 상품이었으니, 이 역시 참 슬픈 역사입니다. 🐻

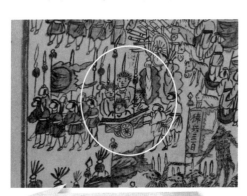

'천조장사전별도' 그림 속 수레를 타고 가고 있는 명나라 해귀 (국학진흥원 소장)
(출처 _ 네이버 지식백과 캡처)

중국의 앙골라 경제 침략

이후 이들 포르투갈 식민지들은 기나긴 지배를 받게 되는데, 다른 유럽 국가들이 제2차 세계대전 이후 식민지 독립을 허용한 반면, 가난해진 포르투갈은 끝까지 앙골라를 식민 지배하려 들지요. 분노한 앙골라인들은 1961년부터 무장 독립 투쟁을 시작하니, 포르투갈 정부는 모든 청년들에게 3년간 군대 복무 및 2년간 아프리카 식민지 진압 전쟁 참전을 강제하다가 내부 쿠데타로 1974년에 정권이 퇴진하게 되는 '카네이션 혁명(Revolução dos Cravos)'이 일어나고, 이로써 앙골라, 모잠비크, 기니비사우 등 모든 아프리카 내 포르투갈 식민지들이 1975년에 독립을 이룹니다. 하지만 독립의 기쁨도 잠시, 독립 투쟁 단체 간의 내전이 무려 2002년까지 이어지는 피비린내 나는 전쟁터로 변하고 말았으니, 360만 명 이상 희생되는 참혹한 나날이 이어졌고 UN의 중재로 불안한 평화가 이어지는 가슴 아픈 역사가 지금도 진행 중입니다. 😣

이처럼 유럽의 잔혹한 식민 지배와 내전을 거친 이들 아프리카 국가들에게 선뜻 손을 내밀어준 국가가 등장하니…, 두둥! 그 귀인은 중국이었습니다. 🐼

그런데 어라? 일단 인프라부터 깔아야 한다며 돈을 빌려준다더니만, 대신 인프라 공사는 무조건 중국 국영기업이 해야 한다고 우겨 순순히 도장을 찍어줬더니, 설비면 설비, 자재면 자재, 공사 인력까지 싹 다 중국에서 날아와 아프리카인들은 돈 구경도 못 하고 결국 중국 돈으로 중국인들이 돈을 벌어가는 모습을 지켜보게 됩니다. 게다가 공사도 다 날림으로 해서 유지보수 비용이

겉보기만 그럴싸한 앙골라의 수도, 루안다
(© David Stanley) (출처 _ 위키피디아)

더 들어가는 상황인데다가 들어온 중국인들이 도·소매 시장을 장악해 얼마 없는 자본마저 쪽쪽 빨아먹으니, 이제는 중국의 경제 식민지로 전락하기 시작한 상황입니다. 🐻

실제로 앙골라에 20억 달러를 지원해준 대신, 해당 차관 상황 명목으로 하루 1만 배럴씩 17년간 중국으로 석유를 공급하기로 노예계약이 되어 있고, 이미 현지에 25만 명의 중국인이 들어오면서 앙골라 수도 루안다는 '외국인이 살기에 물가가 가장 비싼 도시' 1위에 선정될 정도로 경제 사정이 악화된 실정입니다. 🐻

만약 은징가 여왕의 영혼이 하늘에서 지금의 아프리카를 지켜본다면, 유럽 열강의 식민 지배에서 벗어나자마자 참혹한 내전에 이어 이제는 중국의 경제 침략으로 고통받는 현실에 어떤 생각을 할까요? 🐻

제국주의 시대가 끝나가던 제2차 세계대전을 전후해 벌어진 아이슬란드, 알제리 두 나라의 독립 과정을 통해 잘 알려지지 않은 덴마크, 프랑스의 폭력을 이야기하면서, 언제 어느 국가에서나 기회만 되면 나오는 잔혹한 갑질의 역사를 알아봅시다.

5부

현대, 여전히
끝나지 않는
갑질의 역사

01
위기를 기회로 만든 아이슬란드의 독립

오로라, 빙하, 온천 등 천혜의 자연환경으로 주목받고 있는 유럽 북쪽의 아름다운 섬, 아이슬란드는 멋진 풍경과는 어울리지 않는 기구한 역사를 갖고 있지만 대부분 모르실 겁니다. 세계사 내용이 주로 유럽 내 강대국에 초점이 맞춰지다 보니, 굳이 관심을 가지지 않는 한 약소 국가의 역사에 대해서는 모르는 것이 당연하긴 합니다. 🐻

여러분은 혹시 아이슬란드가 언제부터 독립 국가였는지 아시는지요? 1944년에 덴마크로부터 완전 독립한 신

아이슬란드의 아름다운 자연 풍경과 오로라 (출처 _ pixabay.com)

생 국가입니다. 🐻 그런데 독립 연도가 좀 이상하죠? 1944년이면 전 세계가 제2차 세계대전의 소용돌이에 휩싸여 있던 시기인데 어떻게 독립을 한 걸까요? 아이슬란드의 해방은 한 편의 블랙코미디 같은 일들의 연속이었습니다. 🐻

영국, 아이슬란드를 노리다

우리는 흔히 제2차 세계대전을 이야기할 때 독일 - 이탈리아 - 일본 추축국(樞軸國, Axis Powers)은 악의 축, 미국 - 영국 - 프랑스 등 연합국은 선한 집단이라는 이분법적 관점으로 접근하는데, 어느 강대국이든 자신들의 이익을 위해서는 약소국의 처지 따위는 아랑곳하지 않는다는 건 다들 마찬가지였어요. 🐻

　제2차 세계대전이 1939년 9월 1일에 독일이 폴란드를 침공하면서 시작된 것은 다들 아실 텐데요. 소비에트연방과 미리 합의한 대로 동서 양쪽에서 밀고 들어가 사이 좋게 폴란드를 반씩 나눠 먹은 독일은 기세를 몰아, 1940년 4월에 덴마크와 노르웨이를 점령한 뒤, 네덜란드, 벨기에, 룩셈부르크의 항복을 받은 데 이어, 드디어 6월에 프랑스 파리를 점령하면서 유럽 대륙을 장악하게 됩니다. 🐻

　이를 지켜본 바다 건너 영국은 바짝 긴장합니다. 프랑스 해안에서 영국 해안이 보일 정도로 가까운 상황에서 다음 점령 타깃이 영국이라는 것이 명백해지자 독일이 어떤 경로로 영국을 침공할 것인지 여러 시나리오를 만들어 대비하게 됩니다. 그러면서 나온 대응책 중 하나가 독일이 프랑스로부터 바다 건너 진격하는 시나리오 외에도 노르웨이에서 아이슬란드를 지나 영국에 상륙할 수 있으니 영국이 아예 먼저 아이슬란드를 공격해 점령해야 한다는 선제 공격론이 채택됩니다.

이는 1885년에 영국이 러시아의 남하를 막겠다며 우리나라 거문도(巨文島)를 슬그머니 점령한 뒤 '해밀턴 섬(Port Hamilton)'이라고 마음대로 이름 붙이고 눌러앉으려 했던 심뽀를 유감없이 다시 발휘한 것이죠. 🗿

그런데 왜 영국이 아이슬란드가 요충지라고 생각했는지 이해가 잘 안 된다고요? 아이슬란드는 영국에서 한참 북쪽에 있기에 굳이 그 섬을 장악하는 것이 낭비 같아 보이지만, 독일이 먼저 아이슬란드를 점령하는 건 여러모로 영국에 치명적이었습니다. 일단 영국 북쪽 해안으로 상륙을 감행할 수 있고, 미국에서 건너오는 각종 선박들도 독일 해군에 의해 큰 피해를 입을 뿐 아니라, 자칫하면 독일이 아메리카 대륙까지 직접 공격할 수 있는 루트가 열리는 셈이기 때문이었습니다.

그래서 영국은 말만 잘하면 쉽게 먹을 수도 있겠다는 생각에 아이슬란드 자치정부에 정중히 협박을 합니다. 🐻

영국 : "헬로, 굿모닝?"

아이슬란드 : "왜 갑자기 친한 척 하시나아이슬란드?

영국 : "독일한테 점령당할까 겁나지? 이 형님이 지켜줄까 하는데…

오케이?"

아이슬란드 : "노 땡큐, 니들 속내를 모를 줄 알고? 썩 꺼지라레이캬

비크!

영국 : "뭐라고? 잡음이 심하다, 오버. 아, 땡큐라고? 오케이 지금 당

장 갈게런던~."

아이슬란드 : "아오, 저 더티한 해적 후예놈들!"

　당시 영국의 협박을 받은 아이슬란드 정부는 매우 난감한 상황
이었을 겁니다. 아이슬란드의 종주국인 덴마크는 아이슬란드의
자체 군대 양성을 불허하고 치안 유지를 위한 경찰만 보유하게 제
한해 왔기에 영국이든 독일이든 도저히 상대할 수 있는 상황이 아
니었거든요. 🐻

아이슬란드의 역사

그런데 왜 이때까지 아이슬란드는 덴마크의 자치령이었을까요?
　아이슬란드에 사람이 살기 시작한 건 채 2000년이 되지 않는다

고 합니다. 북위 64~66도에 이르는 고위도 지역이어서 빙하기에는 완전히 빙하로 뒤덮여 사람이 거주할 수 없었고, 여름 기온이 섭씨 10도에 불과할 정도로 농사를 짓기 어려운 환경이어서 지금도 인구가 겨우 36만 명밖에 안 되지요. 🐻

그래서 3세기경 소수의 로마인이 잠시 거쳐간 뒤, 아일랜드 수도 사들이 아이슬란드 및 북해 여러 섬에 이주했지만, 874년에 스칸디나비아에서 건너온 노르드(Nord)인들에게 밀려납니다. 이들 노르드족의 리더였던 잉골푸르 아르나르손(Ingolfur Arnarson)이 '얼음의 땅, 이슬란드(Island)'라고 부른 것이 지금까지 이어지고 있어요.

바이킹으로 더 많이 알려진 이들 북방 게르만족이 원래 살던 지역이 북유럽인지라 아이슬란드에서도 잘 적응하면서 불과 60년 만에 스칸디나비아 반도에서 2만 명이 건너왔다고 합니다. 🐻 그런데 흔히 이들 노르드족(바이킹)을 뿔 달린 투구를 쓰고 풍성한 수염을 자랑하면서 도끼 들고 약탈하러 다닌 무식한 야만족이라 여기지만 이 역시 가리지 날…! 놀랍게도 아이슬란드 거주 바이킹들이야말로 세계 최초로 의회 정치를 시작한 이들이에요. 🐻

아이슬란드 알팅크 의회장
(출처 _ 위키피디아)

민주주의는 고대 그리스 아테

네에서 처음 시작했지만, 정식 의회 정치는 930년부터 아이슬란드 각 부족민들이 38명의 지역 족장을 투표로 선출하고 이들이 매년 2주일간 모여서 국가 운영에 대해 회의를 진행한 데서 시작한 겁니다. 아이슬란드어로 '알팅크(Althingi)'라 불리는 이 의회 정치를 통해 회의 진도자 '팅(Ting)'을 선출하고 선출 족장들의 협의를 통해 평화롭게 살아간 이때를 역사학자들은 '아이슬란드 자유국 시대'라고 부른다네요. 🐻

이후 영국에서 옆나라 아이슬란드 의회 제도를 참고해 1295년부터 영국 의회가 시작되었지만, 세계사 분야의 주도권을 영국, 프랑스 등 서유럽 강대국이 쥐고 있다 보니 영국이 현대 의회 민주주의 제도를 만든 것으로 알고 있는 것이죠. 🐻

이처럼 바이킹이 아이슬란드에 정착할 무렵 스칸디나비아 반도의 바이킹들은 노르웨이, 스웨덴, 덴마크 등 여러 왕조 국가를 만드는데, 13세기에 아이슬란드에서 부족 간 내분이 벌어지자 당초 이들의 기원지였던 노르웨이와 연합 조약을 맺으면서 1262년에 노르웨이의 일부가 됩니다. 하지만 1397년에 칼마르 동맹(Kalmarunionen)이 결성되면서 덴마크 왕이 스웨덴, 노르웨이까지 다스리게 되자 아이슬란드의 의지와 상관없이 통째로 덴마크 영토가 되지요. 🐻

우리나라에서는 덴마크라고 하면 동화 작가 안데르센(Hans Christian Andersen)과 장난감 레고(LEGO)가 떠오르면서 평화를 사랑하는 목축 국가 이미지가 강하지만, 원래 덴마크는 바이킹 국가들의 왕초였던 성질 더러운(?) 나라였고, 지금도 그린란드 등 부속영토 정책에서는 강압적 통치를 유지하고 있어요. 🐻

스웨덴, 노르웨이, 덴마크 바이킹 후손 세 국가 중 상대적으로 농사짓기 좋은 남쪽 영토여서 칼마르 동맹 당시부터 가장 인구가 많았으며, 영국 역시 노르만 왕조 이전 앵글로색슨족이 지배하던 시기에는 덴마크의 영향력 아래 있었기에 영국 본섬 윗쪽 북해 섬들은 모조리 덴마크가 차지했고, 셰익스피어의 《햄릿》 역시 배경이 덴마크 왕실일 정도로 중세에는 나름 강대국이었어요.

지금 덴마크 지도를 보면 수도 코펜하겐은 유럽 본토 유틀란트 반도가 아닌 셸란(Shælland) 섬 동쪽에 자리해 영토 가장 동쪽에 위치하고 있지만, 과거에는 코펜하겐이 덴마크 영토의 중앙이었고 동쪽에도 영토가 있었어요. 그러다가 스웨덴에 패배해 지금의 스웨덴 남쪽 영토와 주변 섬을 빼앗기고, 독일에는 함부르크 북쪽 곡창지대인 홀슈타인(Holstein) 지방을 통째로 빼앗기면서, 영토의 절반 이상을 잃어 국민들이 낙심하게 되는데, 이때 안데르센이 가슴 따뜻한 동화를 써 이들의 마음을 위로해주었지요. 🐻

마찬가지로 베네치아는 오스만투르크에게 연이어 지중해 섬들을 빼앗긴 후, 화려한 카니발 축제를 열어 상심한 시민들의 마음을 위로해주었고, 오스트리아도 프로이센에게 패배한 후 국민들에게 유럽 최초의 놀이동산, 프라터(Prater) 공원을 만들어 준 바 있어요.

이야기가 샜습니다. 다시 1397년으로 돌아갑시다. 🐻

아이슬란드를 접수한 덴마크는 처음에는 "우리 다 원래 조상이 바이킹 아니냐!" 하면서 잘 대우해주었지만 슬슬 마각을 드러냅니다. 처음에는 자치권을 제한하더니 1602년에는 덴마크 이외 국가와의 독자적 무역을 금지시키고, 결국 1800년에는 알팅크 의회마저 폐지하고 억압하자 다수의 아이슬란드인들이 캐나다 등으로 이민을 떠났고, 그 섬에 남은 아이슬란드인들도 덴마크로부터 독립하자는 민족의식이 싹트게 되었다네요. 실제로 아이슬란드어는 오랜 시간이 흘러 덴마크어와 많이 다르다고 합니다.

이 같은 반감이 점차 커지자 덴마크는 결국 1843년에 아이슬란드 의회를 부활시키지만 그래도 반발이 이어지자 1874년에는 자치권을 허용하고 1904년에는 독자적인 무역도 승인합니다. 이후 제1차 세계대전이 끝난 1918년, 미국 윌슨 대통령의 '민족 자결주의 선언(Self-determination Theory)'에 자극받아 독립 운동이 일어나자 12월 1일, 덴마크 왕이 아이슬란드 왕을 겸직하는 아이슬란드 왕국으로 형식적으로 독립을 시켜줍니다. 하지만 여전히 독자적인 군대를 가지지 못하게 하는 등, 외교권과 국방권을 빼앗긴 보호국 신세일 뿐이었지요. 이런 미묘한 상황에서 제2차 세계대전이 터지고 나치 독일이 덴마크를 점령하면서 아이슬란드는 스스로 자신을 지켜야 하는 절박한 상황이었는데, 도와줘도 모자랄 영국마저 이 섬을 탐낸 겁니다. 🐻

실제로 영국은 1940년 4월 9일 덴마크가 독일에 점령된 지 불과 4일 뒤에 스코틀랜드와 아이슬란드 사이에 위치한 덴마크 영토 페로 제도(Faroe Islands)를 점령하고 곧장 아이슬란드 해역을 영국 군함으로 봉쇄했기에, 영국군 상륙은 시간 문제였던 것이죠. 아이슬란드 자치정부는 영국이나 독일 그 어느 쪽에도 협조하지 않겠다는 중립 선언을 하지만, 독일이건 영국이건 그깟 선언 따위는 신경 쓰지 않았습니다. 🐻

독일의 아이슬란드 상륙 계획, 이카루스 작전

당시 독일도 아이슬란드를 점령할 계획을 착실히 준비했습니다.

아이슬란드 점령을 위한 '이카루스(Ikarus) 작전'은 1940년 4월부터 준비했는데, 노르웨이 여객선 2척에 독일군을 싣고 민간 여객선으로 위장해 아이슬란드에 상륙한 뒤 점령한다는 계획이었다고 합니다. 명색이 상륙작전인데 여객선으로 간다는 것이 어처구니없어 보이지만, 독일 해군은 당시 상륙용 선박이 아예 없는 상황이었거든요. 🐻

게다가 가장 가까운 노르웨이 항구에서 출발해서 꼬박 3일을 가야 도착할 수 있는데 영국 해군이 워낙 강했기에 대놓고 독일 군함으로 갔다간 침몰당할 것이 뻔했으니 폼 안 나는 위장 전술로 영국 해군을 속일 생각이었다고 합니다. 하지만 아이슬란드를 점령한들 영국 해군에 의해 봉쇄되면 영국 점령은 불가능한, 어찌 보면 무모한 계획이었어요.

아마 이 작전 계획을 보고받던 히틀러(Adolf Hitler)는 입술을 지그시 깨물었을 겁니다. 전쟁 전 다수의 군 장성이 "육군 기갑부대만 강하지 해군과 공군에서는 영국군에 밀리니 5 ~ 6년쯤 더 준비해서 개전하자."고 말리던 내용이 사실임을 실감했으니까요. 지금도 해군과 공군이 인프라 구축과 전문가 육성, 선박 및 항공기 제작에 훨씬 많은 시간이 소요되기 때문에 평소 준비가 중요한데, 실무자 의견을 경청하지 않고 본인이 더 늙기 전 50세인 1939년에 전쟁을 시작해야 한다고 밀어붙인 리더십의 오판이었던 겁니다. 🐻

결국 독일의 위장 상륙작전은 무산되고 말지만, 이걸 실제로 실행했다가 망한 케이스가 바로 6.25전쟁 당시 북한군이었지요. 🐻 1950년 6월 25일 전쟁이 발발한 날, 화물선에 600여 명의 게릴라 부대원을 태워 부산항에 상륙해 후방을 교란하고 UN군의 지원을 차단할 생각이었던 북한은, 대한민국 최초의 군함, 백두산함에 발각되어 화물선이 침몰하니 우리나라 국군의 6.25전쟁 최초의 승리, '대한해협 전투'로 기록됩니다. 🐻 (이 전투 이야기는《알아두면 쓸데 있는 유쾌한 상식사전》제5권, '최초·최고 편'을 참고하세요. 🐻)

이처럼 무모한 아이슬란드 상륙을 포기한 독일은 프랑스 점령 후 영국 남부 해안으로 상륙해 영국 전역을 점령한다는 '씨라이언

(Der Seelöwen, 영어로 Sea Lion) 작전'을 개시하는데, 영국 공군을 전멸시켜 안전하게 상륙하겠다며 시작한 공중전에서 패배하고 맙니다. 결국 영국 상륙은 시작도 못한 상황에서 느닷없이 소련으로 공격 방향을 바꾸면서 영국이 한숨을 돌리게 되고, 미군이 대서양을 건너 유럽 전선에 안정적으로 투입되면서 전쟁의 양상이 바뀌게 되지요.

여담으로, 1945년에 독일이 베를린을 점령당한 후 소련군에 항복 서명을 하던 자리에서 소련군 장성이 물었다고 합니다.

소련군 : "독일이 패배한 결정적 전투가 뭐라고 생각하나타샤?"

독일군 : "영국 전투에서 이기지 못했기 때문이도이칠란트."

소련군 : "(당연히 소련군에 대패한 스탈린그라드 전투라고 답할 줄 알았기에 당황하며) 어째서 영국 전투라고 하냐로브스키?"

독일군 : "영국을 점령했다면 미군이 대서양을 건너올 수 없었을 거고, 우리는 전 병력을 동원해 소련에 승리했을 거니까나치."

영국, 아이슬란드를 점령하다

다시 시간을 돌려서…, 이처럼 독일이 바다를 건널까 말까 주저하던 순간, 이 정보를 알게 된 영국이 한발 먼저 1940년 5월 10일 아침에 아이슬란드를 점령하는 포크(Fork) 작전을 실시했는데, 그 실상은 민망한 코미디 같았습니다. 🐻

이날 영국 정찰기가 아이슬란드 해안 경비 상황을 알기 위해 접근하면서 상륙이 시작되었는데, 상대방이 모르게 높이 난 것이 아니라 해안 주택가 지붕 바로 위를 이리저리 휘젓고 다녀서 영국군이 침공한다는 걸 다 알게 만들어버립니다. 🐻

하지만, 겨우 60명의 경찰과 300명의 예비군밖에 없던 아이슬란드 자치정부는 무의미한 희생을 막기 위해 일절 대응하지 말고 지시하여 경고 사격조차 없이 지켜보기만 했는데, 그날 오후 4시경 드디어 영국군 함선들이 해안에 군인을 쏟아냅니다. 그런데 이날 동원된 영국 해군 및 해병대 숫자는 무려 2만 5천여 명이었으

니…, 군대도 없는 나라에 너무 많은 군인을 동원한 것 같지만 영국도 나름 이유가 있었습니다. 🐻

우리는 막연히 아이슬란드가 작은 섬일 것으로 생각하지만, 실제로는 대한민국 영토보다 약간 더 커요. 그러니 독일로부터 이 큰 섬을 방어하기 위해서는 그 정도 병력은 필요한 겁니다. 그 정도로 큰 섬인데 당시의 아이슬란드 거주민은 겨우 20만 명대 후반… 5천만 명이 넘는 우리나라에 비해 아주 아주 광활하네요. 🐻

레이캬비크 정부 청사 건물
(출처 _ wikimapia.org)

영국군으로서는 그래도 엄연히 군사작전인지라 어느 정도 희생을 각오하고 왔는데, 그날 상륙작전 도중 자살한 군인 1명 외에는 희생자도 없었고, 그 누구도 저항을 하지 않자 항구에 내린 후 인접한 레이캬비크(Reykjavik) 정부 청사까지 나란히 대열을 맞춰 행진하게 됩니다. 참으로 싱겁게 끝난 상륙작전이었던 것이죠. 🐻

이렇듯 소풍가듯이 정부 청사 앞까지 도착한 영국군 사령관은, 아이슬란드 자치정부 인사들에게 이렇게 첫 인사를 했다고 합니다. "Can you speak English?"

네…, 그렇습니다. 이들 영국 군인 중 그 누구도 아이슬란드 말을 할 줄 아는 사람이 없었던 겁니다. 🐻 예나 지금이나 영국인들의 외국어 학습 의지는 아주 안 좋아요. 쩝!

영국군의 이날 유일한 군사 행동은 아이슬란드 주재 독일 영사 체포 작전이었는데, 독일 영사관도 이날 아침 영국 정찰기가 날아오자 상륙이 임박했다는 것을 깨닫고 각종 기밀문서를 불태웠기에 건진 것은 없었다고 하네요. 🐻 이후 1년여 간 영국군이 아이슬란드를 점거하다가 독일의 영국 상륙작전 저지 및 북아프리카 이집트 등 식민지 영토 방어가 급해지자 1941년 6월 16일에 미군에게 아이슬란드 통치권을 넘겨줍니다. 상대적으로 인력 여유가 있던 미군은 4만 명을 이 섬에 주둔시키는 한편, 내친 김에 덴마크 영토인 그린란드까지 점령합니다. 🐻

아이슬란드, 드디어 독립하다

이후 미군이 원활한 지원을 위해 거대한 공항을 만드는 등 아이슬란드의 인프라를 개선해주자 이에 적극 협조하던 아이슬란드인들은 깨닫습니다.

미군이 만든 후 지금도 잘 쓰고 있는 레이캬비크 국제공항 (출처 _ 위키피디아)

영국의 부당한 경제적 착취와 내정 간섭에서 벗어나기 위해 독립한 미국처럼 아이슬란드도 이참에 간섭만 하는 덴마크로부터 완전 독립하는 것이 더 큰 이익이 될 것이며, 정황상 연합국 승리가 확실해지고 있으니 덴마크가 조만간 돌아올 터인데 지금이야말로 독립할 마지막 찬스라는 것을. 🐻

미국 역시 아이슬란드의 위치가 향후 전개될 소련과의 경쟁 시 대서양 진출을 막을 전략적 위치라는 점을 깨달아 지속적인 미군 주둔이 가능하다는 판단에 팔을 걷어붙이고 독립 준비를 거듭니다.

드디어 1944년 5월 25일, 국민투표를 실시하고 자치정부 섭정(攝政)이던 스베인 비외른손(Svein Björnson)이 초대 대통령으로 추대되어 6월 17일에 독립을 선언하자 미국과 영국이 가장 먼저 이를 승인했는데, 독일마저 곧바로 승인했다고 합니다. 🐻

덴마크를 점령한 상황이라 아이슬란드는 물론 그린란드와 페로 제도의 지배권까지 주장할 수 있는데도 독일이 왜 승인해주었을까요? 이는 거세게 저항하는 덴마크인들이 너무나 미웠던 히틀러가 "얄미운 덴마크 놈들, 엿이나 먹어라!"라며 바로 사인해주었기 때문이라고 하네요. 🐻

이처럼 아이슬란드의 독립은 제2차 세계대전 기간 국제 정세를 잘 읽고 이루어낸 크나 큰 성과였지요. 하지만 당시 덴마크인들은 "아니, 우리가 그동안 너네한테 얼마나 잘해줬는데 이 어려운 시기에 등에 칼을 꽂냐?"며 분노했다고 합니다. 늘 그래요…, 때린

이들은 맞은 이들의 입장을 모르죠. 🐻

하지만 아이슬란드의 독립으로 영토가 줄어드는 데 화가 난 덴마크의 분노로 인해, 아이슬란드를 본받아 독립을 시도하던 그린란드와 페로 제도의 노력은 되돌아온 깡패 덴마크에 의해 무산되고 맙니다. 🐻

응? 그런 슬픈 사연도 있었다고요? 네…, 알고 보면 불쌍한 소수민족은 유럽에도 많아요. 🐻

그린란드의 슬픈 역사

그린란드 (출처 _ 위키피디아)

슬픈 그린란드 이야기에 앞서 특징을 알아봅시다.

세계 지도를 보면 그린란드 표기 옆에 항상 덴마크령이라는 작은 글자가 써 있는데, 덴마크 본토보다 더 크고 한반도보다 9.8배 큰 이 섬은 세계 지리에서 아주 중요한 위치를 차지하고 있어요. 실제로 우리가 대륙이라 칭하는 유라시아-아프리카, 남북아메리카, 오스트레일리아 역시 바다에 둘러싸인 거대한 섬이긴 합니다. 특히나 오스트레일리아는 섬이라고 해도 될 것 같은데 대륙이라 칭하는 이유는,

유럽인들이 세계 지리를 정립할 때 그린란드보다 크면 대륙, 그린 란드 이하 크기의 육지는 섬으로 규정했기 때문에 그런 거예요. 왜 그린란드가 기준이 되었냐면, 이 섬이 유럽인들이 그때까지 알고 있던 가장 큰 섬이었기에 아메리카, 오스트레일리아, 남극 대륙 등 새 땅을 발견해 세계지도를 완성해 갈 때 "그린란드보다 크면 대 륙이라 하자."고 유럽 지리학자들의 의견이 일치했던 겁니다. 🐻

네? 아니라고요? 암만 봐도 그린란드가 오스트레일리아는 물 론 아프리카보다 더 크다고요?

그게…, 메르카토르 도법(Mercator projection)에 의한 착시 현상이 에요. 3차원인 지도를 2차원 평면으로 그리려다 보니 위도가 높아 질수록 점점 더 크게 그려지거든요. 그래서 실제로는 아프리카 대 륙 크기가 미국과 중국을 합친 것보다 크며, 아프리카 동쪽 마다가 스카르 섬도 노르웨이보다 더 길어요. 🐻 그러니 각 나라의 크기 는 3차원인 지구본을 보시는 것이 가장 정확해요. 🐻

자…, 그런데 왜 그린란드는 덴마크 영토일까요? 이 역시 그린 란드의 역사를 알면 이해가 됩니다.

4부에서 소개한 대로 982년에 붉은 머리 에리크가 그린란드를 발견한 이후 아이슬란드에서 그린란드로 옮겨온 노르드(바이킹)들 은 400여 년간 농사와 유목을 하며 살았지만, 다시금 지구 기후가 바뀌어 동토로 변하면서 결국 15세기에 완전히 철수하고 맙니다. 그후 16세기에 북아메리카에서 이누이트(Inuit)가 다시 건너와 그린란드에 정착했고, 1721년에 덴마크인 '한스 에게데(Hans Egede)'가 도착한 뒤 정착촌을 만드니 이후 그린란드는 지금까지 덴마크 영토로 남아 있지요. 하지만 세월이 흐르며 오랜 기간 단절된 상태로 살아 현대의 그린란드어는 덴마크어나 노르웨이어와 상당 부분 다르다고 해요. 이처럼 문화와 민족 정체성이 덴마크와 많이 달랐음에도 그린란드는 아이슬란드와 달리 자치정부도 없이 덴마크로부터 직접 통치를 받는 식민지 상태였어요. 🐻

그러던 차, 제2차 세계대전 당시 미군이 그린란드를 보호한다는 명목 하에 주둔하게 되고, 그린란드인들도 아이슬란드를 본받아 이때를 노려 독립을 추진하게 되나 생각보다 빨리 전쟁이 종료되었고, 그린란드에서 아직 군인들을 철수하지 않은 미국이 1억 달러에 그린란드를 팔라고 덴마크와 협상하는 돌발 상황이 발생합니다. 하지만 덴마크는 노발대발하지요. 🐻

이미 1867년과 1917년에도 미국이 그린란드를 사겠다고 제안해 거절했는데 독일에 점령당한 사이에 아이슬란드 독립을 승인해주더니만 또다시 그린란드까지 팔라고 하니 덴마크 입장에서는 분통이 터질 수밖에요. 가뜩이나 1930년대에는 노르웨이마저 "원래 이 섬에 첫발을 내디딘 이들이 노르웨이에 충성했다."라며 동북부 일부 땅은 노르웨이에 양보하라고 엄장을 지른 적이 있었거든요. 이웃나라끼리 사이가 안 좋은 건 어디나 똑같나 봐요. 🐻 단단히 뿔이 난 덴마크가 미국에게 "무슨 소리냐? 전쟁도 끝났으니 이젠 군인들을 내보내라."고 완강히 거절하면서 그린란드는 국민 투표조차 해보지도 못하고 독립이 물건너 가고 맙니다. 🐻

다시 그린란드를 통치하게 된 덴마크는 '원래 우리는 같은 민족'이라는 동화정책을 시행했어요. 그중 가장 대표적인 것이 그린란드 어린이들의 덴마크 가정 입양 정책이었는데, 이게 정말 문제가 많은 정책이었다네요. 이 제도를 처음 시작한 1951년에 그린란드 어린이 22명을 덴마크로 데려왔는데, 문제는 이 어린이들이 고아가 아니었던 겁니다. 🐻 엄연히 부모와 살고 있던 아이들임에도 덴마크 정부가 아이 부모에게는 "더 나은 환경에서 아이가 살게 해주겠다."고 설득하고, 아이에게는 "덴마크는 천국 같은 곳이라 슬퍼하지 않아도 된단다."며 꼬드겨 데려온 뒤 가족과의 연락을 차단하고 완벽한 덴마크 시민으로 세뇌시키려 한 겁니다. 오스트레일리아 정부가 원주민 마오리족(Māori)들에게 행한 이산가족 정책과 너무나도 유사한 만행을 저지른 거지요. 🗿

이후 덴마크 위탁 가정에 적응하지 못한 16명은 파양 당해 다시 그린란드로 보내졌지만 적응 실패 사실을 숨기기 위해 친부모에게 인계하지 않고 다른 지역 보육원으로 보내버립니다. 이에 상당수 어린이들은 결국 부모를 영영 만나지 못했다고 합니다. 🐻

이 같은 반인륜적 행위로 피해를 입은 어린이들은 이후 그 추악한 진실을 알게 되어 1998년부터 공식 사과를 요구했지만, 덴마크 정부는 책임이 없다는 입장을 고수하지요. 그러던 중 2015년, 영국

BBC 뉴스를 통해 이들 피해자들의 증언이 보도되면서 덴마크의 만행이 전 세계에 널리 알려지자 결국 70년 만인 2020년에 덴마크 총리의 공식 사과를 받을 수 있었습니다. 그러는 영국 너네도 만만 찮은데…, 어디서 인권 타령이니? 🐻

이처럼 헛발질을 하면서 그린란드인들의 정서가 호의적이지 않다는 것을 깨달은 덴마크는 결국 1979년에 자치권을 인정하고 지금은 외교, 국방 분야만 담당하는 형태가 되었습니다. 현재 그린란드 자치정부는 2009년부터 그린란드어만 공식 언어로 채택하고 과거 공용어로 쓰던 덴마크어는 외국어로 격하하는 등, 덴마크와의 결별을 계속 추진 중이라고 하네요.

그런데 2019년에 또다시 미국 트럼프(Donald Trump) 대통령이 덴마크에게 그린란드를 팔라고 제안합니다. 그런데 이번에는 덴마크는 물론 자치권을 얻은 그린란드도 펄펄 뛰며 극렬히 반대합니다. "아니 이 양키들이 정신이 있어, 없어? 언젠가는 독립할 우리 그린란드를 돈으로 사겠다니? 우리가 상품이냐!!!" 🐻

하지만 최근 그린란드에 첨단 전자제품에 반드시 필요한 희토류가 무려 6억 톤 이상 매장되어 있다는 사실이 알려지면서 다시금 세계의 주목을 받고 있다고 하는데…, 과연 덴마크가 순순히 물러날까요? 그린란드의 독립은 참 쉽지 않을 것 같아요. 🐻

유럽 내에서의 인종 차별 : 스위스의 이탈리아 차별

하지만 이 같은 덴마크의 그린란드인 차별은 그 나라만의 문제가 아니었어요. 지금도 암암리에 유색 인종에 대한 우월의식과 차별이 공공연한 백인 사회이지만, 유럽 내부에서도 잘사는 나라와 못사는 나라 간 차별 역시 대단하답니다.

우리에게는 깨끗한 이미지로 비춰지는 스위스 역시 인종 차별이 많은 나라예요. 심지어 같은 스위스라 하더라도 독일어, 프랑스어를 쓰는 칸톤(Canton, 지역구라는 의미) 주민들이 이탈리아어를 쓰는 남쪽 티치노(Ticino) 쪽 사람들을 대놓고 무시하는 경향이 있다고 하네요. 🐻

이 같은 이탈리아 푸대접은 지금도 유럽 내에서 만연한 상황이기는 합니다. 우리가 어릴 적 읽었던 《엄마 찾아 3만 리》에서 어려운 가정 형편 때문에 아르헨티나까지 가정부 일을 하러 떠난 엄마를 찾으러 간 아들 마르코 이야기를 본 적이 있을 텐데요. 이탈리아는 통일도 늦어져 고대 로마 제국의 영광은 고사하고 오랫동안 '유럽의 환자'라는 비아냥을 들으며 살아야 했습니다. 🐻

또한 2차대전에서 패전 국가가 되어 경제가 어려워진 이탈리아에서는 1950~1970년대에 약 60만 명 가까이 스위스로 건너가 단기 근로자로 일한 경우가 많았는데, 가족을 데려오는 것은 불법이었다고 하네요. 하지만 생이별을 할 수 없어 몰래 데려온 아이들은 불법 체류자 신세여서 학교도 갈 수 없었고 아파도 병원에 갈 수 없었다고 해요. 또한 불시에 이민국에서 단속을 나왔기에 벽장 속에 숨어서 자고 낮에는 깊은 숲 속에서 그들끼리 놀았다고 합니다. 정확한 통계는 없으나 1만 5천여 명이 이런 불우한 어린 시절을 보내야 했으니, 스위스의 어두운 뒷면이었지요. 🐻

하지만 다행히 지난 2021년 10월, 스위스 취리히에서 시민단체 '테소로(Tesoro) 협회'가 창립되어 방치되었던 이탈리아 근로자 아이들의 피해 보상과 스위스 정부의 사과를 촉구하고 있습니다. 지금은 G7 강국에 올라섰고, 과거 로마 시절에도 카이사르가 갈리아 정복 과정에서 스위스인의 조상인 헬베티족(Helvetii)을 격파한 이탈리아이지만, 이런 아픔을 지금도 겪고 있네요.

독립을 강탈당한 페로 제도

앞서 그린란드의 불우한 과거를 소개했지만 그래도 그린란드는 그나마 사정이 나은 편입니다. 영국과 아이슬란드 중간에 위치한 18개 작은 섬으로 이루어진 페로 제도(Faroe Islands)는 독립 국

페로 제도 위치 (© TUBS)
(출처 _ 위키피디아)

양이 많은 페로 제도 풍경
(출처 _ 위키피디아)

민투표까지 하고도 덴마크가 무시하고 있는 상황입니다. 🐻

825년경 바이킹이 처음 정착할 당시 양(sheep)이 많아 북방게르만어로 '양의 섬'이라고 부른 페로 제도는 거친 황무지와 절벽으로 이루어진 자그마한 섬들인데, 지금도 인구 5만 명에 양이 7만 마리가 살고 있다고 하네요. 🐻

이 섬은 1035년부터 노르웨이 영토였으나 1397년 칼마르 동맹 이후 덴마크로 소속이 넘어갔지만, 독자적인 페로어가 존재하는 등 자신들의 문화와 정체성을 유지해 왔다고 하네요. 하지만 앞서 그린란드 사례처럼 근세 들어 덴마크가 이들의 정체성을 무너뜨리기 위해 1938년이 될 때까지 학교에서 덴마크어만 가르치도록 하는 등 페로어 사용을 금지하다가, 거센 반발에 페로어 교육을 인정하는 등의 유화책으로 돌아서는 시기에 제2차 세계대전이 터진 거죠. 🐻

때문에 영국이 1940년 4월 25일에 발렌타인 작전(Operation Valentine)으로 페로 제도를 점령할 당시 이들은 아무런 저항을 하지 않았고, 영국군은 그날 페로 자치정부의 요청에 따라 선박에 페로 제도 자체 국기를 달도록 허락해줍니다. 이로써 페로 사람들은 영국이 독립을 승인해준 것으로 여겨 오히려 잔치 분위기가 되었고, 지금도 4월 25일을 '깃발의 날(Flag Day)'이라고 자축한다네요. 하지만 당시 영국은 자체 깃발을 달게 해준 것이 현지 주민들에게 어떤 의미로 다가갈지 전혀 이해하지 못했다고 하지요. 🐻

어쨌거나 영국은 이 섬이 영국과 가장 가까운 전략적 요충지라고 판단해 미군에 인계하지 않고 계속 주둔하다가 1945년 9월에야 철수하게 됩니다. 당시 이 섬에서 독일군을 기다리다 지친 주둔군은 현지 여성들과 데이트를 즐겼고, 이 기간 중 170여 명의 영국군이 페로 여성과 결혼했다고 하니 군기가 빠져도 보통 빠진 게 아니었네요. 🐻

또한 영국군 점령 기간 중 원활한 군수품 공급을 위해 가장 서쪽에 위치한 보괴르(Vagar) 섬에 만든 공항을 지금까지 페로 제도 유일의 국제 공항으로 잘 사용하고 있다고 하네요. 이건 영국이 잘한 일인 것 같군요. 🐻

당시 페로 제도 사람들도 아이슬란드 독립과 그린란드의 독립 움직임을 지켜봤기에 이들 역시 1946년 9월 14일에 독립 여부를 묻는 국민투표를 시행해 독립 찬성이 반대보다 1.5퍼센트 많았는데, 덴마크 정부는 무효표가 4.1퍼센트이니 이 결과는 무효라고 주장하고 페로 자치의회를 해산해버립니다. 🐻

이후 1948년에 자치령이 되었고, 현재 공식 언어는 페로어이고 학교에서는 덴마크어를 제2언어로 교육시킨다고 하며, 독자적인 국가대표 축구팀도 운영하고 있어요.

비록 덴마크가 독립 국민투표를 무효화시키는 등 두 눈을 부릅
뜨고 간섭하지만, 여전히 독립을 지지하는 정당이 자치의회 절반
을 차지할 정도로 독립 의지가 강하고 독자 헌법을 만들려는 시도
도 했어요. 그렇지만 덴마크는 이런 시도에 경고 메시지를 날리는
등 여전히 독립을 방해하고 있다고 하네요. 🗿

어떠신가요? 복지국가이자 부정부패가 없는 정치를 한다고 호
평받는 덴마크나 스위스 같은 나라 역시, 한편으로는 누군가에게
갑질하고 있는 현실을 보니 씁쓸하죠? 🐻

영국이 일방적으로 패한 '대구 전쟁'

그런데, 본의 아니게 아이슬란드의 독립에 기여한 영국은 지금도
아이슬란드와 매우 사이가 나쁩니다. 🐻

1958년, 1972년, 1976년 무
려 세 차례나 해군 간 전투가 벌
어졌으니, 소위 '대구 전쟁(Cod
Wars)'이라고 하는데 우리나라
대구광역시와는 전혀 상관없어
요. 🐻

제3차 대구 전쟁 당시 함포전 사진
(© Issac Newton) (출처 _ 위키피디아)

영국인이 즐겨 먹는 피시앤

칩스(Fish and Chips)에 들어가는 물고기, 대구(大口, cod)는 주로 북해에서 잡히는데, 영국 어선들이 아이슬란드 영해에 무단으로 들어가 남획하는 경우가 빈번했다고 합니다.

그러다 1958년, 아이슬란드 해안 경비정이 불법 조업 중인 영국 어선을 향해 발포하자 발끈한 영국이 국제사법재판소까지 이 이슈를 가져가는데, 누가 봐도 영국이 잘못한 것이어서 오히려 아이슬란드가 12해리 영해를 보장받았다고 하네요. 🐻

이후 1971년에 아이슬란드 정권이 진보당으로 바뀌면서 새 정부가 영해를 50해리로 일방적으로 늘립니다. 하지만 영국은 이를 무시하면서 아예 영국 함선의 호위를 받으며 어선들이 새 영해를 넘어와 조업을 하기 시작합니다. 결국 1972년에 아이슬란드 해군 함정이 어선에 다시 포격을 하고, 호위하던 영국 해군 함정도 발포해 상호 포격전이 벌어지니 이를 제2차 대구 전쟁이라고 합니다. 당시 양국간 전면 전쟁 일보 직전까지 갔는데, 전력에서 크게 불리한 아이슬란드가 "영국이 한 번만 더 도발하면 단교하고 나토(NATO, 북대서양조약기구)를 탈퇴하겠다."고 폭탄 선언을 합니다.

안 그래도 냉전 한복판이던 시절, 소련의 해양 진출을 한사코 막아야 할 미국과 NATO가 화들짝 놀라 영국을 물러서게 하면서 겨우 중단되었다네요. 🐻

하지만 70년대 오일쇼크가 터지면서 아이슬란드 경제가 폭망하고 맙니다. 이제 남은 것이라고는 어업뿐인 아이슬란드는 1975

년에 아예 영해를 200해리로 대폭 확장하겠다고 선언합니다. 그러면서 한 번 더 영해를 침범하면 영국을 공격하겠다고 큰소리칩니다. 당시 노동당이 집권하던 영국 정부로서는 노동당 지지층인 영국 어부들의 이해관계로 인해 이번에야말로 버르장머리를 고쳐주겠다고 나서 결국 1976년 2월에 두 나라 해군 간 포격전이 다시 벌어집니다. 그러자 아이슬란드는 영국과의 외교 관계 단절 선언과 함께 "소련 호위함을 사겠다, NATO 대신 바르샤바 조약(Warsaw Treaty Organization)에 가입할 테니 말리지 말라."고 대놓고 미국을 압박하지요. 🐻

처음에는 미국과 유럽 국가들이 그저 홧김에 한 소리인 줄 알았는데 아이슬란드 정부가 진짜로 소련에게 "무기를 지원해주면 항구를 빌려주겠다."고까지 제안한 사실이 알려집니다. 🐻 결국 미국과 NATO 연합국들은 영국을 향해 "거, 대구가 뭐 그리 중요하다고 자꾸 분란을 일으키냐?"며 크게 나무랐다고 합니다. 🐻 결국 영국이 지그시 입술을 깨물고 아이슬란드가 주장한 영해 200해리를 인정하면서 물러서니 약소국 아이슬란드의 외교전 승리였고, 이로 인해 현재 각국의 영해는 200해리로 크게 늘어나게 되었다고 합니다. 🐻

그 결과 영국의 대구 조업은 크게 위축되었고 수많은 피시앤칩스 가게가 파산했다고 영국은 주장하지만, 이미 영국 어선들의 남획으로 북해 대구의 씨가 말라 아이슬란드 역시 큰 손해를 봤다고 합니다.

그후 대구 조업이 위축되면서 타격을 입었던 영국 어민들에게 구세주가 등장했으니…, 그건 바로 자랑스러운 대한민국이었지요. 🐻 응? 그게 무슨 소리냐고요?

그물에 걸려 올라오면 곧바로 다시 바다로 던져버리던 골뱅이를 우리나라에서 대량으로 사들이기 시작하면서, 대구 대신 골뱅이를 주업으로 삼는 영국 어민들이 늘어나고 있다고 하네요. 제발 영국인들이 쭈욱~ 골뱅이 맛을 알지 못하길 기원해야겠네요. 🐻

이처럼 평화로워 보이는 유럽 각국 간에도 어마무시한 신경전과 갈등이 여전히 존재하고 있습니다. 중국 어선의 불법 조업으로 고통받는 우리나라도 이 사례를 참고해 외교적으로 잘 대응했으면 좋겠네요. 🐻

02
프랑스와 알제리의 기나긴 악연

1998년 월드컵에서 프랑스가 처음으로 우승컵을 품에 안게 됩니다. 나름 축구 강국이라 자부했으나 독일, 이탈리아 등 주변 국가들이 여러 차례 우승하는 동안 그저 부러운 눈으로 바라보던 프랑스는 지네딘 지단(Zinédine Yazid Zidane) 등을 앞세운 '아트 사커(Art Soccer)'로 첫 우승컵을 들어올렸죠. 🐻

그런데 4년 뒤 2002년 한·일 월드컵에서는 유력한 우승 후보였지만 개막전에서 세네갈에 패배하더니 결국 1무 2패, 조 4위로 예선 탈락하면서, 지난 대회 우승팀이 다음 대회에서는 폭망한다는 아름다운 전통이 시작됩니다. 2018년 월드컵에서 2014년 우승팀 독일이 대한민국 축구팀에 패배해 조 4위로 탈락한 전통이 바로 프랑스 축구팀으로부터 시작된 것이죠. 🐻

당시 프랑스 축구팀이 개막전을 앞두고 우리나라와 가진 마지막 평가전에서 지네딘 지단이 부상을 당해 1, 2차전을 뛰지 못한 것이 치명적이긴 했지요. 당시 프랑스 팀의 아트 사커는 막강한 미드필더의 압박을 바탕으로 공을 앞으로 패스하면 중원의 지배자, 지네딘 지단의 창조적 원맨쇼를 통해 다양한 공격 루트로 아름다운 득점을 선보이는 전략이었기에, 지단이 빠진 프랑스 팀은 단 한 골도 넣지 못하는 참담한 결과를 낳았습니다. 또한 개막전 상대였던 세네갈 선수 대부분이 프랑스 리그에 소속되어 있었고, 세네갈 감독 역시 프랑스인이었기에 프랑스 팀의 약점을 너무 잘 알고 전략적으로 파고든 것이 주효했습니다. 🐻

이처럼 프랑스 팀의 기둥이던 지네딘 지단은, 1998년 월드컵 우승의 주역이자 2002년 월드컵 직전에 열린 2001~2002 챔피언스리그 결승전에서 결승골을 넣어 소속팀 레알 마드리드를 우승시키는 등, 지금의 리오넬 메시(Lionel Andrés Messi)와 맞먹는 엄청난 실력과 인기로 주목받은 레전드였지만, 사실 그는 프랑스인이 아니라 알제리에서 건너온 이민

프랑스 축구대표팀 주장 시절의
지네딘 지단 (출처 _ 구글이미지)

2세대예요. 🐻

아랍 전통에 따라 지은 지단의 정식 이름은 지네딘 야지드 지단인데, 지네딘은 아랍어로 '아름다운 믿음'이라는 의미라네요. 그는 프랑스로 건너온 알제리인 부모 사이에서 태어나 프랑스와 알제리 이중 국적을 갖고 있었기에 알제리에서는 그가 알제리 국가대표로 뛰길 희망했는데 그는 프랑스 국가대표를 선택합니다. 😈

이는 프랑스에서 나고 자라 이미 정신적으로 프랑스인이기도 했지만, 그의 아버지가 썩 좋지 않은 이유로 알제리를 떠났기 때문이기도 했지요. 🐻

프랑스와 알제리의 악연

제국주의 시절, 아프리카와 동남아시아에서 영국과 프랑스의 식민지 쟁탈전은 치열했는데, 당시 프랑스는 아프리카를 동서로 가로질러 식민지 벨트를 만들었고, 그중 알제리는 '제2의 프랑스'로 만들고자 가장 정성을 들인 식민지였습니다.

북아프리카 중간에 위치하고 프랑스 남부 해안을 마주보는 알제리는, 아프리카에서 가장 넓고 세계에서 10번째로 큰 나라입니다. 🐻

알제리의 역사를 보면, 처음에는 누미디아(Numidia) 왕국이었다가 로마 제국에 굴복하여 속주가 되었고, 서로마 제국이 멸망한 뒤

반달(Vandal) 왕국에 이어 동로마 제국이 다시 탈환하지만 오래가지 못하고, 7세기 말부터 이슬람 여러 왕조의 지배를 받게 되나 거의 자치권을 가진 이슬람 해적의 본거지로 천여 년 이상 유명세를 떨칩니다. 🐻 하지만 마지막 이슬람 지배

알제리 위치 (© M.Bitton)
(출처 _ 위키피디아)

자였던 오스만투르크가 쇠퇴하고 유럽이 군사 강국으로 변하면서, 결국 1830년부터 해적 토벌을 목표로 삼은 프랑스 해군의 공격을 받게 됩니다. 당시 프랑스인들보다 문맹률이 낮을 정도로 평균 학식이 높았던 알제리인들의 저항은 100여 년간 이어져, 1936년이 되어서야 현재의 알제리 내륙 국경선까지 프랑스가 지배할 수 있었다고 하네요. 🐻

이처럼 거센 저항을 받기는 했지만 알제리 해안가의 기후가 프랑스 남부 해안만큼 쾌적했기에 프랑스는 알제리를 영구 지배해 제2의 프랑스로 만들기로 결정해 프랑스 본토로 취급하고, 식민지 중 유일하게 동일한 행정구역을 설치하고 강력한 프랑스화 정책을 추진합니다. 실제로 마르세유(Marseille)에서 파리까지의 거리와 알제리 수도 알제(Alger)까지의 거리가 비슷할 정도로 가깝긴 합니다.

프랑스인뿐 아니라 다른 유럽인들도 쾌적한 북부 해안가로 몰

려들면서 알제리 전체 인구 1000만 명 중 100만 명이 유럽인이었다고 하며, 소설 《이방인(L'Étranger)》으로 유명한 프랑스 소설가 알베르 카뮈(Albert Camus, 1913~1960) 역시 알제리로 이주한 프랑스 부모에게서 태어난 프랑스인이었습니다. 🐻

게다가 알제리에 살던 유대인들과 일부 매국노들이 프랑스 편에 붙어 현지인들의 착취를 돕게 됩니다. 🐻 그래서 좋은 부지와 농경지는 유럽인과 부역자들 차지가 되고, 현지인들은 해안 도시로의 이주를 거부당하고 내륙 사막으로 쫓겨나 알제리인 중 90퍼센트는 학교 교육도 못 받게 됩니다. 그러던 중 제2차 세계대전이 터져 프랑스가 독일에 항복하자 드골(Charles de Gaulle)의 망명 정부, 자유프랑스는 독립을 약속하며 식민지인들에게 참전을 호소했고, 이를 믿은 알제리인들이 자유프랑스 군대에 자원 입대해 독일군과의 전투에서 큰 성과를 올리지요. 벗뜨 그러나…, 프랑스가 해방되고 나치 독일의 패망이 확실해지는 상황이 되었는데도 프랑스는 오리발을 내밀며 독립 약속을 미루었죠. 🐻

1945년 5월 8일, 독일이 패망했다는 뉴스를 들은 알제리인 5천여 명이 세티프(Sétif)에서 독립 약속을 지키라며 평화 시위를 벌였는데,

영화 '알제리의 전투' 속 세티프 지방 학살 장면 (출처 _ www.koreatimes.com)

프랑스 군대는 무차별 발포로 수많은 이들을 학살합니다. 이 소식을 들은 다른 지역에서 프랑스인과 부역자들에 대한 보복 살인이 일어나자 프랑스군은 항공 폭격과 함포 사격까지 하고 어린이부터 노인들까지 무차별적으로 죽입니다. 다들 독일 패망 소식에 기뻐하던 그날 알제리에서는 학살극이 벌어진 것이죠. 🐻

이후 한 달여 간 계속된 진압으로 독립 시위는 중단되지만, 프랑스는 이 학살 사건에 대해 처음에는 1500명 정도라고 우겼죠. 하지만 생존자의 증언, 사체 증거로 인해 현재 프랑스는 1만 5천 명 ~2만 명 정도로 희생자 수를 늘려 집계하고 있는데, 알제리는 희생자가 4만 5천 명에 이른다고 주장하고 있는 상황입니다. 🐻

이처럼 독립 약속을 없던 일로 하고 무차별 탄압을 자행한 프랑스의 위세에 눌린 알제리인들은 배신감과 울분을 삭히다가 같은 처지였던 베트남이 1954년에 디엔비엔푸(Dien Bien Phu) 전투에서 대승을 거두어 프랑스가 물러났다는 소식을 듣자, 결국 1954년부터 국민해방전선을 중심으로 8년간의 격렬한 알제리 독립 전쟁을 전개합니다. 이들 독립군 중 다수가 제2차 세계대전과 베트남 전쟁에서 프랑스군 소속으로 싸웠던 역전의 용사들이었으니, 67만 프랑스 파병군에 맞서 게릴라전으로 응수합니다.

실제로 독립 후 초대, 제2대 대통령 모두 프랑스군 소속으로 제2차 세계대전 당시 독일군과 싸웠던 베테랑들이었지요. 🐱

그러던 중 1955년에 보복 학살전이 전개되니, 당초 알제리 독립군이 프랑스 민간인 100명을 죽이자, 프랑스군은 10배인 1000명의 무고한 알제리 민간인을 죽이고, 다시 알제리군이 프랑스인을 1000여 명 죽이는 상황으로 치닫게 됩니다. 또 1956년에 먼저 독립에 성공한 옆 나라 튀니지가 알제리 독립군을 지원하자, 프랑스군은 튀니지까지 폭격을 가합니다. 🐻

너무한 것 아니냐고요? 프랑스는 과거 우리나라에도 잔혹한 행패를 벌인 적이 있습니다. 🐻

포교를 위해 조선에 잠입한 프랑스 신부 12명 중 9명이 참수당한 것을 빌미로 1866년에 병인양요(丙寅洋擾)를 일으켜 강화도를 점령한 프랑스군은 "프랑스인 1명은 조선인 1000명과 맞먹는다."며 강화도 주민 9천 명을 죽이겠다고 협박하다가 정족산성(鼎足山城)에서 패배하며 물러난 바 있습니다. 당시 양헌수(梁憲洙) 장군과 조선군, 호랑이 사냥꾼들의 맹렬한 반격이 없었다면, 강화도민들이 프랑스군에 희생되었을 겁니다. 게다가 당시 훔쳐간 수많은 우리 보물을 양국간 경제 협력을 체결할 때마다 영구 임대 형태로 찔끔찔끔 돌려주는 치졸함을 보여주고 있지요. 👹

다시 알제리 독립 전쟁으로 돌아옵시다.

프랑스의 보복 학살 당시 부녀자와 노인까지 체포해 고문한 사실이 폭로되면서 국제적 비난을 받게 되고, 양심의 가책을 받은 일부 프랑스 군인들은 "우리는 나치독일이 아니다."라며 독립군에 투항하기까지 합니다. 게다가 소련 등 공산주의 국가들마저 참전할 기미를 보이자 결국 미국이 프랑스에게 알제리 독립을 승인하라고 압박하지요. 그런 우여곡절 끝에 프랑스에 제5공화국 드골 정부가 수립되자 드디어 알제리 독립 세력과 협상하여 1962년에 독립이 이뤄지지만, 1천만 명 인구 중 무려 150만 명의 희생자를 낳은 뒤에야 얻은 결실이었으니, 그 피해는 실로 막심했습니다. 🐻

당시 프랑스인을 포함한 유럽인들과 부역하던 알제리인, 유대인들도 전쟁 중 9만여 명이 희생되었기에 독립 후 보복 학살을 피해 대거 프랑스로 도망갔는데, 지단의 아버지가 프랑스군 소속 알제리 보조병, 아르키(Harki)였기에 이때 프랑스로 건너가게 된 겁니다. 하지만 이들 알제리 부역자 피난민 다수는 경제적 기반 없이 맨몸으로 건너간 상황이라 프랑스 사회의 차별을 받으며 하층민으로 살아가는 상황이라고 하네요. 🐻

그러다 보니 최근까지도 알제리 이민자들에 대한 프랑스 경찰의 가혹한 차별과 이에 대한 폭동이 심심치 않게 발생하고 있습니다. 특히 '1961년 파리 학살 사건'은 프랑스의 어두운 면을 잘 보여준 사례입니다. 🐻

당시 독립 전쟁 상황이라 일부 독립군이 프랑스에 잠입해 파리 경찰 11명을 죽이고 17명에게 부상을 입히자, 프랑스 경찰은 알제리인과 무슬림에 한해 통행 금지를 명령합니다. 이에 프랑스 거주 알제리인들이 파리 시내에 몰려나와 평화적인 항의 사위를 하는데, 경찰들이 이들에게 무차별 발포를 하여 300여 명이 죽는 참상

1961년 파리 학살 사건 항의 플래카드
"알제리 사람들이 여기에서 익사했다"
(출처 _ 구글이미지)

이 벌어집니다. 특히 이 과정에서 엄마 손을 잡고 나온 아이와 유모차의 아기들을 무참히 센 강에 던져 죽였고, 일부 시위대는 손발이 묶인 채 익사체로 떠올랐지요. 하지만 당시 엄격한 언론 통제와 유럽 각국의 외면으로 이 같은 참상은 널리 알려지지 않았습니다. 🥋

가장 최근에는 2023년 6월 27일, 알제리계 소년이 경찰이 쏜 총에 맞아 사망하자 한 달여에 걸쳐 프랑스 전체에서 항의 시위가 이어지면서 방화와 약탈이 벌어지기도 했습니다. 🐨

우리나라 언론이 주로 미국 매스컴 보도에 주목하다 보니 미국의 유색 인종 차별은 자주 접하지만, 유럽 등 타 지역의 인종 차별 실상에 대해서는 잘 알지 못하는 경우가 허다하죠.

영연방과 대비되는 프랑스의 식민지 외교

한편, 독립 이후 알제리는 어떤 상황일까요?

현재까지 알제리는 정치적으로는 쿠데타와 군벌 내전이 이어지고 경제적으로는 프랑스에 예속되는 등, 혼란한 상황이 계속되고 있습니다. 이는 프랑스 지배를 받은 모든 식민지의 공통된 현상인데, 프랑스가 독립을 승인하는 대가로 악질적인 경제 협력 협약을 맺은 것이 근본 원인입니다. 👾

알제리 독립 전쟁으로 시작된 식민지들의 극심한 반발에 결국 프랑스는 아프리카 16개국의 독립을 승인했지만, 식민지들에서 쓰던 기존 통화인 'CFA 프랑'의 의무 사용, 외환 보유고의 강제 예치, 천연자원의 프랑스 독점권 인정 및 유사 시 프랑스군 주둔 허용 등, 불평등 조약을 강요한 것이죠. 🐱

특히 외환 보유고의 강제 예치는 매우 심각한 문제인데, 외화 중 65퍼센트를 강제로 프랑스 재무부에 예치해야 하고 여기에 금융 부채 명목으로 20퍼센트를 더 예치하도록 한 상황입니다. 그러니 각 나라마다 보유 외화의 15퍼센트만 사용할 수 있고 갑자기 외화가 필요할 경우 프랑스에 외화를 빌려야 하는데 심지어 이자까지 내야 한다고 하네요. 정말이지 프랑스는 손 안 대고 코 푸는 셈입니다. 👾

프랑스의 이 같은 경제 예속은 이미 서인도 제도 아이티(Haiti) 독립 당시부터 톡톡히 재미를 보고 있었습니다. 가혹한 식민 지배에 반발한 아이티인들이 1801년에 독립 전쟁을 일으켜 결국 1804년에 흑인 주도로 최초의 독립을 쟁취합니다. 이로 인해 타격을 입은 나폴레옹 황제는 아예 아메리카 대륙 식민지 경영을 포기하기에 이르니, 루이지애나를 비롯한 미국 중서부 지역 전체를 미국 정부에 팔아버리고 말지요. 그후 뒤늦게 후회를 한 프랑스는 1825년에 함대를 파견해 "아이티 독립으로 프랑스가 손해봤으니 그 대가로 보상금을 내놓지 않으면 다시 정복하겠다."고 협박합니다. 너무나도 어이없는 요구였지만 당시에는 일단 전쟁을 피하는 것이 급선무라 도장을 찍은 아이티 정부가 그후 제때 돈을 갚지 못해 매년 이자가 붙어나는 바람에 100년도 더 지난 1947년이 되어서야 다 갚고 진정한 독립을 이루었으니, 현재 아이티가 세계에서 가장 가난한 나라 중 하나가 된 결정적 이유가 바로 프랑스의 불평등 조약에 따른 빚 청산 때문이었지요. 🐻

또한 1918년 제1차 세계대전 승전 후 프랑스의 강력한 주장으로 승전국들이 독일에 가혹한 보상금을 책정했던 것이 결국 독일 경제의 몰락을 가져와 히틀러의 나치당이 정권을 잡고 다시 제2차 세계대전을 일으키는 원인을 제공한 셈이니, 프랑스의 이 같은 경제 보복 정책은 비판받아 마땅합니다. ♟

영국 역시 식민지에 대한 가혹한 지배에 대해 진심으로 참회하고 반성해야 할 텐데, 제2차 세계대전 이후 과거 식민지들과 상호 이익이 되는 방향으로 공식 네트워크, 영연방(英聯邦, Commonwealth of Nations)을 결성한 것은 모범적인 공동체 사례라 하겠습니다. 캐나다, 호주, 뉴질랜드를 비롯해 전 세계 다수의 옛 식민지 국가들을 경제적, 문화적으로 원조해주며 잘 지내고 있고, 독일 지배를

받은 나미비아, 포르투갈
지배를 받은 모잠비크는
물론 프랑스 식민지였던
가봉까지 53개국, 인구
수로는 25억 명이나 가
입할 정도로 인기가 좋
은 상황입니다.

지도로 본 영연방 가입 국가들
(© France-Pt9301) (출처 _ 위키피디아)

　다만 수백 년간 혹독한 시련을 겪은 아일랜드는 가입을 안 했고,
과거 식민지였기에 원하기만 하면 자동 가입 가능한 미국은 아예
눈길도 안 주고 있으며, 앞서 살펴본 아이슬란드처럼 지금도 유럽
내 이웃 국가들과는 관계가 아
주 안 좋아요. 🐻

　또한　영연방　체육대회
(Commonwealth Games)도 4년마
다 성대히 개최하고 있는데, 영
연방 국가에서 인기 있는 스포
츠 위주로 열리는 이 국제대회는
월드컵과 같은 연도에 열리죠.

2026년 영연방 체육대회 포스터
(출처 _ 구글이미지)

　이에 질세라 프랑스도 영연방과 유사하게 1970년에 프랑스어
권 국가들의 국제기구인 '프랑코포니(Francophonie)'를 결성하지만,
알제리를 포함한 일부 과거 식민지 국가들은 이를 갈면서 이 기구

에 가입하지 않고 있으며, 심지어 알제리도 가봉처럼 영연방 가입을 타진하고 있다고 합니다. 🐻

우리는 세계사 수업 시간에 프랑스 대혁명을 배우면서 자유, 평등, 박애를 앞세운 '톨레랑스(tolérance, 관용)'의 나라라고 알고 있지만, 이는 허울 좋은 표어일 뿐 국가의 이익을 위해 타 국가에게 매정하기 이를 데 없는 제국주의 국가로서의 어두운 진실은 간과되고 있습니다.

지단에게 시비 건 정치인의 최후

이처럼 프랑스와 알제리의 악연이 현재도 이어지다 보니 알제리 입장에서는 알제리인임에도 독립군과 맞서 싸우다가 프랑스로 도망간 부역자 자손인 지단을 적극적으로 환영하기 어려울 것이고, 지단 역시 불행한 가족사로 인해 알제리인이라는 정체성을 갖기 어려운 것이지요. 🐻

하지만 지단의 프랑스와의 악연도 현재 진행형입니다.

1998년 프랑스 월드컵 당시 인종 순혈주의 및 반이민 정책 등을 밀어붙이던 극우 정치인 장 마리 르펜(Jean-Marie Le Pen)은 "지네딘 지단은 알제리 핏줄인데 왜 프랑스 국가대표가 되었냐?"며 시비를 겁니다. 당시에는 그저 막말 논란으로 끝나고 말았지만, 2002년 대선 때는 장 마리 르펜이 1차 투표 2위로 결선 투표까

극우 정치가, 장 마리 르펜 (© AFP) (출처 _ telegraph.co.uk)

지 올라가게 됩니다. 🐻 당시 르펜은 또 다시 백인 순혈주의를 부르짖으며 "르펜이냐, 지단이냐, 선택하라!"를 캐치 프레이즈로 내세우자, 지네딘 지단은 "르펜이 대통령이 되면 본인은 국가대표를 그만두겠다."고 선언합니다. 결국 르펜은 겨우 17.7퍼센트의 지지

를 받아 낙선하고 맙니다. 🐻

네. 그렇습니다. 상대를 잘못 고른 것이었지요. 프랑스인들은 그들의 축구 영웅 손을 들어준 겁니다. 🐮

이 양반은 2010년 일본을 방문했을 때도 야스쿠니 신사(靖國神社)에 참배하고 제2차 세계대전 때 독일의 프랑스 점령이 그리 나쁘지 않았다고 망언하는 등, 그후로도 영~ 상태가 좋지 않습니다.

그러고 보면, 지단은 화려한 인생을 산 것 같지만 프랑스에 부역한 아버지로 인해 프랑스 땅에서 태어나 프랑스를 위해 국가대표로 뛰었는데, 이런 치졸한 정치인들의 타깃이 되는 것을 보면 행복하기만 한 인생은 아니네요. 🐻

이제는 장 마리 르펜의 딸, 마린 르펜(Marine Le Pen)이 아버지의 뒤를 이어 극우 정치가로 활동 중이라는데, 아버지와 달리 유명 스타에게 시비 거는 그런 실수는 하지 않겠지요? 🐻

선진 사회로 보이는 유럽 내에서 지금도 일어나는 일이지만, 우리에게는 잘 알려지지 않은 갑질 사례를 끝으로 '사라진 세계사 편'을 마치려 합니다. 🐻

제가 왜 《알아두면 쓸데 있는 유쾌한 상식사전》 제8권의 주제를 '사라진 세계사'로 정했을까요?

인류의 역사를 돌이켜보면, 먼 옛날부터 인종 간, 종교 간 경제적 갈등이 누적되다가 사소한 오해가 불을 당겨 대형 사태로 발산하는 경우가 늘 존재해 왔습니다. 종교 전쟁, 백인들의 유색 인종 탄압에 이어, 유대인 대학살 등, 특정 인종, 민족, 소수자에 대한 학살이 이어져 왔기에 이 같은 슬픈 역사를 반성하며, 21세기에는 밝고 희망찬 미래가 열리길 바랐습니다.

하지만 현실은 어떻습니까? 21세기 역시 새로운 갈등까지 겹쳐 폭력과 전쟁으로 얼룩지고 있는 현실이 답답하기만 합니다. 🐻

우리나라 역시 앞으로 주변 강대국의 위협에 잘 대응하며 살아가야 하는 지정학적 불리함을 극복하려면, 과거 역사에서 지혜와 교훈을 찾아야 합니다. 또한 세계사 시간에 배워 온 서구 강대국 시각의 역사뿐 아니라 잊히고 가려진 역사에 관심을 가짐으로써, 국제 정치란 정의와 공정이 아닌 힘과 억지 논리가 판을 치는 약육강식 세계인 점을 잊지 말아야 합니다.

소위 서구 강대국들은 아시아, 아프리카, 아메리카 각국에 끼친 식민 지배의 피해에 대해 진정한 사과와 배상을 한 적이 거의 없습니다. 독일이 사과했다지만 그건 주변 나라가 결코 호락호락하지 않기에 생존 차원에서 내린 결정일 뿐, 과거 제국주의 시절 독일 식민지에는 그런 사과를 하지 않았습니다. 우리나라 역시 일본의 진정한 사과도 정당한 배상도 반드시 받아야 하겠지만, 일본을 극복하고 그들보다 더 잘살고 강대한 국가로 성장하는 것이 최고의 복수라는 점을 잊지 말아야 합니다.

우리나라가 선진 강대국들의 학문, 제도 등을 벤치마킹하여 급속히 성장해 이제는 그들과 어깨를 나란히 하는 세계 10대 강대국 대열에 진입했다고는 하지만, 세계를 이끄는 선도 국가 경험은 해보지 못했기에 이제부터는 한 번도 가보지 못한 길을 가야 합니다. 그동안 우리는, 우리나라와 우리 민족을 괴롭혀 온 주변 국가들은 원망하면서도 강대국에는 잘보이려 하고, 경제력이 약한 나라와 민족에게는 매몰차게 대하는 상호 모순된 태도를 갖고 있었다는 점을 인정해야 합니다.

이제부터라도 세계 정세에 대해 강대국의 입장만 수용하지 말고 더 넓고 다양한 시점으로 이해당사자 간의 갈등을 객관적으로 바라볼 수 있는 지혜를 모아 나가야 하며, 우리나라의 이익을 가장 우선하되 우리가 피해를 준 경우에는 늦게라도 진정한 사과를 할 줄 아는 모범 국가로 한층 더 성숙해지길 기원합니다. 🐻

다음 번에는 어떤 주제로 독자 여러분을 만나게 될까요?
저도 궁금하네요. 🐻

| 참고 문헌 |

1부.

《고대 세계의 70가지 미스터리》, 브라이언 M. 페이건 엮음, 남경태 옮김, 역사의 아침, 2008

《백개의 아시아 1, 2》, 김남일, 방현석 지음, 아시아, 2014

《기후의 힘》, 박정재 지음, 바다출판사, 2021

《티마이오스》, 플라톤 지음, 김유석 옮김, 아카넷, 2019

〈Nature Communications〉, "End of Green Sahara amplified mid-to late Holocene megadroughts in mainland Southeast Asia", Michael L. Griffiths, Kathleen R. Johnson 등, Article Number : 4204, 2020

2부.

《역사는 수메르에서 시작되었다》, 새뮤얼 노아 크레이머 지음, 박성식 옮김, 가

람기획, 2018

《수메르 신화》, 조철수 지음, 서해문집, 2003

《고대 페르시아의 역사》, 유흥태 지음, 살림, 2008

《페르시아의 종교》, 유흥태 지음, 살림, 2010

《상대적이며 절대적인 지식의 백과사전》, 베르나르 베르베르 지음, 이세욱, 임호경, 전미연 옮김, 열린책들, 2021

《메소포타미아와 히브리 신화》, 조철수 지음, 길, 2000

《이집트 신화》, 베로니카 이온스 지음, 심재훈 옮김, 범우사, 2003

《이집트에서 중국까지 : 고대문명 연구의 다양한 궤적》, 김구원, 김아리, 이광수 지음, 진인진, 2024

《이야기 인도사》, 김형준 지음, 청아출판사, 2020

3부.

《한국고대전쟁사 01》, 임용한 지음, 혜안, 2011

《꽃처럼 신화》, 김남일 지음, 아시아, 2017

《폴 크루그먼의 지리경제학》, 폴 크루그먼 지음, 이윤 옮김, 창해, 2021

《일요일의 역사가》, 주경철 지음, 현대문학, 2024

《도시는 왜 사라졌는가》, 애널리 뉴위츠 지음, 이재황 옮김, 책과함께, 2021

《문명의 붕괴》, 제레드 다이아몬드 지음, 강주헌 옮김, 김영사, 2005

《베트남 역사 문화 기행》, 유일상 지음, 하나로애드컴, 2021

4부.

《바다의 늑대 : 바이킹의 역사》, 라스 브라운워스 지음, 김홍옥 옮김, 에코리브르, 2018

《말린체》, 라우라 메스키벨 지음, 조구호 옮김, 소담출판사, 2011

《텍사스&루이지애나 미국 속의 또 다른 미국》, 박수지 지음, 넥서스북스, 2016

《처음 읽는 아프리카의 역사》, 루츠 판 다이크 지음, 안인희 옮김, 웅진지식하우스, 2005

《1421 중국, 세계를 발견하다》, 게빈 멘지스 지음, 조행복 옮김, 사계절, 2004

5부.

《세계 문화 여행 아이슬란드》, 토르게이어 프레이르 스베인손 지음, 권은현 옮김, 시그마북스, 2022

《알제리 전쟁 1954～1962》, 노서경 지음, 문학동네, 2017

《1945년 이후의 전쟁》, 마이클 카버 지음, 김형모 옮김, 한원, 1990

세상에서 가장 재미있는
교양 상식책!

– 제8권 '사라진 세계사 편' 출간 –

《알아두면 쓸데 있는 유쾌한 상식사전》 시리즈에서
'상식의 놀라운 반전'과 '지식의 유쾌한 발견'을 만나보세요.

① 일상생활 편   ② 과학·경제 편   ③ 언어·예술 편

④ 한국사 편   ⑤ 최초·최고 편   ⑥ 우리말·우리글 편   ⑦ 별난 국내여행 편

"다음 편에서 또 만나요~, 꼭이요~!"